わかりやすい
# 賃貸住宅
標準契約書
の解説

再改訂版

家賃債務保証業者型

連帯保証人型

佐藤 貴美

大成出版社

# は　し　が　き

　平成5年に当時の建設省（現在の国土交通省）から公表された賃貸住宅標準契約書は、民間賃貸住宅の契約関係の適正化を図るべく、法令や判例などを契約書ベースに落とし込み、それぞれの賃貸借契約に際しての参考となるよう建設大臣（現国土交通大臣）の諮問機関である住宅宅地審議会において作成されたものです。

　その後、平成5年以降の賃貸住宅をめぐるさまざまな動き（「原状回復をめぐるトラブルとガイドライン」の公表及びその後二度の改訂、消費者契約法の制定施行と同法を適用した特約の有効性をめぐる司法判断、暴力団排除条例の制定施行など反社会的勢力排除の取組みなど）を反映させた改訂版が、平成24年に公表されました。

　今回、住宅賃貸借の基本法令の一つである民法（債権関係）の改正がなされたことから（平成32年4月1日施行）、当該改正内容等を踏まえた所要の再改訂がなされたところです。

　今回の再改訂版では、賃貸住宅標準契約書が、「家賃債務保証業者型」と「連帯保証人型」の2本立てとなり、それぞれに、契約書本体とあわせ、「契約書作成にあたっての注意点」と「解説コメント」が作成されています。

　しかし、住宅賃貸借をめぐるさまざまな事象については、まだまだその取扱いなどにつき基準などが確立されてないところも多く存在していることなどから、これらにおいては、各条文の趣旨などの必要最小限の内容が示されているだけであり、より詳細な解説や関連事項などについては、別な資料等を参照する必要があります。また、標準契約書そのものの作成経緯や、それぞれの条文が作成された際の考え方や参考とされた法令や判例などについても整理し、確認できるようにしておくことは、標準契約書を活用する場合や、今後のさらなる改訂などの際にも重要なことと考えられます。

　私は、平成5年の最初の賃貸住宅標準契約書が作成された当時、建設省住宅局に在籍し、住宅宅地審議会の事務局メンバーとして、その作業に携わらせていただきました。そして平成24年改訂及び今回の再改訂にあたっても、その縁あってか、改訂等を検討する有識者委員会の副座長として関与させていただいたところです。

　そこで、上記要請にこたえることを目的として、標準契約書の作成、平成24年改訂及び今回の再改訂のいずれにも携わった者として、本書を作成いたしました。本書は、できるだけ私見は排除しつつ、平成5年当時の議論、平成24年の改訂及び今回の再改訂の際の議論を振り返りながら、まとめたところです。

　本書が、賃貸住宅標準契約書（再改訂版）を活用され、または関心を寄せられ

る方々の参考となれば幸いです。

　平成30年７月

弁護士　佐藤　貴美

## 目　次

### わかりやすい
### 賃貸住宅標準契約書（再改訂版）の解説

―家賃債務保証業者型・連帯保証人型―

## はしがき

## 第1編　総論

Ⅰ　賃貸住宅標準契約書の意義・・・・・・・・・・・・・・・・・・・・・・・・・・・・・・・・・・・・・・・・・・・・・3
● 1　賃貸住宅標準契約書の必要性・・・・・・・・・・・・・・・・・・・・・・・・・・・・・・・・・・・・・・・3

Ⅱ　賃貸住宅標準契約書作成の経緯等・・・・・・・・・・・・・・・・・・・・・・・・・・・・・・・・・・・・7
● 1　平成5年版制定の経緯・・・・・・・・・・・・・・・・・・・・・・・・・・・・・・・・・・・・・・・・・・・・7
● 2　関連書式の作成・・・・・・・・・・・・・・・・・・・・・・・・・・・・・・・・・・・・・・・・・・・・・・・・・8
● 3　平成24年度改訂の経緯・・・・・・・・・・・・・・・・・・・・・・・・・・・・・・・・・・・・・・・・・・8
● 4　賃貸住宅標準契約書の再改訂・・・・・・・・・・・・・・・・・・・・・・・・・・・・・・・・・・・・10

Ⅲ　賃貸住宅標準契約書の概要・・・・・・・・・・・・・・・・・・・・・・・・・・・・・・・・・・・・・・・・12
● 1　賃貸住宅標準契約書の性格・・・・・・・・・・・・・・・・・・・・・・・・・・・・・・・・・・・・・・12
● 2　賃貸住宅標準契約書の適用範囲・・・・・・・・・・・・・・・・・・・・・・・・・・・・・・・・・12
● 3　賃貸住宅標準契約書の構成・・・・・・・・・・・・・・・・・・・・・・・・・・・・・・・・・・・・・・14

Ⅳ　平成24年版と再改訂版の関係・・・・・・・・・・・・・・・・・・・・・・・・・・・・・・・・・・・・16
● 1　賃貸住宅標準契約書（再改訂版）の使用開始時期・・・・・・・・・・・・・・・・・16
● 2　賃貸住宅標準契約書（平成24年版）の使用期限・・・・・・・・・・・・・・・・・・16

## 第2編　逐条解説

頭書（家賃債務保証業者型）・・・・・・・・・・・・・・・・・・・・・・・・・・・・・・・・・・・・・・・・・・・・21
頭書（連帯保証人型）・・・・・・・・・・・・・・・・・・・・・・・・・・・・・・・・・・・・・・・・・・・・・・・・・・24
第1条　契約の締結・・・・・・・・・・・・・・・・・・・・・・・・・・・・・・・・・・・・・・・・・・・・・・・・・・36
第2条　契約期間・・・・・・・・・・・・・・・・・・・・・・・・・・・・・・・・・・・・・・・・・・・・・・・・・・・・39

目次Ⅰ

第3条　使用目的・・・・・・・・・・・・・・・・・・・・・・・・・・・・・・・・・・・・・・・・・47

第4条　賃料・・・・・・・・・・・・・・・・・・・・・・・・・・・・・・・・・・・・・・・・・・・・・・53

第5条　共益費・・・・・・・・・・・・・・・・・・・・・・・・・・・・・・・・・・・・・・・・・・・・61

第6条　敷金・・・・・・・・・・・・・・・・・・・・・・・・・・・・・・・・・・・・・・・・・・・・・・65

第7条　反社会的勢力でないこと等の確約条項・・・・・・・・・・・・・・・・・73

第8条　禁止又は制限される行為・・・・・・・・・・・・・・・・・・・・・・・・・・・・77

第9条　修繕・・・・・・・・・・・・・・・・・・・・・・・・・・・・・・・・・・・・・・・・・・・・・・98

第10条　契約の解除・・・・・・・・・・・・・・・・・・・・・・・・・・・・・・・・・・・・・106

第11条　乙からの解約・・・・・・・・・・・・・・・・・・・・・・・・・・・・・・・・・・・・114

第12条　一部滅失等による賃料の減額等・・・・・・・・・・・・・・・・・・・・120

第13条　契約の終了・・・・・・・・・・・・・・・・・・・・・・・・・・・・・・・・・・・・・124

第14条　明渡し・・・・・・・・・・・・・・・・・・・・・・・・・・・・・・・・・・・・・・・・・126

第15条　明渡し時の原状回復・・・・・・・・・・・・・・・・・・・・・・・・・・・・・132

第16条　立入り・・・・・・・・・・・・・・・・・・・・・・・・・・・・・・・・・・・・・・・・・154

第17条　家賃債務保証業者の提供する保証／連帯保証人・・・・・・・・159

第18条　協議・・・・・・・・・・・・・・・・・・・・・・・・・・・・・・・・・・・・・・・・・・・168

第19条　特約条項・・・・・・・・・・・・・・・・・・・・・・・・・・・・・・・・・・・・・・・170

## 第3編　賃貸借契約のQ&A

### （全体）

Q1　今回標準契約書を再改訂した理由は何ですか。・・・・・・・・・・・・・・・・・179

Q2　今回改訂された主な内容はどのようなものですか。・・・・・・・・・・・・・・・180

Q3　今回の再改訂版で、「家賃債務保証業者型」と「連帯保証人型」の2
つになった理由は何ですか。・・・・・・・・・・・・・・・・・・・・・・・・・・・・・・・・・・・181

Q4　家賃債務保証業者型と連帯保証人型との違いは何ですか。・・・・・・・・・・182

Q5　家賃債務保証業者型と連帯保証人型とでは、どちらが優先しますか。
・・・・・・・・・・・・・・・・・・・・・・・・・・・・・・・・・・・・・・・・・・・・・・・・・・・・・・・・・184

Q6　家賃債務保証業者と個人の連帯保証人とを併用することは可能ですか。
・・・・・・・・・・・・・・・・・・・・・・・・・・・・・・・・・・・・・・・・・・・・・・・・・・・・・・・・・185

Q7 標準契約書（再改訂版）は、いつから使うことができますか。・・・・・・186

Q8 標準契約書（平成24年改訂版）は、いつまで使用できますか。・・・・・・187

Q9 現行民法のもとで結ばれた賃貸借契約については、平成24年改訂版
と再改訂版のどちらを参考とすべきでしょうか。・・・・・・・・・・・・・・189

**（頭書）**

Q10 頭書(4)の管理業者の欄中の「賃貸住宅管理業者登録番号」とは何で
すか。・・・・・・・・・・・・・・・・・・・・・・・・・・・・・・・・・・・・・・・・・・・・・190

Q11 家賃債務保証業者型(6)中の「家賃債務保証業者登録番号」とは何で
すか。・・・・・・・・・・・・・・・・・・・・・・・・・・・・・・・・・・・・・・・・・・・・・191

Q12 連帯保証人型の「極度額」の欄には何を記載するのですか。・・・・・・・・192

Q13 極度額を定める際の基準などはありますか。・・・・・・・・・・・・・・・・・・193

**（敷金）**

Q14 民法改正で敷金の規定が設けられましたが、これを受けて標準契約
書の取扱いに変更はありますか。・・・・・・・・・・・・・・・・・・・・・・・・・194

Q15 敷金の返還時期と返還額はどのようになりますか。・・・・・・・・・・・・・195

Q16 契約期間中に敷金と借主の債務とを相殺することはできますか。・・・・・197

**（修繕）**

Q17 修繕についてはどのような改訂がされましたか。・・・・・・・・・・・・・・・198

Q18 第3項で修繕の必要性について協議をする旨の規定を設けた趣旨は
何ですか。・・・・・・・・・・・・・・・・・・・・・・・・・・・・・・・・・・・・・・・・200

Q19 標準契約書では、どのような手続きを経れば借主自身が修繕できる
ことになるのですか。・・・・・・・・・・・・・・・・・・・・・・・・・・・・・・・・・201

Q20 別表4に記載する事項に関する修繕は、貸主に実施請求できないの

目次Ⅲ

ですか。借主が行う場合にはどのような手続きをとればよいのです
か。‥‥‥‥‥‥‥‥‥‥‥‥‥‥‥‥‥‥‥‥‥‥‥‥‥‥‥202

（解除）
Q21　改正民法では一定の場合に催告なく契約を解除できる旨の規定が設
　　　けられましたが、標準契約書では、無催告解除はどのような場合に
　　　認められるのですか。‥‥‥‥‥‥‥‥‥‥‥‥‥‥‥‥‥203

（一部滅失による賃料の減額等）
Q22　一部滅失による賃料の減額等の際に「協議」の規定を新たに設けた
　　　趣旨は何ですか。‥‥‥‥‥‥‥‥‥‥‥‥‥‥‥‥‥‥‥204

Q23　減額の程度等の取扱を協議する際に参考となる資料はありますか。‥‥206

Q24　「賃料の一部減額に係る参考資料」はどのように活用するのですか。
　　　また使用の際の留意点は何ですか。‥‥‥‥‥‥‥‥‥‥‥‥207

（契約の終了）
Q25　改正民法では目的物の全部滅失による契約終了の規定が新たに設け
　　　られましたが、これを受けて標準契約書の取扱に変更はありますか。
　　　‥‥‥‥‥‥‥‥‥‥‥‥‥‥‥‥‥‥‥‥‥‥‥‥‥‥‥208

（明渡し時の原状回復）
Q26　改正民法では原状回復の規定が新たに設けられましたが、これを受
　　　けて標準契約書の取扱に変更はありますか。‥‥‥‥‥‥‥‥209

Q27　改正民法では、明渡し時の借主の「収去権」を「収去義務」にする
　　　などの改正がされましたが、これを受けて標準契約書の取扱に変更
　　　はありますか。‥‥‥‥‥‥‥‥‥‥‥‥‥‥‥‥‥‥‥‥210

Q28　原状回復について特約を結ぶことはできますか。また、特約をする
　　　場合には標準契約書中のどこに記載するのですか。‥‥‥‥‥211

（連帯保証人）
Q29　民法改正を踏まえ、連帯保証人についてはどのような点が改訂され
　　　ましたか。‥‥‥‥‥‥‥‥‥‥‥‥‥‥‥‥‥‥‥‥‥‥213

Q30 賃貸借契約が更新された場合、連帯保証契約は継続しますか。‥‥‥215

Q31 根保証とはどのようなものですか。‥‥‥‥‥‥‥‥‥‥‥‥‥‥216

Q32 極度額はどのように定めるのですか。‥‥‥‥‥‥‥‥‥‥‥‥‥217

Q33 「極度額に関する参考資料」はどのように活用するのですか。‥‥‥218

Q34 元本の確定とは何ですか。標準契約書では民法が定める確定事由の
うち、借主または連帯保証人が死亡したときのみを規定しているの
は何故ですか（それ以外の事由では確定しないのですか）。‥‥‥‥219

Q35 貸主は連帯保証人に対し、どのような場合にどのような情報を提供
しなければならないのですか。また、情報提供の際に借主の承諾は
必要ですか。‥‥‥‥‥‥‥‥‥‥‥‥‥‥‥‥‥‥‥‥‥‥‥‥‥221

**（家賃債務保証会社が提供する保証内容）**
Q36 家賃債務保証業者が提供する保証内容を標準契約書中に記載しない
のは何故ですか。‥‥‥‥‥‥‥‥‥‥‥‥‥‥‥‥‥‥‥‥‥‥‥222

**（特約事項）**
Q37 礼金や更新料などの敷金以外の一時金を定める場合には、どのよう
に記載するのですか。‥‥‥‥‥‥‥‥‥‥‥‥‥‥‥‥‥‥‥‥‥223

Q38 敷引き特約をすることはできますか。特約をする場合にはどのよう
に記載するのですか。‥‥‥‥‥‥‥‥‥‥‥‥‥‥‥‥‥‥‥‥‥224

Q39 標準契約書は、民泊やシェアハウスとして使用することを想定して
いますか。‥‥‥‥‥‥‥‥‥‥‥‥‥‥‥‥‥‥‥‥‥‥‥‥‥‥225

**（その他）**
Q40 同時に改訂された定期賃貸住宅標準契約書の改訂ポイントは何です
か。‥‥‥‥‥‥‥‥‥‥‥‥‥‥‥‥‥‥‥‥‥‥‥‥‥‥‥‥‥226

## 巻末資料

1　賃貸住宅標準契約書（再改訂版）
　　1－A　家賃債務保証業者型 ･･････････････････････････････231
　　1－B　連帯保証人型（従前のものの再改訂版）･･････････････261

2　附属（参考）資料
　　2－A　極度額参考資料 ･････････････････････････････････292
　　2－B　賃料の一部減額参考資料 ･････････････････････････305

# 第1編 総 論

I 賃貸住宅標準契約書の意義

II 賃貸住宅標準契約書作成の経緯等

III 賃貸住宅標準契約書の概要

# Ⅰ　賃貸住宅標準契約書の意義

## 1　賃貸住宅標準契約書の必要性

### ⑴　賃貸住宅標準契約書作成の必要性

　民間賃貸住宅の賃貸借をめぐる契約関係においては、賃貸借当事者間に少なからず紛争が発生している。こうした状況は借主の住生活を不安定なものにしているほか、賃貸住宅経営者の経営継続意欲等を低下させ、良質な民間賃貸住宅の供給にも悪影響を及ぼしているものと考えられる。民間賃貸住宅の賃貸借では、さまざまな契約書式が使用されているが、その中には、必ずしも内容が明確または十分でないものも見受けられ、このことが賃貸借関係の不安定化を招く要因のひとつになっているとも指摘されている。

　このようなことから、借主の居住の安定の確保と賃貸住宅の経営の安定を図るためには、内容がより明確かつ合理的な住宅賃貸借の標準的な契約書のひな型を作成し、周知することにより、賃貸借当事者間の紛争を防止し、健全で合理的な賃貸借関係を確立する必要性が認識されるようになった。

　また、住宅賃貸借が継続的関係であり、その契約は当事者間の権利、義務を規定し、借主の生活及び貸主の経営に大きな影響をもつものであることなどにかんがみれば、契約書のひな型は公的な機関が中立的な立場で作成することが望ましい。

　そこで、平成5年、当時の建設省（現国土交通省）において、住宅宅地審議会の答申により、住宅賃貸借の契約書のひな型である賃貸住宅標準契約書が作成されたところである（作成経緯の詳細については⑵を参照のこと）。

　平成5年に公表された賃貸住宅標準契約書は、その利用を強制するものではなく、そのまま採用されるケースはそれほど多くなかったと考えられるが、民間賃貸住宅における契約関係を契約書ベースで認識しうるものとして次第にその評価は確立され、公的住宅の契約書のひな型や、業界団体の契約書のひな型などにもその基本的考え方が採用されてきた。

　その後、賃貸住宅の契約関係をめぐっては、消費者契約法に基づく特約の有効性に係る司法判断、原状回復をめぐるトラブルとガイドライン（以下「ガイドライン」という）の再改訂、暴力団等反社会的勢力排除の機運の高まり、賃貸住宅管理業者登録制度の発足など、さまざまな動きがあり、賃貸住宅標準契約書の見直しが求められるようになってきた。そこで有識者等により構成される賃貸住宅標準契約書改定検討委員会において平成23年12月に委員会案が取りまとめられ、その後パブリックコメント手続きを経て、平成24年2月10日に、標準契約書（改訂版）が公表された。

Ⅰ　賃貸住宅標準契約書の意義 ● 3

さらに平成28年に民法（債権関係）の一部を改正する法律が成立し、平成32年
4月1日から施行されることになったことから、民法の改正内容等を踏まえた標
準契約書（再改訂版）が、平成30年3月30日に公表されたところである。

(2)　賃貸住宅標準契約書の概要

　賃貸住宅標準契約書は、契約書の不備に起因する賃貸借当事者間の紛争を防止
し、健全で合理的な賃貸借関係を確立するという目的に沿ったものとして作成さ
れている。したがって、各条文は、次のように内容面での明確性、合理性、手続
き面の整備等に配慮がなされている。

　（なお、各条文ごとの詳しい解説については第2編の逐条解説を参照願いたい）

**1　内容面での明確性、合理性**

　・頭書部分……賃貸借契約の目的物の概要を具体的に把握できるようにしてい
　　　　　　　　る。
　・第2条……契約期間の始期を入居可能日としている。
　・第3条……物件の使用を居住目的に限定している。
　・第4条……1か月に満たない期間の賃料について、1か月を30日とした日割
　　　　　　　り計算で求めることとしている。賃料改定ができる場合を、借地
　　　　　　　借家法第32条に規定する借賃増減請求権が認められる要件に該当
　　　　　　　する場合に限っている。
　・第5条……共益費を「階段、廊下等の共用部分の維持管理に必要な光熱費、
　　　　　　　上下水道使用料、清掃費等に充てるための費用である」と定義
　　　　　　　し、共益費の内容を明確にしている。1か月に満たない期間の共
　　　　　　　益費について、1か月を30日とした日割り計算で求めることとし
　　　　　　　ている。共益費の改定を、実費相当額の変動により共益費の額が
　　　　　　　不相当となった場合に限っている。
　・第8条……禁止又は制限される行為を本条及び別表で具体的に記載してい
　　　　　　　る。
　・第9条……修繕について、一般原則として貸主が実施し費用も負担すること
　　　　　　　を確認するとともに、別表第4記載事項については借主も自らの
　　　　　　　負担で修繕を実施できること、借主の故意・過失により必要と
　　　　　　　なった修繕については借主が費用を負担することを定めている。
　・第10条……契約の解除事由を契約書上の義務違反行為に限ることとしてい
　　　　　　　る。抽象的な解除事由は規定していない。
　・第11条……解約申入れ期間を30日としている。
　・第12条……契約の客体である物件が一部滅失した場合には、賃料の一部を減
　　　　　　　額されることを確認的に規定している。
　・第13条……契約の客体である物件が滅失した場合には、契約が終了する旨を

確認的に定めている。
- 第15条……一般原則として通常損耗等以外の損耗につき借主が原状回復義務を負うことを確認するとともに、別表第5で原状回復の条件に係る「原則」と「例外としての特約」を一覧できるようにしている。
- 第16条……立入りができる場合を限定的に定めている。
- 第17条……連帯保証人型では、連帯保証人は極度額の範囲で責任を負う旨を規定している。

**2  手続き面の整備**
- 第2条……契約の更新は、当事者間で協議の上、決めることとしている。
- 第4条……賃料の改定は、当事者間で協議の上、決めることとしている。
- 第5条……共益費の改定は、当事者間で協議の上、決めることとしている。
- 第6条……敷金から借主の債務を差し引いて返還する場合は、貸主は差引額の明細を示さなければならないこととしている。
- 第8条……借主が賃借権を譲渡する場合等については、貸主の書面による承諾を得なければならないこととしている。
- 第9条……貸主が修繕を実施する場合には、あらかじめ、借主へ通知しなければならないこととしている。また、借主が要修繕箇所を発見したときは、貸主に通知して修繕の必要につき協議することとしている。
- 第10条……契約の解除にあたっては、反社会的勢力排除の場合を除き、催告又は信頼関係破壊を要件としている。
- 第12条……賃料の一部減額の程度などにつき、当事者間で協議の上、決めることとしている。
- 第14条……明渡しの際には、借主は、あらかじめ、貸主に明渡し日を通知しなければならないこととしている。
- 第15条……明渡し時の原状回復の内容等は、当事者間で協議の上、決めることとしている。
- 第16条……貸主が賃貸住宅に立ち入る場合には、原則として借主の事前の承諾を得ることを必要としている。

**3  契約当事者の便宜を図るもの**
- 頭書部分……目的物件の概要や主要な契約条件を一覧できる。
- 第8条……別表第1～3に禁止・制限行為を当事者間で具体的に書き込むことができるようにしている。
- 第15条……原状回復の条件につき、「原則」と「例外としての特約」を一覧できるようにしている。

・第19条……特約条項を定める欄を設けている。
・契約書作成にあたっての注意点……頭書部分などについての記載の仕方を説明している。また、第8条に規定する貸主の承諾に係る書面のモデルを用意している。
・解説コメント……貸主・借主が本標準契約書を実際に利用する場合の指針となるよう各条項に関する基本的な考え方、留意事項等を記述している。

### 4 新しい動きに対応したもの

・第7条等……反社会的勢力排除のための措置を規定している。
・第13条……自然災害等により物件が滅失した場合に契約が終了することを明らかにしている。
・第15条……原状回復をめぐるトラブルとガイドラインの再改訂に合わせて内容を整理し、別表第5を新たに追加している。
・第19条……貸主・借主双方の記名押印を要求することによって、判例がしばしば問題とする明確な合意につき疑義を少なくしている。
※他に民法改正にあわせ、第6条（敷金）、第9条（契約期間中の修繕）、第12条（一部滅失等による賃料の減額等）、第15条（原状回復）、第17条（連帯保証）等が、改正条文の内容及び文言を踏まえて改正されている。

# Ⅱ　賃貸住宅標準契約書作成の経緯等

## 1　平成5年版制定の経緯

### ⑴　住宅宅地審議会における指摘

　昭和55年7月30日に住宅宅地審議会から「新しい住宅事情に対応する住宅政策の基本的体系についての答申」では、賃貸借関係に係る契約内容のあいまいさが指摘され、賃貸住宅標準契約書の作成・普及を図ることの必要性がうたわれた。その後も昭和60年6月12日及び平成2年6月22日の住宅宅地審議会の答申において同様の指摘がなされ、この問題に対する行政の対応が期待されていた。

### ⑵　標準住宅賃貸借契約書に関する調査・検討報告書

　当時の建設省（現国土交通省）は、平成2年度に、（財）不動産適正取引推進機構に対し、合理的な賃貸住宅標準契約書の作成を目的とした調査研究を委託した。（財）不動産適正取引推進機構は、玉田弘毅明治大学教授を委員長とする「標準住宅賃貸借契約書（約款）検討委員会」を設けて平成2年7月から平成3年3月にかけて調査研究、検討を行い、「標準住宅賃貸借契約書に関する調査・検討報告書」をとりまとめた。

### ⑶　住宅宅地審議会への諮問

　当時の建設省（現国土交通省）は、借地借家法が平成3年10月4日に公布されたことを受けて、住宅宅地審議会に「賃貸住宅標準契約書」について検討を依頼することとし、同年10月21日に住宅宅地審議会総会が開催され、大臣から住宅宅地審議会会長に対し、「賃貸住宅標準契約書の作成について」の諮問がなされ、本案件は同日住宅部会に付託された。

　これを受けて、平成3年12月11日に住宅部会が開催され、賃貸住宅標準契約書小委員会を設置し、具体的な検討を行うことが決定された。

### ⑷　賃貸住宅標準契約書小委員会における検討

　賃貸住宅標準契約書小委員会は、玉田弘毅住宅宅地審議会住宅部会長代理を委員長とし、学識経験者、弁護士、婦人団体等の代表者からなる11名の委員により構成された。

　平成4年1月、第1回の小委員会が開催され、その中では、賃貸住宅標準契約書作成の目的及び必要性について事務局から説明するとともに、標準契約書の対象、適用範囲等について審議がなされた。

　そして、第2回から第4回の小委員会において、標準契約書の主要項目につい

ての検討がなされた。

　さらに、第5回から第7回の小委員会において、標準契約書の条文等の事務局案（この事務局案は、前記研究報告書を参考に、第4回までの小委員会での審議を踏まえて新たに事務局で作成したものである）に対する検討がなされ、中間案がとりまとめられた。また、第7回委員会において、この中間案を関係団体に対し意見照会することが承認された。意見照会団体は、関係社団、関係財団、貸主団体、借主団体、管理業者団体等の32団体にのぼった。

　関係団体の意見について第8回から第10回の小委員会で検討され、第10回小委員会において小委員会案がとりまとめられた。

### (5)　住宅宅地審議会答申

　賃貸住宅標準契約書小委員会案がとりまとめられたことを受けて、平成5年1月25日に住宅宅地審議会住宅部会が開催され、住宅部会案がとりまとめられた。

　続いて、平成5年1月29日に住宅宅地審議会総会が開催され、住宅部会案が検討された。そして、同日、住宅宅地審議会の答申としてとりまとめた上で、住宅宅地審議会会長より大臣に対して「賃貸住宅標準契約書についての答申」が行われた（巻末資料1参照）。

### (6)　通達等

　当時の建設省（現国土交通省）においては、この答申を受け、平成5年3月9日付けで、地方公共団体、関係団体等に対して通達等を発し、賃貸住宅標準契約書の周知、活用等につき依頼した（通知本体は、巻末資料2参照）。

## 2　関連書式の作成

　その後国土交通省は、賃貸住宅標準契約書をベースに、次の書式を作成・公表している。

**1**　定期賃貸住宅標準契約書
**2**　サブリース住宅原賃貸借標準契約書
**3**　終身建物賃貸借標準契約書
**4**　サービス付き高齢者向け住宅事業の登録制度に係る参考とすべき入居契約書

## 3　平成24年度改訂の経緯

### (1)　賃貸住宅標準契約書改訂の背景

　賃貸住宅の契約関係をめぐっては、消費者契約法に基づく特約の有効性に係る

司法判断、原状回復をめぐるトラブルとガイドライン（以下「ガイドライン」という。）の再改訂、暴力団等反社会的勢力排除の機運の高まり、賃貸住宅管理業者登録制度の発足など、さまざまな動きがあり、賃貸住宅標準契約書についても、見直しが求められることとなった。

## (2)　賃貸住宅標準契約書の改訂

　国土交通省は、平成23年秋に、有識者等により構成される賃貸住宅標準契約書改定検討委員会（座長　犬塚浩弁護士）を設けた。今回の改訂は、以上のような新しい動きに対応して必要最小限の見直しを図るというスタンスのもとで検討が進められ、平成23年12月に委員会案がとりまとめられた。その後パブリックコメント手続きを経て（主な意見については巻末資料４参照）、平成24年２月10日に、標準契約書（改訂版）が公表されたところである（この内容は本書の旧版を参照されたい）。

## (3)　平成24年改訂のポイント

　平成24年改訂の主なポイントは以下のとおりである。

---

**1**　反社会的勢力の排除を新設

　国民生活や経済活動からの反社会的勢力を排除する必要性の高まりを受け、「甲及び乙は、それぞれ相手方に対し、次の各号の事項を確約する」という条項で、あらかじめ契約当事者が反社会的勢力でない旨等を相互に確認することを記述した。

**2**　明渡し時の原状回復内容の明確化

　退去時の原状回復費用に関するトラブルの未然防止のため「原状回復をめぐるトラブルとガイドライン」を踏まえ、入居時に貸主、借主の双方が原状回復に関する条件を確認する様式を追加。また、退去時に協議の上、原状回復を実施することを記述した。

**3**　「記載要領」を「契約書作成にあたっての注意点」に名称変更

　賃貸借契約書を通常作成する貸主だけでなく、借主にも参照されるよう、各条項に記載する際の注意点を明確化するとともに、新設の「明渡し時の原状回復」の条項について、「原状回復工事施工目安単価」や「例外としての特約」の記入方法も記述した。

**4**　賃貸住宅標準契約書解説コメントを新たに作成

　貸主・借主が本標準契約書を実際に利用する場合の指針となるよう各条項に関する基本的な考え方、留意事項等を記述した解説コメントを新たに作成した。

---

Ⅱ　賃貸住宅標準契約書作成の経緯等●9

(4) 通達

　国土交通省においては、この答申を受け、平成24年2月10日付けで、地方公共団体、関係団体等に対して通達等を発し、標準契約書（改訂版）の周知、活用等につき依頼した。

## 4　賃貸住宅標準契約書の再改訂

### (1)　賃貸住宅標準契約書再改訂の背景

　平成29年6月に、賃貸借契約の基本となる法律の一つである民法（債権関係）を改正する法律が制定され、平成32年4月1日から施行される。賃貸住宅標準契約書は、住宅賃貸借に係る法令や判例、通説を踏まえ、これらを契約書として条文化したものであることから、標準契約書がベースとする民法が改正されることにより、その内容にあわせた見直しが必要となった。

### (2)　賃貸住宅標準契約書の再改訂

　国土交通省は、民法の一部を改正する法律案が国会に提出された平成27年に、有識者等により構成される賃貸住宅標準契約書改定検討委員会（座長　犬塚浩弁護士）を設け、民法の改正内容を踏まえた標準契約書の再改訂の検討が進められた。改正法が平成29年6月に成立し、平成32年4月1日施行となったことから、更に検討を進め、近時の家賃債務保証業者を活用する賃貸借契約の増加なども踏まえ、従来の連帯保証人を活用するバージョンのほかに家賃債務保証業者を活用する場合の規定例を設けたバージョンを新たに追加作成等したうえで、パブリックコメント手続きを経て、平成30年3月30日に、賃貸住宅標準契約書（再改訂版）が公表されたところである（第2章参照。なお、契約書全体については巻末資料1参照）。

### (3)　再改訂のポイント

　今回の再改訂の主なポイントは以下のとおりである。

① 家賃債務保証会社型を新たに作成

　家賃債務保証会社を活用するケースの増加に伴い、これまでの個人が連帯保証人となるパターン（連帯保証人型）のほかに、家賃債務保証業者を活用する「家賃債務保証業者型」が作成された。

② 連帯保証人について

　改正民法で、個人の保証人の場合極度額を定めなければ無効とされることや、貸主から保証人に対する情報提供の規定が設けられたことから、頭書欄に極度額の記載欄を設けるとともに、改正民法に定める内容が契約書本文に規定

された。

③　契約期間中の修繕

　　改正民法で一定の場合に借主が修繕できる旨が明記されたことに伴い、借主が修繕を行う場合の協議などの手続きルールが規定された。

④　賃料の一部減額

　　改正民法の規定にしたがい、物件の一部が減失その他の事由で使用できなくなったときは賃料が減額されることを確認的に規定するとともに、物件の一部減失等があったときの協議などの手続きルールが規定された。

⑤　敷金・原状回復・賃借物の全部減失による契約終了

　　改正民法で敷金や原状回復、賃借物の全部減失による契約の終了が明文化されたことに伴い、関連規定の文言が整備された。

# Ⅲ　賃貸住宅標準契約書の概要

## 1　賃貸住宅標準契約書の性格

　平成5年に標準契約書が作成・公表された際、当時の建設省から、次のような標準契約書の性格づけの説明がなされた。今回の再改訂版においてもその趣旨は変わらないと考えられるため、平成24年改訂および今回の再改訂部分を加筆修正して引用する。

---

**1**　賃貸住宅標準契約書は、民間住宅の賃貸借契約書の標準的なひな型として作成されたものである。

**2**　標準契約書は、その使用が望まれるところであるが、使用を強制するものではなく、使用するか否かは契約当事者の自由である。そして、使用する場合も、当事者間の合意により、標準契約書をそのまま使用してもよいし、あるいは、合理的な範囲内で必要に応じて修正を加えてもよい。

**3**　住宅賃貸借契約は、地域慣行に支配される側面が大きく、また、物件の構造や管理の多様性により個々具体的なケースで契約内容が異なりうるものである。したがって、全国を適用範囲とする契約書のひな型としての標準契約書は、住宅賃貸借契約においてこれだけは最低限定めなければならないと考えられる事項について、合理的な内容を持たせるべく規定したものである。したがって、より具体的かつ詳細な契約関係を規定するため、特約による補充がなされるケースもあるものと想定される。

　したがって、標準契約書は、特約の存在を予定し、第19条及び別表第5に特約条項の欄を設けている。

---

## 2　賃貸住宅標準契約書の適用範囲

### (1)　賃貸住宅標準契約書の適用地域

　賃貸住宅標準契約書は、民間賃貸住宅の賃貸借契約書の標準的なひな型として利用されることを想定しているものであることから、全国を適用範囲としている。

　なお、地域慣行により全国一律に定めることが適当でない事項については、特約条項で対応できるようにしている。

### (2)　賃貸住宅標準契約書の対象住宅

　標準契約書の対象とする住宅は、「居住を目的とする民間賃貸住宅（社宅を除

く）」とされている。その理由は以下のとおりである。

**1** 民間賃貸住宅を使用目的で分類すると、「居住のみを目的とするもの」と「居住及び店舗等の営業を目的とするもの」があるが、「居住のみを目的とするもの」が大部分であること。また、「居住のみを目的とするもの」と「居住及び店舗等の営業を目的とするもの」とでは、標準契約書の内容が大きく異なると考えられること。
→「居住のみを目的」とするものを対象外とする。

**2** 社宅については、その賃貸借契約の内容が雇用関係に影響されるため、標準契約書の対象とはなりにくいこと。
→社宅は対象住宅から除く。

**3** 民間賃貸住宅を建て方で分類すると、「一戸建」、「長屋建」、「共同建」、「その他」に区分できるが、建て方に応じて標準契約書の「共益費」、「危険行為・近隣迷惑行為」等の事項を適宜修正することにより、すべての民間賃貸住宅に使用できるものと考えられること。
→対象住宅を建て方別に特定しない。

**4** 民間賃貸住宅を構造で分類すると、「木造」、「非木造」に区分できるが、建物の構造の際により標準契約書の内容が異なるとは考えられないこと。
→対象住宅を構造別に特定しない。

**5** 規模（一棟当たりの戸数）に応じてトラブルの態様に特段の差異があるとは考えられないこと。また、規模の差異により契約書の基本的な内容が異なるとは考えられないこと。
→対象住宅を規模別に特定しない。

**6** 民間賃貸住宅を一戸当たり世帯人員で分類すると、大きく一人暮らしの単身向けと、家族などで居住するファミリータイプとに区分できるが、世帯人員の差異により標準契約書の内容が大きく異なるとは考えられないこと。
→対象住宅を世帯人員別に特定しない。
（ただし、シェアハウスやルームシェアのように、家族のような一定の関係のない者同士で物件を共同で賃借するような場合には、契約当事者の選択や、賃料債務の取扱いなどで特段の配慮を要するため、特約が必要となる）

**7** 借主の居住年数の差異により標準契約書の内容が異なるとは考えられないこと（原状回復の取扱いについては、標準契約書でも経過年数を考慮することとし、対応済みなこと）。
→対象住宅を居住年数別に特定しない。

(3)　賃貸住宅標準契約書が対象とする契約

　賃貸住宅標準契約書は、実際に居住することを目的とする借主が当事者となる契約を想定して作成されている。管理業者が賃貸住宅所有者から借り受け、それを入居者に転貸するケースにおける賃貸住宅所有者と管理業者との間の契約は、管理業者に居住する目的がなく、その契約の内容等が異なることから、本契約書の対象とはならない（なお、管理業者と転借人との間の契約は標準契約書の対象となる）。

　また、(2)**2**でも記述したところであるが、社宅契約（会社と社員との間の契約）については、雇用契約に付随する使用貸借契約ないし特殊な契約とする判例があり、本契約書の対象とはならない。

　さらに、標準契約書は、一般的な住宅の賃貸借を想定していることから、いわゆる民泊に提供する場合には当該制度にあった契約書を作成することが必要であり、本契約書の対象とはならない。

## 3　賃貸住宅標準契約書の構成

(1)　賃貸住宅標準契約書（再改訂版）は、家賃債務保証業者型と、連帯保証人型の2種類が用意されている。

　　家賃債務保証業者型と連帯保証人型とに優劣関係はなく、家賃債務保証業者を活用する場合には家賃債務保証業者型を、連帯保証人をつける場合には連帯保証人型を、それぞれ参考とする。

(2)　賃貸住宅標準契約書（再改訂版）は、「契約書本体」と「契約書作成にあたっての注意点」、「解説コメント」の3つから構成されている。

(3)　賃貸住宅標準契約書の本体は、

> **1**　賃貸借契約の主要な項目を一覧できる「頭書部分」
> **2**　19条の条文からなる「本条」
> **3**　第8条の禁止制限行為の具体的内容、第9条の借主が自ら行うことができる修繕の内容及び第15条の原状回復の条件を掲げた「別表」
> **4**　両当事者が契約の締結の意思を明確にする「記名押印欄」

から構成されている。

14●第1編　総　論

⑷ 「契約書作成にあたっての注意点」は、賃貸借契約書を通常作成する貸主だけでなく、借主にも参照されるよう、各条項に記載する際の注意点を明確化するとともに、平成24年改訂で新設された「明渡し時の原状回復」の条項について、「原状回復工事施工目安単価」や「例外としての特約」の記入方法も記載している。また、借主が増改築等を行おうとする場合には、賃貸住宅標準契約書第8条の規定により、貸主の書面による承諾を得るという手続きを取る必要があるが、この手続きを行う際の便宜を図るために作成された承諾書例も記載している。

⑸ 「解説コメント」は、貸主・借主が標準契約書を実際に利用する際の指針となるよう、各条項に関する基本的な考え方、留意事項等が記述されている。ただし、住宅賃貸借をめぐる各事象の取扱いについては、多くの議論があるところであり、この解説コメントは、あくまでもその条項の趣旨を示すとともに、法律で明文の規定がある場合や判例などで確立された考え方が示されているものに限り、その内容に触れるという必要最小限度の対応に留まっている。よって、各条項のより具体的かつ詳細な取扱いなどについては、別の解説書などを参照する必要があることに留意する必要がある。

# Ⅳ　平成24年版と再改訂版の関係

## 1　賃貸住宅標準契約書（再改訂版）の使用開始時期

　賃貸住宅標準契約書（再改訂版）は、改正民法の内容を踏まえ作成されていることから、改正民法が適用される住宅賃貸借契約について使用することが想定される。
　したがって、改正民法施行日（平成32年4月1日）以降に新たに賃貸借契約を締結する場合と、改正民法施行前（平成32年3月31日まで）に締結された賃貸借契約であっても施行日（同年4月1日）以降に合意更新する場合に（※）、標準契約書（再改訂版）を参考にすることが考えられる。
　しかし民法の賃貸借に係る規定は基本的に任意規定であって、民法の規定と異なる特約をすることは、その内容が公序良俗に反するものなどではない限り、否定されないことから、改正民法の施行日である平成32年4月1日より前であっても、改正民法の内容を先取りして、当事者間の合意に基づき再改訂版の内容を参考に賃貸借契約書を作成することは可能である。

　　※改正民法の附則では、施行日より前に締結された契約については改正前の民法が適用されるとしているが（改正法附則2条）、本記載は、法施行後に更新がなされた場合、法定更新であればそのまま改正前の民法が適用されるが、合意更新であればその時点から改正法が適用されるとする立法担当者の見解（「一問一答民法（債権関係）改正」商事法務）に従い、整理している。

## 2　賃貸住宅標準契約書（平成24年版）の使用期限

　現行の賃貸住宅標準契約書（以下「平成24年版」という）は、改正前の民法の内容をベースに作成されていることから、改正民法がまだ適用されていない賃貸借契約については、平成24年版を参考とすることが想定される。
　したがって、改正民法施行日前（平成32年3月31日）までに締結される賃貸借契約であれば、施行日（同年4月1日）以降に合意更新されるまでの間、また、法定更新の場合には契約が終了するまでの間、平成24年版が参考とされる。
　なお、民法の賃貸借に係る規定は基本的に任意規定であって、民法の規定と異なる特約をすることは、その内容が強行規定や公序良俗に反するものなどではない限り、否定されないことから、改正民法が適用される賃貸借契約であっても、当事者間の合意により平成24年版を参考に契約をすることは可能である。ただし、少なくても改正民法中の保証に係る部分は強行規定であると解する説が有力であることから、連帯保証人の規定に関しては再改訂版を踏まえることが望まれる。

賃貸住宅標準契約書の本体は、「頭書部分」、「本条」、「記名押印欄」から構成されている。

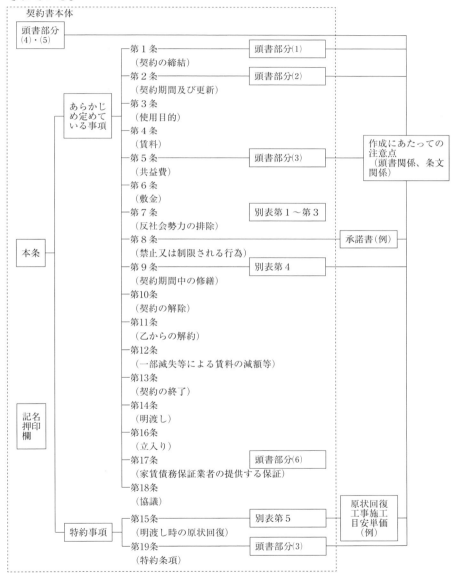

図　賃貸住宅標準契約書の構成（「解説コメント」より引用）

# 第2編 逐条解説

各条項ごとに
●条文●契約書作成にあたっての注意点
●解説コメント●解説となっています。
このうち、「条文」、「契約書作成にあたっての注意点」、
「解説コメント」は、国土交通省から示されている標準契約書
（再改訂版）中の記載を、条文ごとに整理し引用しています。

# 頭書（家賃債務保証業者型）

## (1) 賃貸借の目的物

<table>
<tr><td rowspan="7">建物の名称・所在地等</td><td colspan="2">名　　称</td><td colspan="5"></td></tr>
<tr><td colspan="2">所 在 地</td><td colspan="5"></td></tr>
<tr><td colspan="2" rowspan="3">建 て 方</td><td rowspan="3">共同建<br>長屋建<br>一戸建<br>その他</td><td>構　造</td><td colspan="2">木　造<br>非木造（　　　　　）</td><td>工事完了年</td></tr>
<tr><td rowspan="2"></td><td></td><td>階建</td><td rowspan="2">　　　　　　　年<br>（大規模修繕を<br>（　　　　）年<br>　実　　　　施 ）</td></tr>
<tr><td>戸　数</td><td colspan="2">　　　　　　　戸</td></tr>
<tr><td colspan="2">住戸番号</td><td>号室</td><td>間取り</td><td colspan="3">（　　　）LDK・DK・K／ワンルーム／</td></tr>
<tr><td colspan="2">面　積</td><td colspan="5">㎡（それ以外に、バルコニー＿＿＿＿＿㎡）</td></tr>
<tr><td rowspan="16">住戸部分</td><td rowspan="13">設備等</td><td colspan="3">トイレ</td><td colspan="3">専用（水洗・非水洗）・共用（水洗・非水洗）</td></tr>
<tr><td colspan="3">浴室</td><td colspan="3">有・無</td></tr>
<tr><td colspan="3">シャワー</td><td colspan="3">有・無</td></tr>
<tr><td colspan="3">洗面台</td><td colspan="3">有・無</td></tr>
<tr><td colspan="3">洗濯機置場</td><td colspan="3">有・無</td></tr>
<tr><td colspan="3">給湯設備</td><td colspan="3">有・無</td></tr>
<tr><td colspan="3">ガスコンロ・電気コンロ・IH調理器</td><td colspan="3">有・無</td></tr>
<tr><td colspan="3">冷暖房設備</td><td colspan="3">有・無</td></tr>
<tr><td colspan="3">備え付け照明設備</td><td colspan="3">有・無</td></tr>
<tr><td colspan="3">オートロック</td><td colspan="3">有・無</td></tr>
<tr><td colspan="3">地デジ対応・CATV対応</td><td colspan="3">有・無</td></tr>
<tr><td colspan="3">インターネット対応</td><td colspan="3">有・無</td></tr>
<tr><td colspan="3">メールボックス<br>宅配ボックス<br>鍵</td><td colspan="3">有・無<br>有・無　（鍵No.　　　　・　　　本）<br>有・無<br>有・無</td></tr>
<tr><td rowspan="4"></td><td colspan="2">使用可能電気容量</td><td colspan="3">（　　　　　　　）アンペア</td></tr>
<tr><td colspan="2">ガス</td><td colspan="3">有（都市ガス・プロパンガス）・無</td></tr>
<tr><td colspan="2">上水道</td><td colspan="3">水道本管より直結・受水槽・井戸水</td></tr>
<tr><td colspan="2">下水道</td><td colspan="3">有（公共下水道・浄化槽）・無</td></tr>
<tr><td colspan="2" rowspan="7">附 属 施 設</td><td colspan="2">駐車場</td><td colspan="3">含む・含まない　　＿＿＿＿台分（位置番号：＿＿＿＿＿＿＿）</td></tr>
<tr><td colspan="2">バイク置場</td><td colspan="3">含む・含まない　　＿＿＿＿台分（位置番号：＿＿＿＿＿＿＿）</td></tr>
<tr><td colspan="2">自転車置場</td><td colspan="3">含む・含まない　　＿＿＿＿台分（位置番号：＿＿＿＿＿＿＿）</td></tr>
<tr><td colspan="2">物置</td><td colspan="3">含む・含まない</td></tr>
<tr><td colspan="2">専用庭</td><td colspan="3">含む・含まない</td></tr>
<tr><td colspan="2"></td><td colspan="3">含む・含まない</td></tr>
<tr><td colspan="2"></td><td colspan="3">含む・含まない</td></tr>
</table>

頭　書 ● 21

(2) 契約期間

| 始期 | 年　　　　月　　　　日から | 年　　　　月間 |
|---|---|---|
| 終期 | 年　　　　月　　　　日まで | |

(3) 賃料等

| 賃料・共益費 | | 支払期限 | | 支　払　方　法 | |
|---|---|---|---|---|---|
| 賃　料 | 円 | 当月分・翌月分を毎月　　　日まで | 振込、口座振替又は持参 | 振込先金融機関名：<br><br>預金：普通・当座<br>口座番号：<br>口座名義人： | |
| 共益費 | 円 | 当月分・翌月分を毎月　　　日まで | | 振込手数料負担者：貸主・借主 | |
| | | | | 持参先： | |

| 敷　金 | 賃料　　　　か月相当分<br>円 | その他一時金 | |
|---|---|---|---|

| 附属施設使用料 | |
|---|---|
| そ　の　他 | |

(4) 借主及び管理業者

| 貸主<br>（社名・代表者） | 住　所　〒<br>氏　名　　　　　　　電話番号 |
|---|---|
| 管理業者<br>（社名・代表者） | 所在地　〒<br>商号（名称）　　　　　　電話番号<br>賃貸住宅管理業者登録番号　国土交通大臣（　）第　　　　号 |

＊貸主と建物の所有者が異なる場合は、次の欄も記載すること。

| 建物の所有者 | 住　所　〒<br>氏　名　　　　　　　電話番号 |
|---|---|

(5) 借主及び同居人

| | 借　　　主 | 同　居　人 | | |
|---|---|---|---|---|
| 氏　　名 | （氏名）<br>------------<br>（年齢）　　　歳<br>------------<br>（電話番号） | （氏名）<br>（氏名）<br>（氏名） | （年齢）　　歳<br>（年齢）　　歳<br>（年齢）　　歳 | |
| | | | 合計　　　人 | |

| 緊急時の連絡先 | 住　所　〒 |
| | 氏　名　　　　　　　　　電話番号　　　　　借主との関係 |

## (6)　家賃債務保証業者

| 家賃債務保証業者 | 所在地　〒 |
| | 商号（名称）　　　　　　　　電話番号 |
| | 家賃債務保証業者登録番号　国土交通大臣（　）第　　　　　　号 |

頭　書●23

# 頭書（連帯保証人型）

## (1) 賃貸借の目的物

<table>
<tr><td rowspan="6">建物の名称・所在地等</td><td colspan="2">名　称</td><td colspan="5"></td></tr>
<tr><td colspan="2">所 在 地</td><td colspan="5"></td></tr>
<tr><td rowspan="2">建 て 方</td><td rowspan="2">共 長 一 そ<br>同 屋 戸 の<br>建 建 建 他</td><td rowspan="2">構　造</td><td colspan="2">木　造<br>非木造（　　　）</td><td colspan="2">工事完了年</td></tr>
<tr><td colspan="2">階建</td><td colspan="2">　　　年<br>（大規模修繕を）<br>（　　　）年<br>（実　　施　）</td></tr>
<tr><td></td><td>戸　数</td><td colspan="2">戸</td><td></td></tr>
<tr><td colspan="2">住戸番号</td><td>号室</td><td>間 取 り</td><td colspan="3">（　　　）LDK・DK・K／ワンルーム／</td></tr>
<tr><td colspan="3">面　積</td><td colspan="5">㎡（それ以外に、バルコニー_____㎡）</td></tr>
</table>

<table>
<tr><td rowspan="16">住 戸 部 分</td><td rowspan="14">設 備 等</td><td>トイレ</td><td>専用（水洗・非水洗）・共用（水洗・非水洗）</td></tr>
<tr><td>浴室</td><td>有・無</td></tr>
<tr><td>シャワー</td><td>有・無</td></tr>
<tr><td>洗面台</td><td>有・無</td></tr>
<tr><td>洗濯機置場</td><td>有・無</td></tr>
<tr><td>給湯設備</td><td>有・無</td></tr>
<tr><td>ガスコンロ・電気コンロ・IH調理器</td><td>有・無</td></tr>
<tr><td>冷暖房設備</td><td>有・無</td></tr>
<tr><td>備え付け照明設備</td><td>有・無</td></tr>
<tr><td>オートロック</td><td>有・無</td></tr>
<tr><td>地デジ対応・CATV対応</td><td>有・無</td></tr>
<tr><td>インターネット対応</td><td>有・無</td></tr>
<tr><td>メールボックス</td><td>有・無</td></tr>
<tr><td>宅配ボックス</td><td>有・無</td></tr>
<tr><td></td><td>鍵</td><td>有・無　（鍵No.　　　・　　本）</td></tr>
<tr><td colspan="2">使用可能電気容量<br>ガス<br>上水道<br>下水道</td><td>（　　　　）アンペア<br>有（都市ガス・プロパンガス）・無<br>水道本管より直結・受水槽・井戸水<br>有（公共下水道・浄化槽）・無</td></tr>
</table>

<table>
<tr><td rowspan="7">附　属　施　設</td><td>駐車場</td><td>含む・含まない</td><td>_____台分（位置番号：_____）</td></tr>
<tr><td>バイク置場</td><td>含む・含まない</td><td>_____台分（位置番号：_____）</td></tr>
<tr><td>自転車置場</td><td>含む・含まない</td><td>_____台分（位置番号：_____）</td></tr>
<tr><td>物置</td><td>含む・含まない</td><td></td></tr>
<tr><td>専用庭</td><td>含む・含まない</td><td></td></tr>
<tr><td></td><td>含む・含まない</td><td></td></tr>
<tr><td></td><td>含む・含まない</td><td></td></tr>
</table>

24 ● 第2編　逐条解説

(2) 契約期間

| 始期 | 年 月 日から | 年 月間 |
|---|---|---|
| 終期 | 年 月 日まで | |

(3) 賃料等

| 賃料・共益費 | | 支払期限 | 支 払 方 法 | |
|---|---|---|---|---|
| 賃 料 | 円 | 当月分・翌月分を毎月　　日まで | 振込、口座振替又は持参 | 振込先金融機関名：<br>預金：普通・当座<br>口座番号：<br>口座名義人：<br>振込手数料負担者：貸主・借主 |
| 共益費 | 円 | 当月分・翌月分を毎月　　日まで | | 持参先： |
| 敷 金 | 賃料　　か月相当分　　円 | その他一時金 | | |
| 附属施設使用料 | | | | |
| そ の 他 | | | | |

(4) 貸主及び管理業者

| 貸主<br>（社名・代表者） | 住 所 〒<br>氏 名　　　　　　　　電話番号 |
|---|---|
| 管理業者<br>（社名・代表者） | 所在地 〒<br>商号（名称）　　　　　　　電話番号<br>賃貸住宅管理業者登録番号　国土交通大臣（　）第　　　　　号 |

＊貸主と建物の所有者が異なる場合は、次の欄も記載すること。

| 建物の所有者 | 住 所 〒<br>氏 名　　　　　　　　電話番号 |
|---|---|

(5) 借主及び同居人

| 氏　名 | 借　　　主 | 同　居　人 | |
|---|---|---|---|
| | （氏名） | （氏名）　　　　　　　　（年齢）　　歳 | |
| | ------------------------- | （氏名）　　　　　　　　（年齢）　　歳 | |
| | （年齢）　　　　歳 | （氏名）　　　　　　　　（年齢）　　歳 | |
| | （電話番号） | 合 計　　　人 | |

頭　書 ● 25

| 緊急時の連絡先 | 住　所　〒 | | |
| --- | --- | --- | --- |
| | 氏　名 | 電話番号 | 借主との関係 |

## (6)　連帯保証人及び極度額

| 連帯保証人 | 住　所　〒 | |
| --- | --- | --- |
| | 氏　名 | 電話番号 |
| 極　度　額 | | |

■賃貸住宅標準契約書　作成にあたっての注意点

頭書関係

　以下の事項に注意して記入してください。なお、該当する事項のない欄には「―」を記入してください。

(1)　関係

　①「名　称」：建物の名称（○○マンション、○○荘など）を記入してください。

　②「所在地」：住居表示を記入してください。

　③「建て方」：該当するものに○をつけてください。

〔用語の説明〕

　イ　共同建……１棟の中に２戸以上の住宅があり廊下・階段等を共用しているものや、２戸以上の住宅を重ねて建てたもの。階下が商店で、２階以上に２戸以上の住宅がある、いわゆる「げたばき住宅」も含まれます。

　ロ　長屋建……２戸以上の住宅を１棟に建て連ねたもので、各住宅が壁を共通にし、それぞれ別々に外部への出入口を有しているもの。いわゆる「テラスハウス」も含まれます。

　ハ　一戸建……１つの建物が１住宅であるもの

　ニ　その他……イ〜ハのどれにも当てはまらないもので、例えば、工場や事業所の一部が住宅となっているような場合をいいます。

　④「構造」：木造、非木造の該当する方に○をつけ、建物の階数（住戸が何階にあるかではなく、建物自体が何階建てか。）を記入してください。

〔用語の説明〕

　イ　木　造……主要構造部（壁、柱、床、はり、屋根又は階段をいう。）が木造のもの

　ロ　非木造……カッコ内に、当該建物に該当する構造（建築基準法施行令等で規定されている構造）を記載してください。

　⑤「戸数」：建物内にある住戸の数を記入してください。

　⑥「工事完了年」：（記載例）

頭　書●27

平成10年建築、
大規模修繕の工事は未実施 ━━▶
$$\begin{pmatrix} 平成10年 \\ 大規模修繕を \\ （――）年 \\ 実　施 \end{pmatrix}$$

昭和60年建築、平成20年に
大規模修繕の工事を実施 ━━▶
$$\begin{pmatrix} 昭和60年 \\ 大規模修繕を \\ （平成20）年 \\ 実　施 \end{pmatrix}$$

〔用語の説明〕
・大規模修繕……建築基準法第2条第14号に規定する「大規模の修繕」であり、建築物の「主要構造部」の一種以上について行う過半の修繕。主要構造部としては、「壁、柱、床、梁、屋根、階段（建物の構造上重要でない間仕切り壁、間柱、つけ柱、揚げ床、最下階の床、小梁、ひさし、局部的な小階段、屋外階段その他これらに類する建築物の部分を除く。）」が対象となります。

⑦「間取り」：（記載例）
3 DK 　　　→（3）LDK・ DK ・K／ワンルーム／
ワンルーム　→（　）LDK・DK・K／ ワンルーム ／
2 LDKS 　　→（2） LDK ・DK・K／ワンルーム／ サービスルーム有り

〔用語の説明〕
　　イ　K……台所
　　ロ　DK……1つの部屋が食事室と台所を兼ねているもの
　　ハ　LDK……1つの部屋が居間と食事室と台所を兼ねているもの

⑧「面積」：バルコニーを除いた専用部分の面積を記入してください。バルコニーがある場合には、次の記載例のようにカッコを設けてその中にバルコニー面積を記入してください。

（記載例）
$$\begin{pmatrix} バルコニーを除いた専用面積　50㎡ \\ バルコニーの面積　10㎡ \end{pmatrix}$$
→50㎡（それ以外に、バルコニー10㎡）

⑨「設備等」：各設備などの選択肢の該当するものに○をつけ、特に書いておくべき事項（設備の性能、損耗状況、貸出数量など）があれば右の空欄に記

入してください。

「トイレ」：「専用・共用」の該当する方に○をつけ、「水洗・非水洗」のどちらかにも○をつけてください。

「浴室」：浴室乾燥機や追焚機能がある場合はその旨を記入してください。

「洗濯機置場」：洗濯機置場の場所（室内又は室外）や洗濯機防水パンの有無などを記入してください。

「備え付け照明設備」：照明が備え付けてある場合、電球の種類や交換日などを記入してください。

「オートロック」：オートロックの解錠方法を記入してください。

「地デジ対応・CATV対応」：該当する方法に○をつけ、その他注意書きがある場合は記入してください。

「インターネット対応」：回線種類（CATV、光回線、ADSL回線等）や回線容量等の契約内容を記入してください。

「メールボックス」：メールボックスの解錠方法等を記入してください。

「宅配ボックス」：番号又はカードの貸出枚数を記入してください。

「鍵」：鍵番号と貸出本数をカッコの中に記入してください。

「使用可能電気容量」の数字をカッコの中に記入してください。

選択肢を設けていない設備などで書いておくことが適当なもの（例：電話）があれば、「鍵」の下の余白を利用してください。

⑩「附属施設」：各附属施設につき、本契約の対象となっている場合は「含む」に○をつけ、本契約の対象となっていない場合は「含まない」に○をつけてください。また、特に書いておくべき事項（施設の概要、庭の利用可能面積など）があれば右の空欄に記入してください。

「駐車場」には契約台数と駐車位置番号を下線部に記入してください。

「バイク置場」には契約台数と駐車位置番号を下線部に記入してください。

「自転車置場」には契約台数と駐車位置番号を下線部に記入してください。

各附属施設につき、本契約とは別に契約をする場合には、選択肢の「含まない」に○をつけ、右の空欄に「別途契約」と記入してください。

選択肢を設けていない附属施設で書いておくことが適当なものがあれば、「専用庭」の下の余白を利用してください。

(2) 関係

「始期」：契約を締結する日と入居が可能となる日とが異なる場合には、入居が可能となる日を記入してください。

(3) 関係

① 「支払期限」：当月分・翌月分の該当する方に○をつけてください。
② 「支払方法」：振込又は自動口座振替の場合は、貸主側の振込先金融機関名等を記入してください。「預金」の欄の普通預金・当座預金の該当する方に○をつけてください。
併せて、「振込手数料負担者」の欄の貸主・借主の該当する方に○をつけてください。
③ 「その他一時金」：敷金以外のその他一時金について特約をする場合は、第19条の特約条項の欄に所定の特約事項を記入するとともに、この欄に、その一時金の名称、金額などを記入してください。
④ 「附属施設使用料」：賃料とは別に附属施設の使用料を徴収する場合は、この欄にその施設の名称、使用料額などを記入してください。
⑤ 「その他」：「賃料」、「共益費」、「敷金」、「その他一時金」、「附属施設使用料」の欄に記入する金銭以外の金銭の授受を行う場合（例：専用部分の光熱費を貸主が徴収して一括して事業者に支払う場合）は、この欄にその内容、金額などを記入してください。

(4) 関係
① 「管理業者」：物件の管理を管理業者に委託している場合、管理業者の「所在地」、「商号（名称）」、「電話番号」を記入してください。管理業者が「賃貸住宅管理業者登録制度」の登録を行っている場合はその番号を記入してください。
　また、個人が「管理人」として、物件の管理を行っている場合は、管理人の「住所」、「氏名」、「電話番号」を記入してください。

> 〔用語の説明〕
> ・賃貸住宅管理業者登録制度……賃貸住宅の管理業務に関して一定のルールを設けることで、その業務の適正な運営を確保し、借主と貸主の利益の保護を図るための国土交通省告示による任意の登録制度です。（平成23年12月施行）

② 「建物の所有者」：貸主と建物の所有者が異なる場合、建物所有者の「住所」、「氏名（社名・代表者）」、「電話番号」を記入してください。

(5) 関係
① 「借主」：本人確認の観点から、氏名と年齢を記入してください。
② 「同居人」：同居する人の氏名と年齢、合計人数を記入してください。

30 ● 第2編　逐条解説

③「緊急時の連絡先」：勤務先、親戚の住所など、貸主や管理業者が緊急時に借主に連絡を取れるところを記入してください。なお、緊急時の連絡先には、借主に連絡を取ることのほか、借主の急病・急変、安否確認や漏水等への対応を依頼することも想定されるため、契約時に連絡をして、緊急時の連絡先になってもらうことやこれらの対応を依頼する場合もある旨を伝えておくことが望ましいと考えられます。

〈家賃債務保証業者型〉
(6)　関係
　　家賃債務保証業者の「所在地」、「商号（名称)」、「電話番号」を記入してください。家賃債務保証業者が「家賃債務保証業者登録制度」の登録を行っている場合にはその番号を記入してください。

> 〔用語の説明〕
> ・家賃債務保証業者登録制度……家賃債務保証業務に関して一定のルールを設けることで、その業務の適正な運営を確保し、借主と貸主の利益の保護を図るための国土交通省告示による任意の登録制度です。（平成29年10月施行）

〈連帯保証人型〉
(6)　関係
①「連帯保証人」：連帯保証人の住所、氏名、電話番号を記入してください。
②「極度額」：連帯保証人が負担する、借主の債務の限度額を記入してください。極度額の記載方法については、「～円」（契約時の月額賃料の～か月相当分)」、「契約時の月額賃料の～か月分」、「～円」等が考えられます。なお、極度額は賃料の増減があっても変わるものではなく、契約時の額が適用されます。

■解説コメント
【頭書部分】
〈家賃債務保証業者型〉
　　標準契約書においては、賃貸借の目的物の概要、契約期間及び賃料等の約定事項、貸主、借主、管理業者及び同居人の氏名並びに家賃債務保証業者の商号（名称）等を一覧できるように、頭書部分を設けている。これは、約定事項を当事者が一括して書き込むことにより、当事者の意思を明確にさせ、記載漏れ

を防ぐこととあわせて、契約の主要な内容の一覧を図れるようにする趣旨である。

　頭書部分への具体的な記載方法等については、《作成にあたっての注意点》頭書関係を参照されたい。

〈連帯保証人型〉

　標準契約書においては、賃貸借の目的物の概要、契約期間及び賃料等の約定事項、貸主、借主、管理業者及び同居人の氏名並びに連帯保証人の氏名及び極度額等を一覧できるように、頭書部分を設けている。これは、約定事項を当事者が一括して書き込むことにより、当事者の意思を明確にさせ、記載漏れを防ぐこととあわせて、契約の主要な内容の一覧を図れるようにする趣旨である。

　頭書部分への具体的な記載方法等については、<u>《作成にあたっての注意点》頭書関係</u>を参照されたい。

## 【解説】

### (1)　所在地の表示

　「所在地」の表示の仕方としては、住居表示に関する法律による「住居表示」と、登記上の「建物の所在」の2つがありうる。

　標準契約書が頭書に物件の所在地を記入させるのは、当事者間で、目的物件を特定し、所在を明確にするためである。当事者にとってより分かりやすい所在地という意味では、住居表示の方が、住民票上の表示や、郵便物における宛て名等に使用されていることから、より生活に密着し、お互いが認識しやすいものと考えられる。

　裁判では、物件の特定は登記簿上の建物の所在によっていることが少なくないが、上記のような頭書に所在地を記載させる目的からすれば、登記上の建物の所在をすべての場合に必要的記載事項とする必要はなく、当事者が希望する場合に併記すれば足りるものと考えられる。

### (2)　構造

　「構造」については、最も基本的な分類であり、また、禁止又は制限される行為との関連で、物件の構造への影響度や近隣住戸への影響度について一番大きな差が生じると考えられる「木造」とそれ以外の「非木造」の2分類のみにしている。

### (3)　設備等

　「設備等」については、記載が実際の賃貸借の目的物と異なっている場合で

も、記載どおりにする義務を負うものではない。このことは、第1条の解説(1)で改めて取り上げる。

### (4) 付属施設

「付属施設」については、当該施設がある場合でも、例えば駐車場を例にとると、住宅の賃貸借契約とは別に駐車場契約を締結する場合があると考えられることから、ここでの記載は、当該施設の「有」「無」ではなく、当該施設が本契約書の契約の対象となっているか否か（本契約書でもって駐車場の使用契約も結んでいるか否か。）を示すために「含む」か「含まない」かに○をつけることとしている。なお、そもそも当該施設がなければ当然に契約の対象にはなりえないのであるから、「含まない」に○をつけることになる。

これに対して、設備等については、本契約とは別に貸主・借主間での使用契約を締結することはまず考えられないことから、単に「有」「無」のみを示すこととしている。

### (5) 貸主の氏名等

「※貸主と建物の所有者が異なる場合」とは、転貸借のときの転貸人（原賃借人）と転借人とが本契約書を使用する場合を想定している。

転貸借の場合、具体的な債権債務はすべて転貸人（本契約書上は貸主）と転借人（本契約書上は借主）との間で処理されるにしても、転借人は、建物所有者である原賃貸人に対しても法律上一定の義務を負っており、また、転貸借契約（本契約）の基礎にある建物利用の権原は最終的には所有者において決定されることから、建物の所有者も記載することとしている。

### (6) 管理業者の社名等

最近は、賃貸住宅の契約管理や建物管理を専門の管理業者が行うことも多い。この場合、借主との間で直接連絡などを行うのは管理業者であることが一般的であることから、契約書上も、管理業者の社名や連絡先などを記載することとしている。なお、平成23年12月から、賃貸住宅管理業者登録制度が施行されている。当該制度は任意登録制度であり、登録をしていないからといって管理業務ができないというわけではないが、登録の有無は契約当事者双方にとっても知っておくべき情報のひとつと考えられることから、登録業者の場合には、登録番号なども記載することとしている。

### (7) 同居人欄

同居人は、法律的には本物件の「利用補助者」であり、信義則上利用補助者

の故意・過失は借主の故意・過失とみなされ、借主は、これについても責任を負うことになる。

〈利用補助者〉

賃貸借契約において借主が賃借物を使用収益する場合のように、ある者が契約上の権利を有する場合において、いわば権利者の手足となって契約の目的物を使用する者を利用補助者といい、利用補助者の故意・過失は、権利者自身の故意・過失として責任を負うこととされる。

(8) 緊急時の連絡先

自然災害や事故などがあった場合、貸主としては借主に至急連絡をとって部屋の状況確認をしたり、場合によっては立入りの承諾を求めるなどの対応が必要となることがある。また、借主が長期不在で連絡が取れない場合などにも、建物全体の安全性の確保、防犯、部屋内の借主の安否確認や財産の保全などの観点から、貸主などが物件内に立ち入り確認することなどが必要な場合がある。このような緊急時の連絡先として、借主以外の第三者の記載を求めることとしている。この欄に記載されている者は、あくまでも緊急時の連絡先であって、同時に連帯保証人になっている場合を除けば、それ以上に賃貸借契約上、貸主との間で何らかの義務などを有するものではない。

(9) 家賃債務保証業者の提供する保証（家賃債務保証業者型）

家賃債務保証業者を活用する場合には、家賃債務保証業者を特定するため、当該業者の所在地、商号（名称）及び電話番号を記載する。

なお、平成29年10月から、家賃債務保証業者登録制度が施行されている。当該制度は任意登録制度であり、登録をしていないからといって家賃債務保証業務ができないというわけではないが、登録の有無は契約当事者にとっても知っておくべき情報のひとつと考えられることから、登録業者の場合には、登録番号も記載することとしている。

(10) 連帯保証人及び極度額（連帯保証人型）

改正民法では、賃貸借契約につき個人が連帯保証をする場合には、根保証として保証契約時に極度額（保証の限度額）を定めなければならないとされた（改正民法第465条の2第2項）。頭書部分は、約定事項を当事者が一括して書き込むことにより、当事者の意思を明確にさせ、記載漏れを防ぐこととあわせて、契約の主要な内容の一覧を図って当事者間で契約の主要な内容の認識に齟齬が生じないようにする趣旨であるところ、極度額の定めはこれに該当することから、頭書部分に極度額を記載することとしている。

極度額の欄には、貸主と連帯保証人との合意に基づき定めた額を記載する。記載方法は、「金○○円」と記載しても、「家賃の○カ月分」（この場合の「家賃」は賃貸借契約時に定められた家賃）と記載しても、どちらでもよいが、確定した金額がわかる表現にすることが必要である。

# 第1条　契約の締結

## ■条文

> （契約の締結）
> 第1条　貸主（以下「甲」という。）及び借主（以下「乙」という。）は、頭書(1)に記載する賃貸借の目的物（以下「本物件」という。）について、以下の条項により賃貸借契約（以下「本契約」という。）を締結した。

## ■解説コメント
### 【本条】
### 1　契約の締結（第1条）

　本条項は、賃貸借契約の締結を宣言したものである。賃貸借契約は諾成契約であり、申込みと承諾の意思表示の合致によって成立するが、各当事者は契約成立について疑義が生じないよう書面による契約を行うことが重要である。その際、紛争防止の観点から、貸主は媒介業者が存在する場合には媒介業者とも連携して十分な情報提供を行うこと、借主は賃貸物件、契約内容を十分吟味した上で契約書に記名押印する等慎重な対応をすること、媒介業者は重要事項説明を行った上で契約書の取次ぎを遅滞なく行うこと、貸主は遅滞なく契約書に署名・押印することが望ましいと考えられる。

## ■解説
### 【趣旨】

　解説コメント記載のとおり、本条項は、賃貸借契約の締結を宣言したものである。

### 【解説】
#### ⑴　頭書(1)の趣旨

　頭書(1)の記載が実際の賃貸借の目的物と異なっている場合でも、貸主は、目的物を頭書(1)の記載どおりにする義務を負うものではないし、借主も、明渡し時に頭書(1)の記載どおりに原状回復する義務を負うものではない。頭書(1)は、賃貸借の目的物を特定し、その概要を一覧するために設けられているものである。

　ただし賃貸借の目的物に関し当事者が共通の認識をもち、それをもとに契約条件を定めるのが契約の基本であるし、入居時点での設備の状況等を把握しておくことは明渡時の原状回復の協議の際にも大切な情報となることから、契約

36● 第2編　逐条解説

時には、設備等の有無や現状をしっかりと確認をし、記載漏れや記載内容に齟齬がないようにしておくことが大切である。

〈頭書と本条との関係〉

標準契約書の頭書は、賃貸借契約の主な内容を両当事者が確認するためのものであり、頭書自体には契約としての拘束力はない。頭書の記載に契約として拘束力を持たせるのは、頭書を引用する各条文においてである。

頭書(2)については第2条第1項の「契約期間は、頭書(2)に記載するとおりとする。」という規定により、頭書(3)については第4条第1項の「乙は、頭書(3)の記載に従い、賃料を甲に支払わなければならない。」という規定、第5条第2項の「前項の共益費は、頭書(3)の記載に従い、支払わなければならない。」という規定等により、頭書記載どおりの効力を有することとされる。

それに対して、第1条は「頭書(1)に記載する賃貸借の目的物」という文言を採用しており、頭書(1)は単に賃貸借の目的物を特定する趣旨のものであることを示している。

## (2) 「契約した」の趣旨

賃貸借契約自体は契約書作成の有無にかかわらず当事者間の合意により成立するものであり（民法第601条）、契約書の作成は合意により成立した契約を書面化し確認する性格のものであることから、「契約した」という文言となっている。

〈賃貸借契約と契約書〉

賃貸借契約は、「賃貸借は、当事者の一方がある物の使用及び収益を相手方にさせることを約し、相手方がこれに対してその賃料を支払うことを約することによって、その効力を生ずる」（民法第601条）とされており、諾成、双務、不要式の契約である。

契約書は、その意味では賃貸借契約の成立要件でも効力要件でもなく、契約書がなくても当事者間の合意により契約自体は成立し、効力を有する。契約書は、当事者の意思を明確にすること、契約の存在を証明すること、契約内容を書面で残して証拠性を確保すること（賃貸借関係は、契約が終了し明渡しが完了するまでの間に当事者間に生じうるさまざまな問題につきあらかじめ取決めをしておくものであることから、契

第1条　契約の締結 ● 37

約当初にどのような合意があったかを書面化しておく意味は大きい）に意味を有し、契約の締結（成立）以後に取り交わされるものである。ただし、実態として契約書の作成により契約の合意がなされる場合もあり、その場合は、契約の成立と契約書の作成は同一時となる。

(3) **読替え**
　本条において、以下の文言の読替えを行っている。
　・賃貸人→甲
　・賃借人→乙
　・賃貸借の目的物→本物件
　・賃貸借契約→本契約

# 第2条　契約期間

## ■条文

（契約期間及び更新）
第2条　契約期間は、頭書(2)に記載するとおりとする。
2　甲及び乙は、協議の上、本契約を更新することができる。

## ■解説コメント

2　契約期間及び更新（第2条）
【第1項】　　契約期間を頭書(2)に定める始期から終期までの期間とすることとしており、原則として両当事者は、この期間中は相手方に対して本契約に基づく債権を有し、債務を負うこととなる。
【第2項】　　賃貸借契約は契約期間の満了により必ず終了するものではなく、当事者間の合意により契約が更新（合意更新）できることを確認的に記述している。

## 【解説】
### (1)　契約期間の意義

　本条は、本契約を期間の定めのある賃貸借契約とし、双方の債権債務が発生する期間を明確にしたものである。貸主は、この期間中物件を借主に使用収益させる義務を負い、借主は、貸主に賃料を支払う義務等を負うことになる。ただし、標準契約書では、第11条で借主の中途解約権を認め、期間中であっても契約を終了させることができ、この場合、解約後は双方ともに義務を負わないことになる。第10条により契約が解除された場合、第12条第2項により契約が解除された場合、第13条により契約が終了した場合も同様である。

〈期間の定め方〉
　　住宅賃貸借契約の期間については、普通建物賃貸借（伝統的な賃貸借で、更新のある契約形態。法令上はそれ以外に、定期建物賃貸借及び一時使用目的の建物賃貸借などがある。）の場合は、最短期間1年（借地借家法第29条）である。最長期間の制限はない（改正民法第604条が定める存続期間50年（現行民法では20年）の規定は、借地借家法第29条第2項により、建物の賃貸借には適用されない）。この法令上の定めの範囲で、当事者間で任意に決めることができ、また、期間を定めないこと

第2条　契約期間 ● 39

も可能である。1年未満の契約は期間の定めのない契約となる。

　期間の定めがある契約と期間の定めのない契約とでは、解約の取扱いが異なる。すなわち、契約期間の定めがない場合は、各当事者はいつでも、貸主は6か月前に、借主は3か月前に申入れをすることによって解約できる（ただし、貸主の解約の申入れについては、「正当事由」が必要である。）が、期間の定めがある場合は、契約で当事者の一方又は双方に解約権を認めた場合にのみ、期間の定めのない契約の場合と同様に解約ができるとされている（民法第617条、第618条、借地借家法第27条）。

　標準契約書では、本条で本契約を期間の定めのある契約とし、第11条において借主からの解約権を認めている。

（参考）建物賃貸借契約の種類とそれぞれの法令上の取扱い

| | 普通建物賃貸借 | 定期建物賃貸借 | 一時使用目的の建物賃貸借 |
|---|---|---|---|
| 契約方法 | 書面でも口頭でも可能 | 公正証書等書面による契約に限る。さらに「更新がなく期間満了により終了する」ことを契約書とは別にあらかじめ交付して説明しなければならない。 | 書面でも口頭でも可能 |
| 更新の有無 | 借主が希望すれば、貸主に更新拒否の正当事由がない限り、更新される。 | 期間満了により終了し更新はない。 | 更新可能。貸主からの更新拒否に正当事由は不要 |
| 賃貸借期間 | 1年以上（1年未満の契約は、期間の定めのない契約とみなされる） | 期間制限無し（1年未満でもよい） | 期間制限なし。（ただし使用目的に照らし期間が長期の場合には、一時使用目的が否定される可能性あり） |
| 賃料増減額の特約 | 賃料不増減特約など借主に有利な内容の | 特約の定めに従う | 特約の定めに従う |

40 ● 第2編　逐条解説

| | 特約はその定めに従う。一方賃料不減額特約など借主に不利な内容の特約は無効であり、借地借家法第32条に定める賃料減額請求権の行使が可能 | | |
|---|---|---|---|

## (2) 契約期間の始期

　契約期間の始期（以下「始期」という）は、「契約書作成にあたっての注意点」において、入居が可能となる日とすることとしている（頭書関係(2)参照）。したがって、契約締結日に借主の入居が可能であれば、契約締結日を始期とすることができるが、契約締結日には入居が不可能であれば、後日借主の入居が可能となる日を始期と定めることになる。

　これは、契約期間が賃料支払期間と一致することを前提に、貸主の方でなすべき義務を履行した時点から契約期間が始まるとすることが、賃貸借契約の双務契約性及び貸主・借主間の公平性の観点から望ましいとの考え方によるものである。

### 〈賃料支払義務の発生時点〉

　借主の賃料支払義務は、賃貸借の目的物を借主に使用収益させる貸主の義務と対価的関係に立つものである。したがって、貸主が必要な義務を果たし、借主が目的物を使用することが可能になった時点から賃料支払義務が発生すると考えることが、賃貸借契約の有償、双務契約性から導かれる帰結と考えられる。

　これを住宅の賃貸借契約に当てはめて考えると、賃料支払義務は、目的物件の入居可能日を起点として生じるということになる。この場合、貸主は既になすべき義務を履行しているのであり、借主はいつでも入居して物件を使用するという権利を行使できる状態にある。実際に入居するか否かは借主側の事情によるものであり、借主の実際の入居は、賃料支払義務の観点からは特に考慮する必要はないと考えられる。

　この点、住宅賃貸借における借主保護の観点から借主の実際の入居日から賃料を支払うとする考え方もあろうが、貸主が貸主として必要な義務を履行している以上、借主側の義務も発生すると考えるのが、賃貸借

契約の有償、双務契約性から妥当であると考えられる。

〈契約期間の始期をいつとすべきか〉

　契約書作成の日付と契約期間の始期は必ずしも一致せず、始期は当事者間の合意により特定の日に定めることが多いのが実態である。そして、「契約書作成の日（＝契約締結日＝契約成立時）」と「始期（＝契約効力発生日）」とが異なっても、それは頭書(2)の「始期」に記載された日を始期とする期限付（始期付）の契約が締結されたと考えられることから、標準契約書においては、始期を、契約書作成の日ではなく入居可能日とし、契約期間と賃料支払期間との一致を図っている。

(3)　始期前の契約の効力

　契約日と始期とが異なる場合でも、その間は始期付の契約が存在しており、当事者は、始期から契約の効力が発生すること（借主が物件を使用できること、貸主が賃料債権を得ること等）に対する相手方の期待を裏切ってはならないという拘束を受け、この時点での契約の一方的破棄は損害賠償責任を発生させることとなる。

〈条件付法律行為等〉

　民法第128条は、条件付法律行為について、条件の成否未定の間は条件成就により得ることとなる相手方の利益を害することはできない旨規定されている。この規定は、期限付法律行為についても類推適用されるとするのが通説である。

(4)　契約期間の終期

　契約期間の終期は頭書(2)の「終期」に記載する日である。当該日が実際には存在しない場合（例：2月30日）には、合理的に判断して相当である日を終期とみなす（例の場合は2月末日。手形の満期についてであるが、「2月29日を満期とする手形の記載は、2月末日を満期として記載した趣旨と解する」とした最高裁の判例がある（最高裁昭和44年3月4日判決）。）こととなる。また、始期と契約期間のみが定まっていて、終期については記載がない場合も、始期と契約期間から契約終了の時期がわかるため、その記載は有効である。始期のみが定まっていて契約期間及び終期の記載がない場合は、期間の定めのない契約となる。なお、貸主側で更新を拒否する場合には、期間満了の1年前から6

か月前までにその旨を通知しなければならない（さらに、更新を拒否するにつき「正当事由」が必要とされる）。この通知期間を明確にする意味からも、期間の定めのある契約を締結する場合には、終期を明確に記載しておくことが望ましい。

〈頭書(4)の記載が不備な場合の取扱い〉

　始期と契約期間のみを定めている場合は、契約期間を定めるのに年、月をもって定めたことになり、この場合は民法第143条により暦に従って計算した期間の満了をもって契約の終了となる。

始期終期契約期間取扱い

| 始期 | 終期 | 契約期間 | 取扱 |
|------|------|----------|------|
| あり | あり | なし | 始期から終期までを期間とする契約成立 |
| あり | なし | あり | 始期から契約期間経過で終了する契約成立※ |
| なし | あり | あり | 終期から逆算される日を始期とする契約成立 |
| あり | なし | なし | 始期から期間の定めのない契約成立 |
| なし | あり | なし | 契約締結日を始期とみなせば契約成立 |
| なし | なし | あり | 契約締結日を始期とみなせば契約成立※ |
| なし | なし | なし | 契約締結日を始期とみなせば期間の定めのない契約成立 |

※　期間が週、月、年で定めている場合（○年○月間）は、その期間は暦に従って計算し、起算日（始期）が週、月、年の始めでないときは、その期間は、最後の週、月、年の起算日の前日で満了する。もっとも、最後の月に起算日に当たる日がないときは、その月の末日を満了日とする。
　（例）平成24年3月15日から2年2月間→平成26年5月14日に期間満了
　　　　平成24年1月31日から2年1月間→平成26年2月28日に期間満了

　頭書(2)の記載のいずれかがない場合には、文面上から当事者の意思を合理的に解釈し、上記の表のように取り扱うことになる。ただし、当事者間の意思が前表とは別であることが両者の間で明確になっていれば、当該当事者の意思に従うことになるのはもちろんである。

第2条　契約期間 ● 43

(5) 契約の更新

　住宅賃貸借契約は、契約期間の満了によって必ず終了するわけではなく、当事者間の協議により、契約を更新することができる。この協議は、6か月前の通知等の特別な手続きがなくても、終期までの間いつでも行うことができる。また、この場合の協議内容としては、更新をするか否かのみならず、更新するとした場合の更新後の契約の条件（契約期間、賃料等）も含まれることになる。

　また、借地借家法では、一定の要件を満たせば契約が更新されるとみなされる法定更新制度を定めている。標準契約書では、契約書上のルールとしては当事者間の協議により更新をするか否かを決めるのが望ましいとの観点から、一義的には協議を必要としている。しかし、協議が整わない場合、あるいは協議がなかった場合でも、一定の要件を満たせば、借地借家法の規定により当然に更新がなされることになる。

　なお、実際の契約書の中には、一定の期間内に貸主又は借主から更新をしない旨の通知をしない場合は前の契約と同一の期間又は一定の期間（例えば、2年間）で契約が更新されるとする規定（自動更新規定）を設けているものがある（その性質は、契約で定めた手続きにしたがって更新がなされることから、合意更新の一種であると考えられる）が、その効果は、更新後の契約期間の点を除けば法定更新と変わることがないため、標準契約書の本条では採用していない。更新後の契約を期間の定めのない契約にしたくないのであれば、協議により合意更新すれば足りるし、大量の物件を管理する会社等が契約更新に係る事務処理の簡便化・迅速化を図る上で自動更新条項を必要とするのであれば、特約で対応することとなる。

---

〈法定更新〉

　期間の定めがある契約において、貸主が期間の満了の1年前から6か月前までの間に相手方に対して更新をしない旨の通知をしなかったとき、または条件を変更しなければ更新しない旨の通知をしなかったときは、従前の契約と同一の条件で（期間については定めのないものとされる）、契約を更新したものとみなされる（借地借家法第26条第1項）。

　また、この通知をした場合であっても、期間満了後に借主（転貸の場合には転借人）が物件の使用を継続していて、それに対して貸主が遅滞なく異議を述べなかった場合も、契約を更新したものとみなされる（同法第26条第2項）。

　これを、「法定更新」という。

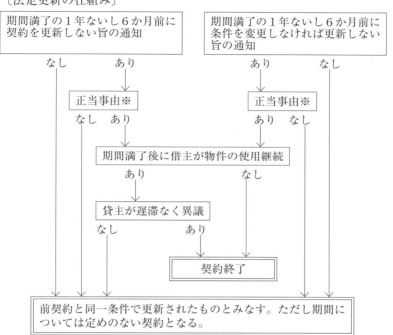

※　通知に当たっては、借地借家法第28条により、正当事由が必要とされる。

　なお、期間の定めのない契約では、当事者はいつでも解約の申入れをすることができるが、民法及び借地借家法上、貸主からの申入れの場合は解約申入れの日から6か月後に、借主からの申入れの場合は解約申入れの日から3か月後に契約が終了するのであり、即時に終了するわけではない。また、貸主からの申入れは、解約を申し入れることが正当と認められるに足りる事由（正当事由）が必要である（同法第27条・第28条）。

＜更新時の書面の交付等＞
　契約の更新は、たとえ合意による更新であっても、あらたな契約ではなく、法令上は書面なども要請されない。しかし更新後の契約の終期や契約条件を確認する意味では、あらためて契約書を取り交わしたり、更新後の契約に係る主な内容を書面化して両当事者が保有しておくように

することが考えられる。

　なお賃貸住宅管理業者登録制度では、登録管理業者が更新手続に関与した場合には、契約が更新されたときは遅滞なく、更新後の契約期間、更新後の家賃の額・支払い時期・支払い方法及び家賃以外の金銭の授受に関する定めがあるときはその額や授受の時期・目的を記載した書面を借主に交付しなければならないとしている。

⑹　更新料

　契約の更新に際しては、更新料という名称の一時金を徴収する例も見受けられる。しかし、更新料の授受については、法令上根拠となる規定がなく、当事者間の合意により初めて認められるものであり、更新料に係る合意は、契約書に一義的かつ具体的な定めがあり、額が高額すぎない限りは有効であるとする判例がある。

　標準契約書においては、更新料の支払いが全国的な慣行ではないため本条では定めていないが、上記要件を満たすことを前提に、当事者間で合意があれば特約で対応することとなる。

〈更新料の支払いに係る判例〉

　更新料の支払いは、借主としては、約定の更新料を支払うことにより更新拒絶に伴う明渡請求等の紛争を免れ、更には更新前の契約と同じ賃借期間が確保されるといった利益を得られることから、一方的に借主に不利な特約であるとは断定できず、実質的に借家法第6条（借主に不利な特約は無効とする）に反しないとする判例がある（最高裁昭和56年11月16日判決）。

　また、更新料特約は、契約書に一義的かつ具体的な記載があり、額が契約期間、賃料の額等に比べて高額に過ぎない場合には、消費者契約法第10条の信義則上消費者（住宅賃貸借における個人の借主）に一方的に不利益な規定とはいえず、消費者契約法上無効とはいえないとした判例がある（最高裁平成23年7月15日判決）。

⑺　元号か西暦か

　なお、頭書⑵では、始期及び終期の記載は、元号（平成）を使っても、西暦を使ってもよい。

# 第3条　使用目的

## ■条件

（使用目的）
第3条　乙は、居住のみを目的として本物件を使用しなければならない。

## ■解説コメント
### 3　使用目的（第3条）
　本契約書は「民間賃貸住宅（社宅を除く。）」の賃貸借に係る契約書であることから、使用目的を「（自己の）居住」のみに限っている。
　ただし、特約をすれば、居住しつつ、併せて居住以外の目的に使用することも可能である。
【→19　特約条項（第19条）】参照
　→《作成にあたっての注意点》条文関係【第19条（特約条項）関係】参照

## ■解説
### 【趣旨】
・本契約書は「住宅」の賃貸借に係る契約書であることから、本条では、使用目的を自己の居住のみに限っている。ただし、特約をすれば、居住しつつ併せて居住以外の目的で使用することも可能である。

### 【解説】
⑴　「自己」の居住目的
　借主は、「自己の」居住目的に使用しなければならない。条文上は特に「自己の」とはうたっていないが、第8条第1項の無断転貸の禁止の条項も含めて解釈すれば、契約の当事者である借主本人の使用を前提としている。

⑵　居住目的以外の使用
　借主が居住しつつ、併せて居住以外の目的に使用することを認める場合には、特約でその旨及び使用に当たっての手続きを定めることを要する（契約書作成にあたっての注意点第19条関係②参照）。しかし、専ら事務所、店舗等の営業目的に使用することは想定していない。これは、そもそも「住宅」の賃貸借の契約であること、専ら営業目的に使用する場合は、不特定多数の第三者が継続的に物件に出入りし、近隣に迷惑をかけるおそれが高いこと等から、住宅賃貸借とは異なる契約内容となることが想定されることによる。

第3条　使用目的 ● 47

〈用法遵守義務〉

　借主は、民法第616条が準用する同法第594条第1項により、「借主は、契約又はその目的物の性質によって定まった用法に従い、その物の使用及び収益をしなければならない」義務（用法遵守義務）を負っている。住宅賃貸借契約においては、住宅のみに使用するのが原則であり、専ら営業目的に使用することは許されない。また、営業目的との併用使用は、通常の住宅賃貸借とは異なる内容を含むことから、特約により条件も含め定める必要がある（当事者間の合意があれば、契約自由の原則によりそのような定めも有効である）。

〈特約〉

　居住目的と営業目的との併用使用を認めることについては、物件の構造、借主の属性（当該使用がどうしても必要とされる借主であるか否か）、使用の態様（他の居住者及び近隣にどの程度迷惑をかけるか、物件の構造等にどのくらい影響が生じるか）等の個別事情に大きく左右されることから、個々の契約当事者間において特約で定めることとしている。この場合の特約の内容としては、営業目的との併用使用を認める旨、認めるに当たっての要件（認められる営業の範囲等）及び手続き（貸主の承諾又は貸主への通知）が考えられる。

## (3)　契約の解除との関係

　営業目的との併用使用を認められていない場合において、借主が物件を営業目的にも使用した場合は、その使用が当事者間の信頼関係を破壊するものであるときには、第10条の規定により、貸主に解除権が発生する。

〈信頼関係の破壊〉

　第10条第2項第一号は、本条の用法遵守義務違反の場合を解除要因としている。特約でもって本条の例外を定めない限りは、本条が「居住のみを目的」としているため、借主が営業目的との併用使用をすれば、使用目的遵守義務に違反することになる。

　ただし、第10条第2項は、催告に従わず、かつ、契約関係を継続することが困難と認められるに至った場合に限り、解除できるとしている。したがって、一般的には、当該営業目的の使用の継続が信頼関係を破壊すると認められる場合（①物件の特性等から居住以外での使用は考えら

れず、借主もそのことを承知の上で契約した場合や、②使用そのものは許容されるがその使用方法が信頼関係を破壊するとみなされる場合〜当該使用により物件の構造や他の入居者の利用などに支障を及ぼす場合等〜）であり、かつ、貸主が使用の中止等の催告をし、それにもかかわらず借主が必要な措置（将来に向かっては使用目的を遵守するとともに、これまでの営業目的の使用による物件への影響等を排除することも必要であろう。）をとらなかったときに初めて、貸主は解除権を行使できるのであって、単なる営業目的との併用使用が即時に解除権の発生につながるわけではないことに注意する必要がある。

　したがって、実際問題として、当該物件においていわゆる内職等行うような、建物の構造的にも、設備等の利用においても、近隣への影響においても、住宅としての通常の使用形態と異なる状況が生じないような場合は、本条の規定にかかわらず許容される（貸主に解除権が発生しない）ものと考えられる。

(4)　特約

　営業目的との併用使用に係る特約については、その使用を、

①　あらかじめ一定範囲で可能とし、実際の使用にあたっては貸主への通知を必要とする場合

②　貸主の承諾をもって可能にする場合

の2パターンが考えられる。

　標準契約書再改訂版の「契約書作成にあたっての注意点」には特約例は掲載されていないが、その前身たる最初の標準契約書の「記載要領」には、それぞれの記載例が掲げてあった。特約の内容や取扱いについては従前と特段の変更はないため、ここに、旧「記載要領」に掲げていた特約例を紹介する。

［①　一定範囲で営業目的の併用使用を可能とし、その一部については貸主への通知を必要とする特約例］

　1　第3条の規定にかかわらず、乙は、近隣に迷惑を及ぼさず、かつ、本物件の構造に支障を及ぼさない範囲内であれば、本物件を居住目的に使用しつつ、併せて○○○、○○○等の営業目的に使用することができる。

　2　乙は、本物件を○○○、○○○等の人の出入りを伴う営業目的に使用する場合は、あらかじめ、次に掲げる事項を書面により甲に通

知しなければならない。
　一　営業の目的
　二　営業目的に使用する日及び時間帯
　三　営業目的の使用に伴い本物件に出入りする人数
　3　乙は、第1項ただし書に基づき本物件を営業目的に使用する場合は、常時、近隣に迷惑を及ぼさず、かつ、本物件の構造に支障を及ぼさないように本物件を使用しなければならない。

〈特約条項の解説〉
(第1項)
　この特約例は、とりあえずは貸主の個別の関与なしに併用使用を認めるのであるから、そもそもの許容範囲を定めることがまず必要とされる。すなわち、営業目的は、賃貸借の目的物の所有権は貸主にあり、他人の所有物の使用に当たって、借主は善良なる管理者の注意を払う必要があることから、「本物件の構造に支障を及ぼさないもの」である必要があり、また、「近隣に迷惑を及ぼさないもの」である必要がある。
　したがって、○○○に入るものとしては、一般的には個人的に指導をする茶道教室、華道教室等が考えられる。学習塾については、出入りする人の数が多いこと等から、一般的には該当しないと考えられる。
(第2項)
　第1項で許容されたもののうち、人（第三者）の出入りを伴うものについては、近隣に迷惑を及ぼし、または、本物件の構造に支障を及ぼすおそれがあることから、貸主への通知を必要とする。

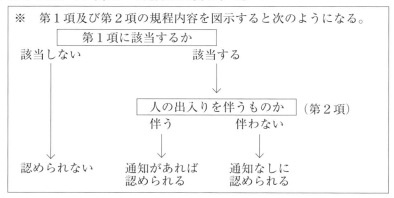

(第3項)
　当該使用はあくまでも近隣に迷惑を及ぼさず、かつ、物件の構造に支障

を及ぼさない範囲で認められているものであり、その範囲を逸脱する使用をしてはならない旨を確認的に規定したものである。なお、この規定と連動して、第10条第2項の解除事由の中に、「特約第○条第3項に規定する本物件の使用方法遵守義務」違反を規定することによって、適正な使用を担保することができる。

　※第10条第2項
　　一　　（略）
　　二　特約第○条第3項に規定する本物件の使用方法遵守義務
　　三・四　　（二・三を繰り下げる）
［②　貸主の承諾を必要とする特約例］

---

　第3条の規定にかかわらず、乙は、甲の書面による承諾を得て、本物件を居住目的に使用しつつ、併せて営業目的に使用することができる。

---

〈特約条項の解説〉
　借主の申し出に対して承諾するか否かは、個別事情に応じて貸主の裁量により決定できる。なお、近隣への影響、物件への影響の点で居住目的のみの使用と異ならないような使用（例えばいわゆる内職のための使用）については、社会常識的に考えて、承諾を求める必要がないものと考えられる。

## (5)　同居人による併用使用

　借主ではなく同居人が営業目的の併用使用を行う場合、例えば夫が借主でその妻が茶道教室等に使用する場合であっても、夫（借主本人）が併用使用する場合と同じ取扱いになる。

---

〈利用補助者の行為〉
　同居人は利用補助者であり、その行為は借主の行為とみなされる。したがって、同居人が使用目的違反をすれば解除事由になりうるし、同居人が営業目的で使用する場合は、特約の定めに応じて貸主への通知、貸主の承諾等の手続きを要することになる。

---

## (6)　いわゆる民泊やシェアハウスとして利用する目的での賃貸借の取扱い

　標準契約書第3条は、(1)のとおり、借主本人が居住することを使用目的としていることから、借主が物件をいわゆる民泊やシェアハウスとして利用しよう

とする場合には、貸主の承諾を要する。

　借主が転貸借によりこれらの事業を実施しようとする場合であれば、転貸借をすること自体貸主の承諾を要するし（第8条第1項）、普段は借主が自身の居住用に賃貸住宅を使用しながら、民泊として提供すること（家主同居型民泊）に関しても、不特定多数の者の頻繁な出入りは建物や設備への影響、共用部分の使われ方、隣接住戸等との関係などから、使用目的の変更に該当するとして、貸主の承諾を要するものと解される。同居人の追加という形で実質的にシェアハウス化する場合も同様である。

# 第4条　賃料

## ■条件

（賃料）

第4条　乙は、頭書(3)の記載に従い、賃料を甲に支払わなければならない。

2　1か月に満たない期間の賃料は、1か月を30日として日割計算した額とする。

3　甲及び乙は、次の各号の一に該当する場合には、協議の上、賃料を改定することができる。

一　土地又は建物に対する租税その他の負担の増減により賃料が不相当となった場合

二　土地又は建物の価格の上昇又は低下その他の経済事情の変動により賃料が不相当となった場合

三　近傍同種の建物の賃料に比較して賃料が不相当となった場合

## ■解説コメント

4　賃料（第4条）

【第1項】借主は、頭書(3)に記載するとおりに賃料を支払うこととしている。

【第2項】日割計算により実際の契約期間に応じた賃料を支払う方法を記述している。なお、日割計算の際の分母については、「各月の実際の日数とすること」と「一律に一定の日数とすること」の2つの方法が考えられるが、計算がある程度簡便であることから、「一律に一定の日数とすること（1か月30日）」としている。

【第3項】賃料は、契約期間中であっても第3項各号の条件のいずれかに該当する場合に、当事者間で協議の上、改定できることとしている。

## ■解説

【趣旨】

・借主は、賃料につき「頭書(3)」に記載するとおりに支払い義務があることを規定している。

・1か月に満たない期間の賃料は、日割計算することとしている。

・賃料改定は、借地借家法に規定する借賃増減請求権の要件を満たす場合に、当事者間で協議の上、行うことができることとしている。

【解説】

第4条　賃料●53

## (1) 賃料の意義

　建物賃貸借契約における賃料（以下「賃料」という）は、建物（及び敷地）の使用の対価として、借主から貸主に対して支払われる金銭その他のものをいう。なお、この場合、賃貸借の目的物は建物であるが、借主は建物の使用に必要な範囲で建物の敷地を利用できる権利も有すると考えられることから、賃料には、建物自体の使用の対価のほか、その敷地の使用の対価も含まれる。

---

〈民法の規定との関係〉

　民法第601条は、賃貸借の意義として、「当事者の一方がある物の使用及び収益を相手方にさせることを約し、相手方がこれに対してその賃料を支払うこと…を約する」と規定しており、賃料を目的物の使用、収益の対価としているが、住宅の賃貸借契約においては「収益」は考えられないことから、専ら「使用」の対価と位置付けられる。

---

## (2) 賃料の支払い

　賃料の額、支払期限、支払方法については頭書(3)に記載することとし、本条第1項において、それに従った賃料支払義務を借主に課している。

　借主の賃料支払義務は、賃貸借契約の本質をなすものであり（民法第601条）、借主の義務の中でも中心的義務とされている。

　賃料の支払いが遅延した場合には、民法上の履行遅滞となり、損害賠償として年3％を基本として改正民法第404条第3項〜第5項により定められる率（平成32年3月31日までは5％）の法定利息が発生することになる。しかし、賃貸借契約は継続的関係であるため、1回の1か月程度の遅れの場合にまで遅延利息を要求することは、実態としては少ないと考えられる。

---

〈履行遅滞の取扱い〉

　民法における履行遅滞の取扱いは、次のとおりである。

①　賃料の支払期限を定めている場合（標準契約書においては頭書に支払期限を書くこととしている。）には、民法第412条に定める「債務の履行につき確定期限があるとき」に該当し、「その期限が到来した時から遅滞の責任を負う」とされる。

②　この場合は、民法第415条の「その債務の本旨に従った履行をしないとき」にあたり、「債権者は、これによって生じた損害の賠償を請求することができる」ことになる。

③　賃料債務は金銭債務であることから、金銭債務の特則である民法第

419条が適用され、法定利率（民法第404条により年３％を基本として改正民法第404条第３項〜第５項により定められる率（平成32年３月31日までは５％）とされている。）により賠償額が決められるが、当事者間であらかじめそれ以上の利率を定めれば、それが適用されることになる。ただし、あまり高い利率を定めることは、それ自体が紛争の原因となる可能性もあると考えられる。また、個人が借主である住宅賃貸借の場合には、消費者契約法が適用されることにより、利率の最高限度は14.6％とされていることにも注意が必要である。

## (3) 賃料の支払方法

賃料の支払方法としては、①金融機関を通じて行う方法と、②貸主に直接支払う方法とがある。

①の方法としては、毎月貸主の指定口座に振り込む振込方式と、あらかじめ借主が自己の口座から貸主指定の口座へ毎月一定の期日に振り込むことを金融機関に依頼しておく自動振替方式とが考えられるが、いずれも契約書において示す情報としては、貸主指定の振込先で足りると考えられることから、標準契約書の頭書(3)では「振込、口座振替」と明示しつつ、金融機関の記載は「振込先金融機関名」で統一している。

また、②の方法としては、持参方式と現金書留等で送付する方式とが考えられるが、いずれも契約書において示す情報としては、持参先、送付先の住所等を示せばよいと考えられることから、標準契約書の頭書では「持参先」で統一している。

なお、①の方法の場合、振込手数料を貸主、借主のどちらの負担とすべきかが問題となるが、民法上は弁済の費用として債務者たる借主の負担とされており、貸主負担とする場合はその旨を特約する必要がある。

---

〈弁済の費用〉

　借主の賃料の支払いはいわゆる「債務の弁済」に該当し、その弁済に要する費用については民法第485条により原則として債務者負担とされていることから、当事者間で特約がない限り、賃料の振込手数料は借主が負担することとなる。

---

## (4) 日割計算

契約締結時及び解約時においては、１か月に満たない期間の賃料を支払う必

要が生じる場合がある。この場合の賃料の計算方法については、1か月を30日
とした日割計算によることとしている。

〈1か月に満たない期間の賃料の取扱い〉
　　1か月に満たない期間の賃料については、
①　実際の契約期間にかかわらず、1か月分、半月分など、一定額の賃
　　料を支払うこととする方法、
②　日割計算により実際の契約期間に応じた賃料を支払うこととする方
　　法、
の2つが考えられるが、多少計算が面倒でも、実際の契約期間と賃料を
支払うべき期間とは一致していることが、貸主の物件を借主に使用収益
させる義務と、借主の賃料支払義務とが対価的関係に立つとする賃貸借
契約の有償、双務契約性から妥当と考えられる。したがって、標準契約
書では②の方法を採用している。
　　次に、②の中でも、日割計算の際の分母となる1か月の日数をどのよ
うにするかについて、
　　a）　　各月の実際の日数とすること、
　　b）　　一律に一定の日数とすること、
の2つの方法が考えられるが、既存の契約書でも採用例が多く、計算が
ある程度簡便であることから、標準契約書においてはb）を採用し、一
律に1か月を30日とすることとしている（28日または29日しかない2月
の場合でも同様の取扱いをすることとなる。）。これは、365日÷12月≒
30日であることから、1か月を30日として計算することとしても、一方
当事者に一方的な不利益をもたらすものではなく、不合理ではないと考
えられる。

## (5)　賃料改定

　賃料改定については、第3項各号に掲げる要件のひとつに該当すること及び
当事者間で改定につき協議をすることを条件としている。協議が調わない場合
には、借地借家法第32条に定める手続きに移行することになる。

　なお、目的物の一部滅失等による賃料の減額については、別に第12条で規定
しているので、第12条解説を参照されたい。

〈賃料改定を認めた趣旨〉
　　契約期間の定めがある場合の賃料の改定については、

56 ● 第2編　逐条解説

① 契約期間を賃料据置き期間と考えて賃料改定を認めないとする方法、
② 契約期間内であっても一定の要件を満たせば賃料改定を行えるとする方法、

の２つが考えられる。標準契約書においては、民法及び借地借家法では契約期間の定めの有無を問わず一定の要件を満たせば賃料の増減を請求できるとしていること、契約期間内は賃料改定ができないと特約をしたとしても、借地借家法第32条の規定により借賃減額請求権の行使は認められ（ただし賃料を増額しない旨の特約は借地借家法第32条第１項ただし書により有効とされる。）、または事情変更の一般法理により改定が認められる可能性があることにかんがみ、②が採用されている。

〈借地借家法第32条との関係〉

　借地借家法は、賃料の増減額につき、一方当事者が一方的に請求することができ、それに対して他方当事者が同意すればその額に確定するが、他方当事者がそれに不服な場合には、最終的には訴訟により額を確定することとしている（借地借家法第32条）。

　しかし、契約書上のルールとしては、契約条件、内容については、当事者間の協議に基づく合意によりなされることが望ましいと考えられるため、手続きとして協議を必要とすることとしている。なお、このような定めは、借地借家法第32条の適用を排除するものではないとする判例がある。

〈賃料改定が認められる場合〉

　賃料改定は、借地借家法の趣旨を踏まえ、以下の３つの条件のいずれかに該当する場合に行うことができることとしている。
① 土地又は建物に対する租税その他の負担の増減により賃料が不相当となった場合。
② 土地又は建物の価格の上昇又は低下その他の経済事情の変動により賃料が不相当となった場合。
③ 近傍同種の建物の賃料と比較して賃料が不相当となった場合。

〈協議の意義〉

　ここでいう「協議」は、協議の機会を設けるという手続きとしての意味であり、合意までを要求しているものではない。すなわち、新賃料決定過程において相手方当事者にも意見を述べる機会を与えるなどの手続

保証的性格のものである。

　また、協議の方法については、必ず実際に話し合いの場を設けて行うということまで求めたものではなく、賃料改定手続きにおいて、他方当事者の意思を確認し、反論の機会を与えることで足りるものと理解される。

　したがって、賃料改定の請求を通知で行っても、それに対する反論の機会を確保すれば、相手方が何らリアクションをしなくても、ここでいう「協議」の要件を満たすことになると考えられる。

〈借地借家法及び民事調停に定める借賃増減請求の手続き〉

① 当事者の一方は、賃料が、
　　ａ）土地又は建物に対する租税その他の負担の増減により賃料が不相当となった場合、
　　ｂ）土地又は建物の価格の上昇又は低下その他の経済事情の変動により賃料が不相当となった場合、
　　ｃ）近傍同種の建物の賃料と比較して賃料が不相当となった場合、
　　には、相手方に対し賃料の増減を請求することができる。
② 相手方が請求額で了承すれば新賃料がその額で確定的に定まるが、相手方が不服の場合は、まずは調停を申し立て、調停でも協議が調わなければ、訴訟により新賃料が決定される。
　　また、調停条件に従う旨の当事者間の合意があれば、調停委員会の定める新賃料に決定されることになる。ただし、この合意は、調停申立ての後になされなければならない。
③ 新賃料が決定されるまでの間は、貸主から賃料増額請求を受けた借主は、自己が相当と考える賃料を支払えばよいが、支払っていた賃料が決定された新賃料よりも不足している場合には、不足額に年１割の割合による支払い期後の利息を付して支払わなければならない。また、借主から賃料減額請求を受けた貸主は、自己が相当と考える賃料を請求することができるが、支払いを受けた額が決定された新賃料を超えている場合は、その超過額に年１割の割合による受領の時からの利息を付して返還しなければならない。
④ 賃料増額請求を受けた借主が、自己が相当と考える賃料を支払おうとしても貸主が受け取らない場合には、そのまま放っておくと賃料不払いとなるので、供託する必要がある。

⑹　スライド法

　スライド方式とは、一定の期間ごとにあらかじめ合意した算定式（改定賃料＝旧賃料×変動率）に基づいて自動的に賃料を改定する方法である。この式に当てはめる変動率としては消費者物価指数、卸売物価指数、GNE（国民総支出）などが考えられており、スライド方式は、その算定式で算定される額が相当であれば、判例上も有効とされている。

　標準契約書では、賃料改定に係る紛争を防止する上で大きな効果があり、実際の契約書でも使用されている例があるとして、当初版の「記載要領」の中には特約条項の例として紹介されていた。しかし、市場の情勢などにかんがみれば、現在は必ずしも当該特約を採用する例が多いとは想定されないことから、平成24年改定版及び再改訂版での「契約書作成にあたっての注意点」や「解説コメント」ではとくに触れていないところである。

　ただし、再改訂版でも、当該特約の効力までも否定し、または消極的に評価したものではないことから、法令等において採用されているスライド方式を以下に掲げる。

①　土地収用法施行令第 1 条の12

$$土地等に対する補償金の額 = \frac{Pc'}{Pc} \times 0.8 + \frac{Pi'}{Pi} \times 0.2$$

　Pc　：事業認定の告示がなされた月及びその前後の月の消費者物価指数（全国総合）（以下「CPI」という）の相加平均

　Pi　：事業認定の告示がなされた月及びその前後の月の卸売物価指数の投資財指数（以下「IG」という）の相加平均

　Pc'　：裁決の日の前日から起算して 2 週間前の日において CPI 及び IG が公表されている最近の 3 か月の CPI の相加平均

　Pi'　：裁決の日の前日から起算して 2 週間前の日において CPI 及び IG が公表されている最近の 3 か月の IG の相加平均

②　国土利用計画法施行令第10条

　規制区域内の土地に関する

$$権利の移転又は設定の予定対価額 = \frac{Pc'}{Pc} \times 0.8 + \frac{Pi'}{Pi} \times 0.2$$

　Pc　：規制区域の指定の公告がなされた月及びその前後の月の CPI の相加平均

　Pi　：規制区域の指定の公告がなされた月及びその前後の月の IG の相加平均

　Pc'　：許可申請の日又は買取り請求の日において CPI 及び IG が公表されている最近の 3 か月の CPI の相加平均

　Pi'　：許可申請の日又は買取り請求の日において CPI 及び IG が公表されている最近の 3 か月の IG の相加平均

　なお、スライド方式を規定しても、これは「賃料を増額しない」という趣旨

の特約には当たらないため、借地借家法第32条第1項に定める要件に該当すれば、別に借賃増減請求権を行使できるとする判例があるところである。

# 第5条　共益費

## ■条文

（共益費）

第5条　乙は、階段、廊下等の共用部分の維持管理に必要な光熱費、上下水
　道使用料、清掃費等（以下この条において「維持管理費」という。）に充
　てるため、共益費を甲に支払うものとする。

2　前項の共益費は、頭書(3)の記載に従い、支払わなければならない。

3　1か月に満たない期間の共益費は、1か月を30日として日割計算した額
　とする。

4　甲及び乙は、維持管理費の増減により共益費が不相当となったときは、
　協議の上、共益費を改定することができる。

## ■解説コメント

5　共益費（第5条）

【第1項】共益費は賃貸住宅の共用部分（階段、廊下等）の維持管理に必要な
　　　　実費に相当する費用（光熱費、上下水道使用料、清掃費等）として
　　　　借主が貸主に支払うものである。なお、戸建て賃貸住宅について
　　　　は、通常は、共益費は発生しない。

【第2項】借主は、頭書(3)に記載するとおりに共益費を支払うこととしてい
　　　　る。

【第3項】→　4賃料（第4条）【第2項】参照

【第4項】共用部分の維持管理に必要な費用に変動が生じた場合（例えば電気
　　　　料金等が改定された場合）、当事者間の協議により改定できること
　　　　としている。

## ■解説

【趣旨】

・共益費とは、賃貸住宅の共用部分の維持管理に必要な費用として借主が支払
　うものである。したがって、戸建ての賃貸住宅については、通常は、共益費
　は生じない。

・借主は、「頭書(3)」に記載するとおりに共益費を支払う義務を負うこととし
　ている。

・1か月に満たない期間の共益費は、日割計算とすることとしている。

・共用部分の維持管理に必要な費用に変動が生じた場合、例えば電気料金等が

改定された場合等は、両当事者の協議により共益費の額を改定することができることとしている。

【解説】

**(1) 共益費の定義**

共益費とは、階段、廊下等の共用部分の光熱費、上下水道使用料、清掃費等の日常の維持管理に必要な費用をいう。第1項でその旨を明記し、共益費の内容、構成要素等を明確にしている。

〈共益費の範囲の考え方〉

共益費の範囲については、以下のように考えられる。

| | 専用部分 | 共用部分 | 標準契約書の考え方 |
|---|---|---|---|
| ① 物件の使用の対価 | 賃料 | 賃料 | 共用部分の使用は専用部分の使用に必要な限度において当然に認められることから、共用部分の使用の対価も賃料に含まれる。 |
| ② 水道・光熱費等の維持管理費 | 借主の自己負担 | 共益費 | 専用部分においては借主が各自負担する費用について、共用部分につき、借主が共同して費用を負担するのが共益費である。 |

**(2) 共用部分の範囲**

標準契約書でいう「共用部分」とは、玄関ホール、廊下、階段、エレベーター等の借主が共同で使用する部分をいい、分譲マンション等で建物の区分所有に関する法律（以下「区分所有法」という）にもとづき共用部分とされている各住戸に附属するバルコニー、窓ガラス、玄開扉等は含まないものである。

区分所有法上の各住戸に附属するバルコニー、窓ガラス、玄開扉等（以下「バルコニー等」という）が共用部分と解されているのは、これらが専有部分となれば区分所有権者が自由に改良等をできることになり、建物全体の管理の観点から問題であること等を理由とする。しかし、賃貸住宅では、専用部分といえども貸主の財産であることから、借主は自由に改良等はできないのであり、この点からは共用部分とする必要はない。また、賃貸住宅において共用部分が問題になるのは、共益費、修繕の負担といった共用部分に係る費用に関してであり、バルコニー等が専ら当該住戸の入居者に利用されているという実態

にかんがみれば、その費用は専用部分と同一に扱うことが望ましいと考えることができる。したがって、標準契約書ではバルコニー等は専用部分としている。

なお、戸建ての賃貸住宅の場合には、通常共用部分は存在しないと考えられるが、例えば、浄化槽を共用している場合については、その浄化槽は共用部分であり、その維持管理に要する費用を共益費と位置づけることができる。

### (3)　共益費の適正額

共益費については、実費を基にあらかじめ定められた額（実費相当額）を支払うこととしている。しかし、貸主は実際の費用に応じて精算する必要はなく、相当な期間において維持管理費の実際の金額と契約で定められた共益費の額とが均衡していれば、適正な取扱いであると考えられる。

〈実費精算方式〉

共益費については、賃貸借物件の共用部分の日常の維持管理に必要な諸経費であることから、「共益費に不足が生じたときは、借主は貸主に対し、その不足額を支払い、その額に余剰が生じたときは、貸主は借主に対しその余剰金を返還する。」とする実費精算方式が本来あるべき姿であるとの考え方もある。しかし、貸主に共益費を毎月精算させることは煩雑であり実態にもそぐわないため、標準契約書では、実費を基にあらかじめ定められた共益費を借主が支払い、貸主は特に精算を要しないこととしている。

### (4)　日割計算

契約期間の最初の月及び最後の月のように、その月の契約期間が1か月に満たない場合には、1か月を30日として日割計算により共益費の額を算出することとしている（日割計算の考え方については第4条（賃料）の解説(4)参照）。

### (5)　共益費の改定

共益費の改定については、共益費を共用部分の維持管理に必要な費用としていることから、それらの費用の実費相当分の変動により共益費の額が不相当となった場合には、当事者間の協議により、改定できることとしている。「協議」を要件としたのは、賃料の改定と同じく、当事者間の合意により改定することが契約書上のルールとして望ましいと考えられるからである。

## ⑹ 区分所有建物における管理費等と共益費の関係

　分譲マンションなどの区分所有建物の場合、区分所有者は管理費や修繕積立金等を管理組合に支払う義務を負っているが、区分所有建物の賃貸借において、この管理費等をそのまま賃貸借契約上の「共益費」として捉えて借主に請求することは、標準契約書における共益費の性格にそぐわない。区分所有建物における管理費等は、共用部分等の管理等に要する費用として区分所有者が負担すべきものであるが、管理費等の使い道には、共用部分等の修繕工事等に要する費用だけではなく、管理組合の運営に要する経費や防災、防犯等のための費用など、様々なものがあって、「共益費」と一致するものではなく、賃料としての性質を有するものも含まれるし、賃料や共益費とは全く異なる性質のものも含まれると理解される。したがって、区分所有建物の管理費等を賃貸借契約上借主の負担とするためには、最低限、賃料や共益費との関係を十分に整理した上で、別建てで特約をすることが必要であると考えられるが、費用の二重取りの懸念を回避しつつ合理的な金額を設定することは、極めて困難であろう。

## 第6条　敷金

### ■条文

（敷金）
第6条　乙は、本契約から生じる債務の担保として、頭書(3)に記載する敷金
　　を甲に交付するものとする。
2　甲は、乙が本契約から生じる債務を履行しないときは、敷金をその債務
　　の弁済に充てることができる。この場合において、乙は、本物件を明け渡
　　すまでの間、敷金をもって当該債務の弁済に充てることを請求することが
　　できない。
3　甲は、本物件の明渡しがあったときは、遅滞なく、敷金の全額を乙に返
　　還しなければならない。ただし、本物件の明渡し時に、賃料の滞納、第15
　　条に規定する原状回復に要する費用の未払いその他の本契約から生じる乙
　　の債務の不履行が存在する場合には、甲は、当該債務の額を敷金から差し
　　引いた額を返還するものとする。
4　前項ただし書の場合には、甲は、敷金から差し引く債務の額の内訳を乙
　　に明示しなければならない。

### ■解説コメント

#### 6　敷金（第6条）

**【第1項】** 住宅の賃貸借契約から生じる借主の債務の担保として、借主は敷金
を貸主に交付することとしている。平成29年民法改正で、敷金につ
いて「いかなる名目によるかを問わず、賃料債務その他の賃貸借に
基づいて生ずる賃借人の賃貸人に対する金銭の給付を目的とする債
務を担保する目的で、賃借人が賃貸人に交付する金銭をいう。」と
いう定義が規定された（民法第622条の2第1項）。

**【第2項】** 敷金は、借主の債務の担保であることから、明け渡すまでの間、貸
主からは借主の債務の不履行について敷金を債務の弁済に充てるこ
とができるが、借主からは敷金を賃料、共益費その他の支払い債務
の弁済に充てることを請求できないこととしている。

**【第3項】** 本物件の明渡しがあったときは、貸主は敷金の全額を借主に返還し
なければならないが、借主に債務の不履行（賃料の滞納、原状回復
に要する費用の未払い等）がある場合は、貸主は債務不履行額を差
し引いた額を返還することとしている。つまり、物件の明渡債務と
敷金返還債務とは同時履行の関係に立つものではなく、敷金返還時

期は、明渡しが完了したときである。

**【第4項】**　前項ただし書の場合（借主の債務を敷金から充当する場合）、貸主は差引額の内訳を借主に明示しなければならないこととしている。

## ■解説

### 【趣旨】

・賃貸借契約においては、契約時に貸主が借主から一時金を受領する慣行が見られるが、その一時金授受のパターンは地域により異なっている。一時金のうち敷金については全国的な取扱いであることから、標準契約書においては、敷金を「借主の債務の担保」と性格づけた上で、その取扱いを本条で定めている。しかし、敷金以外のその他一時金については、全国的な慣行ではないことから本条には定めておらず、当事者が特約を結ばなければ授受することはできないとしている。

・敷金の返還に際しては、差引額について紛争が生じることが多いので、貸主は差引額の明細を借主に明示しなければならないこととしている。

### 【解説】

**(1)　標準契約書における一時金の取扱い**

　住宅の賃貸借契約の締結にあたり、敷金等の一時金を借主が貸主に対して支払うことを取り決めている例が少なくないが、これらの一時金の授受は、各地域によりさまざまである。

　一時金の授受の態様は、大別すると、

①　明渡し時において、借主に債務の不履行がない限り、全額借主に返還するもののみを敷金として授受する場合、

②　敷金の他に、明渡し時に返還しない権利金等の一時金を授受する場合、

③　明渡し時において、借主の債務のいかんにかかわらず一定の額を控除し（一般的に「敷引き」又は「償却」といわれている）、さらに借主に債務の不履行がある場合にはその債務額を控除した上で借主に返還するものを「敷金」又は「保証金」として授受する場合、

の3つに分けられる。

　標準契約書においては、敷金以外の一時金の授受は全国的な慣行ではないため特約事項とし、全国的な取扱いであり債務の担保としての性格付けが明瞭な敷金のみを本条で定めている。

〈用語の説明〉

①敷金　：　一借主が賃料の支払いその他賃貸借契約上の債務を担保する

　　　　　　目的で貸主に交付する金銭（民法第316条・第619条）。建物
　　　　　　賃貸借につき差し入れられることが多い。その法律上の性質
　　　　　　は、賃貸借終了の際、借主に債務不履行のあるときは当然に
　　　　　　その弁済に充当され、残額を、債務不履行がなければ全額を
　　　　　　返還するという停止条件付返還債務を伴う金銭所有権の移転
　　　　　　であると解するのが判例・通説である。
②権利金：　　建物賃貸借契約又は借地契約の締結の際に授受される金銭の
　　　　　　ち、敷金と異なり、契約終了の時に借主に返還されないもの
　　　　　　をいう。
※地域によっては、一時金として以下のような慣行がある。
　・「保証金」：以下の2つの場合がある。
　　　　　　　ⅰ）①の敷金に同じ。
　　　　　　　ⅱ）①の敷金と②の権利金とをあわせたもの。
　・「礼金」　：②の権利金に同じ。
　・「敷引き」：住宅賃貸借契約に際し、①の敷金と②の権利金をあわせ
　　　　　　　たものを「敷金」、「保証金」等の名称で授受し、このう
　　　　　　　ちから、明渡し時において、借主の債務のいかんにかか
　　　　　　　わらず②の権利金相当額を控除すること（この場合、さ
　　　　　　　らに①の敷金相当額から、賃料未払い等の借主の債務不
　　　　　　　履行分、原状回復費用等を差し引く場合がある）。
　・「償却」　：敷引きと同様の慣行である。

## (2)　敷金の性格

　敷金は、住宅賃貸借契約に際し、借主が賃料の支払いその他賃貸借契約上の
債務を担保する目的で貸主に交付する金銭をいう。
　改正民法は、敷金につき、「いかなる名目によるかを問わず、賃料債務その
他の賃貸借に基づいて生ずる賃借人の賃貸人に対する金銭の給付を目的とする
債務を担保する目的で、賃借人が賃貸人に交付する金銭をいう」と規定してい
る（改正民法第622条の2第1項）。
　敷金によって担保される借主の債務は、賃貸借契約により生じる一切の債務
である。したがって、賃料の不払い、原状回復に要する費用の未払い等が例と
して挙げられるが、例えば、専用部分の光熱費を未払いのままで借主が退去し
た場合、その額も敷金から差し引くことができる。
　なお、本条の「原状回復に要する費用の未払い」と、第15条の原状回復との
関係については、第15条の解説(3)参照のこと。

〈敷金で担保される債務の範囲〉

　　敷金で担保される債務として、一般的な債務以外に判例で認められたものには、以下のものがある。

・借主が無権限で行った工事の復旧費（大判昭和7年11月15日）
・敷金の授受前に発生した債権で、賃貸借契約から生じたもの（東京地判昭和12年4月9日）
・賃貸借終了後、明渡しまでの賃料相当額の損害賠償債務（大判昭和13年3月1日）

(3)　敷金を交付する時期

　本条では、敷金を交付する時期が明記されていないが、これは、敷金の多くが契約の締結時に交付されること、したがって、敷金債務は賃貸借契約の始期においては既に履行されていることによる。

　第1項は「交付するものとする。」というように、将来に向けて債務を規定しているようにも見えるが、「ものとする」は、一般的な原則あるいは方針を示すものとして用いられる用語である。したがって、本条は、敷金が「債務の担保」であることを確認する旨の規定である。

〈敷金受領証〉

　　敷金はすでに契約締結時においては交付済みであることから、「交付した。」と第1条と同じような表現にすることも考えられる。しかし、その場合には契約書全体が敷金受領書の性格を有することになり、敷金受領書としての印紙が必要となると考えられる。一方、実態として敷金受領証を別途発行する例が多く、それには当然印紙が必要であると考えられることから、「交付した。」と規定すると、ひとつの敷金交付行為に対して二重に印紙税がかかるおそれがある。そのため、標準契約書では敷金受領書と解されないような表現を取っている。

(4)　敷金の額

　敷金の額は、地域等により異なっており、一律に○か月分と定めることはできない。このため、当事者間で額を決め、頭書部分に記入することとしている。

⑸ 敷金の相殺

　敷金は、賃貸借終了の際、賃借人に債務不履行のあるときは当然にその弁済に充当されて、残額を（債務不履行がなければ全額を）返還するという停止条件付返還債務を伴う金銭所有権の移転であると解するのが判例・通説である。したがって、敷金は契約期間中は貸主の所有に属し、また、債務不履行分の充当及び返還は、賃貸借が終了する際に行われるものである。そのため、物件を明け渡すまでの間は、借主は、敷金を交付していることを理由に、債務の履行（主に賃料の支払い）を拒否することはできない。また、貸主が期限の利益を放棄しない限り、相殺適状（相殺ができる要件が備わっている状態）にもない。

　改正民法では、これらの点を踏まえ、「賃貸人は、賃借人が賃貸借に基づいて生じた金銭の給付を目的とする債務を履行しないときは、敷金をその債務の弁済に充てることができる。この場合において、賃借人は、賃貸人に対し、敷金をその債務の弁済に充てることを請求することができない。」と規定し（改正民法第622条の2第2項）、契約期間中の敷金と借主の賃貸借契約上の債務との相殺は、貸主からは可能であるが、借主からはできないことを明らかにしている。

　標準契約書でも第2項において、改正民法の規定と同じ内容を規定している。

---

〈敷金と賃料滞納〉

　敷金の交付があっても、賃料滞納を理由として契約の解除をすることができるとする判例がある。

〈相殺適状〉

　相殺適状とは相殺ができる要件が備わっている状態のことをいう。
　相殺の要件は、
①　二人が互いに同じ種類の債務（例：金銭債務）を負っていること、
②　両方の債務が支払い時期にきていること、
③　債務の性質上相殺を許さないものでないこと、
④　相殺をしないという特約がないこと、
の4つである（民法第505条）。
　敷金と賃料の相殺の関係については、②の要件を満たしていないことにより、相殺適状にはないということになる（ただし、貸主は、明渡し完了までは敷金を返さなくてよいという期限の利益を放棄して②の要件を充足させることによって、相殺は可能である）。

## ⑹　敷金返還請求権

敷金返還請求権は、物件の明渡し時に発生する。そして、物件の明渡し請求権と敷金返還請求権とは、一個の双務契約によって生じた対価的債務関係にあるとはいえないことから、同時履行の関係に立たないとするのが判例である。

なお、敷金返還請求権は一身専属的権利ではないため、契約により、または貸主への通知若しくは貸主の承諾により、譲渡、質入れができる。判例でも、敷金返還請求権は譲渡できることを前提としている。

> 〈敷金返還請求権の譲渡・質入れ〉
> 　敷金返還請求権は債権であるため、その譲渡は民法第466条により認められるが、その場合は、民法第467条により債務者への通知又は債務者の承諾がなければ、譲渡を債務者に対抗できないこととされている。また、質権設定は、譲り渡すことができる物については設定が可能とされている（民法第343条）ため、契約により債権質を設定することができる。対抗要件は民法第467条と同じく債務者への通知又は承諾である（民法第364条）。

## ⑺　敷金の返還

改正民法は、その受け取った敷金の額から賃貸借に基づいて生じた借主の貸主に対する金銭の給付を目的とする債務の額を控除した残額を、

①　賃貸借が終了し、かつ、賃貸物の返還を受けたとき、

②　賃借人が適法に賃借権を譲り渡したとき

に借主に対し、返還しなければならないとしている（改正民法第622条の2第1項）。

敷金は、物件の明渡し時に、賃料の滞納、原状回復に要する費用の未払い等の住宅賃貸借契約から生じる借主の債務の不履行が存在する場合には、その債務の額を差し引いて返済することになる。これは、敷金の性質が、借主の賃貸借契約上の債務の担保であることによる。

また、敷金の返還時期は、貸主が物件の返還を受けたとき（＝借主が物件を明け渡したとき）であるから、敷金の返還と物件の明渡し債務とは同時履行の関係には立たず、借主が敷金の不返還を理由に明渡を拒否することはできない。

なお、債務額の計算等の行為が必要であることから、敷金の返還を物件の明渡しと完全に時期を一致させることは困難であるが、敷金の返還も契約関係の一環であり、契約の最終的な清算処理であることから、契約が終了し、明渡し

が完了した後できるだけすみやかに返還することが望まれる。

　また、借主が、貸主の承諾を得て賃借権を第三者に譲渡した場合も、貸主はもとの借主に敷金を返還し、譲渡先の新たな借主から敷金の交付を受けることになる（⑽参照）

## ⑻　差引明細

　敷金を返還するに当たっては、一定の債務を差し引いて返還する場合、どのような債務に充当したのかが分かるように差引額の明細書を借主に示すこととしている。これは、敷金の返還額をめぐる紛争を防止しようとする趣旨であり、貸主は、明細書を示して差引額の説明をし、借主の理解を得ることが望ましいと考えられることによる。これは、第14条で説明する「原状回復をめぐるトラブルとガイドライン」（再改訂版）においても示されている考え方である（詳細は、第15条参照）。

## ⑼　敷金の改定

　敷金の額は、賃料の改定と連動して改定される場合がある。これは、敷金の定め方が「賃料の○か月分」とされることが多く、計算の基礎となる「賃料」が変更されれば、当然にその掛け算の結果である敷金の額も変わるというのが理由のひとつである。また、敷金が賃料支払い債務のみを担保していると考えれば、その場合の敷金は、○か月分の賃料の不払いまでは担保することを意味するわけで、賃料が改定されれば、その後は当然にそれに見合う敷金の額が必要とされるという考え方は、合理性があるといえる。

　しかし、標準契約書では、敷金は原状回復費用の未払いなども担保するとしていることから、直接には上に述べたような形で賃料の改定が即敷金の改定につながるわけではない。このようなことから、標準契約書では、本条で敷金の改定を定めておらず、敷金の改定を定めるのであれば貸主と借主の合意により特約で対応することとしている。

## ⑽　地位の承継と敷金関係

　貸主または借主の地位の承継があった場合の敷金関係は、以下のようになっている。

### ①　貸主の地位が承継された場合

　旧貸主に対して借主に債務不履行がある場合には、敷金は、その不履行債務の弁済に当然に充当され、残額について、新貸主に敷金関係が承継されるとするのが判例（最高裁昭和44年7月17日判決）である。この場合、新貸主は、不足分を改めて借主から交付してもらうという取扱いがなされることに

なる。

② 借主の地位が承継された場合

敷金関係は、賃貸借に従たる契約関係であるが、賃貸借とは別個の契約であるため、旧借主が貸主との間で新借主の債務についてもその敷金で担保することを契約したり、新借主に敷金返還請求権を譲渡する等の特段の事情がない限り、敷金関係は承継されないとするのが判例である（最高裁昭和53年12月22日判決）。改正民法でもこの考え方のもと、適法な賃借権の譲渡があった場合には、譲渡のときに、譲渡元の前の借主に対し敷金を返還すべき旨規定しているところである（改正民法第622条の2第1項第2号）。

---

〈地位の承継〉

地位の承継は、物件の所有権の譲渡、賃借権の譲渡等の特定承継の場合や、相続（自然人の場合）、合併（法人の場合）等の包括承継の場合に生じる。

---

72 ● 第2編　逐条解説

# 第7条　反社会的勢力でないこと等の確約条項

■条文

（反社会的勢力の排除）
第7条　甲及び乙は、それぞれ相手方に対し、次の各号の事項を確約する。
　　一　自らが、暴力団、暴力団関係企業、総会屋若しくはこれらに準ずる者
　　　又はその構成員（以下総称して「反社会的勢力」という。）ではないこ
　　　と。
　　二　自らの役員（業務を執行する社員、取締役、執行役又はこれらに準ず
　　　る者をいう。）が反社会的勢力ではないこと。
　　三　反社会的勢力に自己の名義を利用させ、この契約を締結するものでな
　　　いこと。
　　四　自ら又は第三者を利用して、次の行為をしないこと。
　　　ア　相手方に対する脅迫的な言動又は暴力を用いる行為
　　　イ　偽計又は威力を用いて相手方の業務を妨害し、又は信用を毀損する
　　　　行為
　2　乙は、甲の承諾の有無にかかわらず、本物件の全部又は一部につき、反
　　社会的勢力に賃借権を譲渡し、又は転貸してはならない。

■解説コメント

## 7　反社会的勢力の排除（第7条）

【第1項】暴力団等の反社会的勢力を排除するために、自ら又は自らの役員が
　　　　反社会的勢力でないこと（第一号、第二号）、反社会的勢力に協力
　　　　していないこと（第三号）をそれぞれ相手方に対して確約させるこ
　　　　ととしている。さらに、自ら又は第三者を利用して、相手方に対し
　　　　て暴力を用いる等の行為をしないことを確約させることとしている
　　　　（第四号）。

【第2項】反社会的勢力への賃借権譲渡や転貸を禁止している。譲受人や転借
　　　　人が反社会的勢力であるとは知らずに、貸主が承諾した場合でも禁
　　　　止されていることを明確にするため、貸主の承諾の有無にかかわら
　　　　ず禁止するものとして規定している。

■解説

【趣旨】
　　本規定は、平成24年の標準契約書（改訂版）において採用された反社会的勢

力排除条項のひとつである。

【解説】
(1)　反社会的勢力排除条項導入の背景
　①　反社会的勢力排除への取組み
　　政府は、平成19年6月に「企業が反社会的勢力による被害を防止するための指針」（犯罪対策閣僚会議幹事会申し合わせ）を取りまとめ、同指針に基づき、平成22年12月には「企業活動からの暴力団排除の取組について」を取りまとめた。
　　その中の政府の取組として、各省庁は、標準契約約款に盛り込むべき暴力団排除条項のモデル作成を支援することとされている。また、地方公共団体においても、平成23年10月までに全都道府県において暴力団排除条例が制定・施行され、暴力団排除に向けた取組み強化が進んでいる。
　②　暴力団排除条例について
　　反社会的勢力の排除には、社会全体が共同で取り組まなければならないが、ことに地域住民が、自治体と協力しながら、連携していくことは必要不可欠である。また、反社会的勢力の状況にはそれぞれの地域による相違もあり、地域ごとのきめ細かな対応が効果的であることも少なくない。
　　そのような見地から、都道府県でも、反社会的勢力排除の取組みが積極的に進められており、現在すべての都道府県で「暴力団排除条例」が制定されている。
　　条例の内容は、概ね、①都道府県には、暴力団排除に関する総合的な施策を策定し実施する責務を、②警察には、暴力団員等から生命、身体又は財産に対し危害を加えられるおそれがあるときの危害防止措置や必要な体制を確立する責務を、それぞれ負担させた上で、③不動産所有者（売主・貸主）及び代理業者・媒介業者に対して、反社会的勢力排除のための対応を義務付けるものとなっている。
　③　暴力団排除条例中の貸主の責務
　　ア　契約をしない義務
　　　暴力団事務所の用に供されることを知って、賃貸等に係る契約をしてはならない。
　　イ　確認の努力義務
　　　賃貸等に係る契約の締結の前に、暴力団事務所の用に供するものでないことを確認するよう努める。
　　ウ　明文化の努力義務
　　　賃貸等に係る契約において、次に掲げる事項を定めるよう努める。

(ア)　暴力団事務所の用に供してはならないこと。

　(イ)　暴力団事務所の用に供されることが判明したときは、催告をすることなく当該契約を解除し、又は当該不動産を買い戻すことができること。

エ　解除等の努力義務

　暴力団事務所の用に供されることが判明した場合は、速やかに当該賃貸等に係る契約を解除するよう努める。

④　反社会的勢力排除のためのモデル条項

　これらの動きを踏まえ、不動産流通4団体（（社）全国宅地建物取引業協会連合会、（社）全日本不動産協会、（社）不動産流通経営協会、（社）日本住宅建設産業協会）は、協議会を作り、反社会的勢力排除のためのモデル条項を作成した。

## (2)　標準契約書改訂の概要

　標準契約書の平成24年改訂版では、上記(1)④のモデル条項を参考に、反社会的勢力排除のため、以下の3つの取扱を導入した。

①　反社会的勢力ではないことの確約条項の追加（本条新設）

　契約当事者がいずれも自らが反社会的勢力ではないことを確約する旨の条項を追加した。この取扱は再改訂版でも同様である。

②　禁止制限行為の一部修正（別表第1に追加）

　絶対禁止事項（別表第1）に、

ア　本物件を反社会的勢力の事務所その他の活動の拠点に供すること。

イ　本物件又は本物件の周辺において、著しく粗野若しくは乱暴な言動を行い、又は威勢を示すことにより、付近の住民又は通行人に不安を覚えさせること。

ウ　本物件に反社会的勢力を居住させ、又は反復継続して反社会的勢力を出入りさせること。

を追加した。この取扱は再改訂版でも同様である。

③　契約解除事由の追加（第10条第3項・第4項追加）

　契約解除事由に①②違反を追加し、それぞれを無催告解除とした。

　なお、標準契約書平成24年改訂版では、このような無催告解除の取扱いは反社会的勢力排除に係る契約条項違反の場合に限っており、それ以外の事由による解除については、従前と同様催告などを要するとした。この取扱は再改訂版でも同様である。

④　譲渡・転貸に係る規定の追加

　さらに再改訂版では、反社会的勢力排除をより確実にするため、反社会的

第7条　反社会的勢力でないこと等の確約条項 ● 75

勢力への賃借権の譲渡または転貸は、貸主の承諾の有無を問わず絶対的に禁止する旨の規定を追加したところである（本条2項追加）。

### (3)　本条の意味

　本条は、賃貸借契約当事者双方が、反社会的勢力に属していないこと、借主が物件を暴力団事務所として使用しないことなどを確約することにより、暴力団排除条例などで貸主の責務とされている、契約の相手方が暴力団事務所の用に供するものではないことの確認を満たすことを目的としている。

　また、この確約に反した場合を契約解除の要因とすることによって、反社会的勢力排除のための実際の法的方法を契約書上明らかにする意味合いもあるところである。

　さらに第四号では、具体の行為についても縛りをもうけ、反社会的勢力の事務所としての使用が明白ではない場合でも、当該具体の行為の側面から、反社会的勢力排除のアプローチを可能としているところである。

# 第8条　禁止又は制限される行為

## ■条文

（禁止又は制限される行為）
第8条　乙は、甲の書面による承諾を得ることなく、本物件の全部又は一部
　　につき、賃借権を譲渡し、又は転貸してはならない。
2　乙は、甲の書面による承諾を得ることなく、本物件の増築、改築、移
　　転、改造若しくは模様替又は本物件の敷地内における工作物の設置を行っ
　　てはならない。
3　乙は、本物件の使用に当たり、別表第1に掲げる行為を行ってはならな
　　い。
4　乙は、本物件の使用に当たり、甲の書面による承諾を得ることなく、別
　　表第2に掲げる行為を行ってはならない。
5　乙は、本物件の使用に当たり、別表第3に掲げる行為を行う場合には、
　　甲に通知しなければならない。

## 別表第1（第8条第3項関係）

| | |
|---|---|
| 一 | 銃砲、刀剣類又は爆発性、発火性を有する危険な物品等を製造又は保管すること。 |
| 二 | 大型の金庫その他の重量の大きな物品等を搬入し、又は備え付けること。 |
| 三 | 排水管を腐食させるおそれのある液体を流すこと。 |
| 四 | 大音量でテレビ、ステレオ等の操作、ピアノ等の演奏を行うこと。 |
| 五 | 猛獣、毒蛇等の明らかに近隣に迷惑をかける動物を飼育すること。 |
| 六 | 本物件を、反社会的勢力の事務所その他の活動の拠点に供すること。 |
| 七 | 本物件又は本物件の周辺において、著しく粗野若しくは乱暴な言動を行い、又は威勢を示すことにより、付近の住民又は通行人に不安を覚えさせること。 |
| 八 | 本物件に反社会的勢力を居住させ、又は反復継続して反社会的勢力を出入りさせること。 |
| | |
| | |

**別表第2**（第8条第4項関係）

| | |
|---|---|
| 一 | 階段、廊下等の共用部分に物品を置くこと。 |
| 二 | 階段、廊下等の共用部分に看板、ポスター等の広告物を掲示すること。 |
| 三 | 観賞用の小鳥、魚等であって明らかに近隣に迷惑をかけるおそれのない動物以外の犬、猫等の動物（別表第1第五号に掲げる動物を除く。）を飼育すること。 |
| | |

**別表第3**（第8条第5項関係）

| | |
|---|---|
| 一 | 頭書(5)に記載する同居人に新たな同居人を追加（出生を除く。）すること。 |
| 二 | 1か月以上継続して本物件を留守にすること。 |
| | |
| | |

■**契約書作成にあたっての注意点**

【**第8条（禁止又は制限される行為）関係**】

　別表第1（ただし、第六号から第八号に掲げる行為は除く。）、別表第2及び別表第3は、個別事情に応じて、適宜、変更、追加及び削除をすることができます。

　変更する場合には、変更する部分を二重線等で抹消して新たな文言を記載し、その上に貸主と借主とが押印してください。

　追加する場合には、既に記入されている例示事項の下の空欄に記入し、追加した項目ごとに、記載事項の上に貸主と借主とが押印してください。

　削除する場合には、削除する部分を二重線等で抹消し、その上に貸主と借主とが押印してください。

■**解説コメント**

8　禁止又は制限される行為（第8条）

　　【第1項】賃借権の譲渡、転貸は、貸主の書面による承諾を条件とすることとしている。なお、賃借権の譲渡が行われた時は、貸主に敷金返還義務が生じる（民法第622条の2第1項）。

　　　　　　→〈承諾書（例）〉(1)賃借権譲渡承諾書（例）(2)転貸承諾書（例）参照

　　【第2項】本物件の増改築等の実施は、貸主の書面による承諾を条件とするこ

78●第2編　逐条解説

ととしている。平成29年民法改正で、賃借物への附属物について、賃借物から分離することができない物又は分離するのに過分の費用を要する物については収去義務を負わないことが明文化されたことから（民法第622条、第599条第1項）、増改築等承諾書のなお書として、『なお、○○（附属物の名称）については、収去義務を負わないものとする。』等の記載が考えられる。また、紛争防止の観点から、増改築等の際には、原状回復の有無や有益費償還請求、造作買取請求の有無についての事項を増改築等承諾書において事前に合意しておくことが望ましいと考えられる。

→〈承諾書（例）〉(3)増改築等承諾書（例）参照

【第3項】禁止の行為を別表第1に記載している。なお、別表第1にあらかじめ記載している行為については、当事者の合意により、変更、追加又は削除できることとしている（ただし、第六号から第八号は除く）。

→《作成にあたっての注意点》条文関係【第8条（禁止又は制限される行為）関係】参照

【第4項】貸主の書面による承諾があれば可能な行為を別表第2に記載している。なお、別表第2にあらかじめ記載している行為については、当事者の合意により、変更、追加又は削除できることとしている。

→《作成にあたっての注意点》条文関係【第8条（禁止又は制限される行為）関係】参照

→〈承諾書（例）〉(4)賃貸住宅標準契約書別表第2に掲げる行為の実施承諾書（例）参照

【第5項】貸主への通知を要件に認められる行為を別表第3に記載している。なお、別表第3にあらかじめ記載している行為については、当事者の合意により、変更、追加又は削除できることとしている。

→《作成にあたっての注意点》条文関係【第8条（禁止又は制限される行為）関係】参照

---

※条文の変更について

・貸主が第5項に規定する通知の受領を管理業者に委託しているときは、第5項の「甲に通知しなければならない。」を「甲又は管理業者に通知しなければならない。」又は「管理業者に通知しなければならない。」に変更することとなる。

・一戸建の賃貸住宅に係る契約においては、別表第2第一号と第二号は、一般的に削除することとなる。

・同居人に親族以外が加わる場合を承諾事項とするときには、別表第３第一号を「頭書(5)に記載する同居人に乙の親族の者を追加（出生を除く。）すること。」に変更し、別表第２に「頭書(5)に記載する同居人に乙の親族以外の者を追加すること。」を追加することとなる。

■解説
【趣旨】
・賃借権の譲渡、転貸については、民法上貸主の承諾を要件としていることから、書面による承諾を要件とし、削除等の可能な別表ではなく、本条に定めている。
・物件の増改築等については、財産の現状又はその性質を変える行為であることから、書面による承諾を要件とし、削除等の可能な別表ではなく、本条に定めている。
・これら以外の借主が禁止又は制限される行為を、①絶対禁止の行為（第３項）、②貸主の承諾があれば可能な行為（第４項）、③貸主への通知を要件に認められる行為（第５項）の３つに分け、それぞれの具体的行為を別表に列挙することとしている。別表にあらかじめ記載している行為については、当事者の合意により変更、追加又は削除することを想定している。

【解説】
(1) 禁止・制限行為の意義
　賃貸住宅をめぐる契約関係は、借主が、物件の所有権者等である貸主から、賃貸借契約により、その使用収益権を取得するというものである。したがって、借主はあくまでも他人（貸主）の物を占有・使用するものであり、民法上は、借主は、善良なる管理者として必要な注意義務を負うこととされている。すなわち、借主は、所有者のように当該物件を自由に使用することができるという立場にはない。このことから、借主の物件の使用は、貸主の当該物件を借主に使用させる義務と借主の善良なる管理者としての注意義務との兼ね合いの中で、一定の範囲の行為につき禁止され、制限されることになる。

(2) 賃借権の譲渡・転貸
　賃借権の譲渡とは、借主が賃借権を第三者に売買、贈与することにより賃貸借契約関係から離脱し、譲渡された第三者と貸主との間に従前と同内容の賃貸借契約が成立するものである。
　また、転貸は、借主が自ら貸主となって第三者と賃貸借契約を締結するもの

で、貸主と借主の間の賃貸借契約はそのまま残る。

　賃借権の譲渡、転貸については、民法上貸主の承諾を要件に認められているところであり、標準契約書においては、この民法の規定を踏まえ、貸主の書面による承諾を得ての譲渡、転貸を認める一方、無断の譲渡、転貸を禁止している。なお、承諾に当たって必要とされる書面については、88頁からの「承諾書（例）」の解説を参照していただきたい。

〈法律的処分行為〉

　　民法第612条は、「賃借人は賃貸人の承諾を得なければ、その賃借権を譲り渡し又は賃借物を転貸することができない」と規定している。

　　賃借権の譲渡、転貸は、財産権の変動を生じる行為として法律的処分行為と考えられる。賃貸借契約における借主は、貸主の財産を占有していることになり、その占有の性質は、他主占有ということになる。このような占有者には権利及び目的物の処分権限はなく、管理権限を有するのみである。したがって、借主が賃借権の譲渡又は賃借物の転貸をする場合には、別途貸主から処分権限を付与されねばならず、民法では、貸主の承諾を必要としている。

　　したがって、標準契約書においては、この民法の規定の趣旨を踏まえ、さらに当事者間の意思を明確にするために、賃借権の譲渡、転貸に当たっては「書面による承諾」を要求している。

〈処分行為と管理行為〉

　　以下の①及び②については処分行為、③〜⑤については管理行為とされる。

①法律的処分行為　　—財産権の変動を生じる行為（例：家屋の売却）
②事実的処分行為　　—財産の現状又はその性質を変える行為（例：家屋の取り壊し）
③改良行為　　　　　—財産の性質を変えない範囲内でその使用価値又は交換価値を増加させる行為（例：造作の取付け）
④利用行為　　　　　—財産をその性質に従って有利に利用する行為（例：荒地を耕す）
⑤保存行為　　　　　—財産の滅失・損壊を防ぎ、その現状を維持する行為（例：家屋の修繕）

（※出典／『新法律学辞典』有斐閣）

## ⑶　物件の増改築等

　物件の増改築等については、財産の現状又はその性質を変える行為であることから、そもそもの賃借権の内容ではなく、⑵と同様に、そのような行為を行うには、貸主から別途権限の付与が必要である。標準契約書では、貸主の承諾（当事者間の意思を明確にするために書面によることを要求している）を要件に認めているところである。

## ⑷　危険行為・近隣迷惑行為

　賃貸借契約関係において借主が禁止又は制限されている行為のうち、上記の賃借権の譲渡・転貸及び物件の増改築等以外のものは、一般的に危険行為・近隣迷惑行為等と呼ばれている。

　危険行為・近隣迷惑行為等については、その内容を明確にするため、具体的に何が禁止される行為に該当するのかを例示する必要があると考えられることから、別表方式を採用し、別表に当事者間の合意で危険行為・近隣迷惑行為等を記載することとしている。

　そして、危険行為、近隣迷惑行為等の中には、絶対的に禁止すべき事項と、貸主の個別の承諾があれば禁止を解除しても差し支えない事項と、貸主への通知によって当該行為を可能とすべき事項の３種類があると考えられ、標準契約書では、この３つの類型に応じた規定を設けている。

　なお、標準契約書においては、別表にあらかじめいくつかの代表的な項目を挙げている。これは、賃貸借契約において発生することが想定されるあらゆる危険行為・近隣迷惑行為等を全て網羅的に列挙することは、賃貸借契約の個別性もあり不可能であるためである。したがって、別表の列挙事項は、当事者間で、適宜、変更、追加又は削除できることとしている。

注）第３項　絶対禁止→別表第１（危険行為等）
　　第４項　貸主の承諾により可能→別表第２（共用部分に排他的利用等）
　　第５項　貸主への通知により可能→別表第３（一定期間の不在等）

82●第２編　逐条解説

# 別表について

以下に、別表に掲げている各事項についてコメントを加える。

■別表第1

> 第一号　銃砲、刀剣類又は爆発性、発火性を有する危険な物品等を製造又は
> 　　　　保管すること。

・銃砲、刀剣類の保管については、銃砲刀剣類所持等取締法上の許可を受けている場合を除き、本物件の維持保全、危険の回避等のために絶対禁止事項としている。

・「爆発性、発火性を有する危険な物品等」と規定しているが、事故が起こったときに、物件の構造に支障が生じたり、近隣に迷惑をかけることになるようなものがここに含まれる。

> 第二号　大型の金庫その他の重量の大きな物品等を搬入し、又は備え付ける
> 　　　　こと。

・重量の大きなものを搬入し、備えつけることは、物件の構造に影響を及ぼす（床がへこむ、柱がたわむ等）おそれがあることから、絶対禁止事項としている。「大型の金庫」は例示であり、本物件の構造に支障を及ぼすおそれのある大量の物品等の搬入、備付けは全て禁止される。

・なお、物件の構造への影響は、建物の構造や建築年数等により異なるものであることから、当事者間で一定の目安をあらかじめ定めておくことが望まれる。

> 第三号　配水管を腐食させるおそれのある液体を流すこと。

・第一号及び第二号と同様に、本物件への影響を考慮して絶対禁止事項としている。

・具体的には、硫酸、塩酸等の劇薬が想定される。

> 第四号　大音量でテレビ、ステレオ等の操作、ピアノ等の演奏を行うこと。

第8条　禁止又は制限される行為 ● 83

・近隣住民への迷惑を考慮して絶対禁止事項としている。

・したがって「大音量」は、近隣に迷惑をかける程度の音量という趣旨であり、物件の構造等により異なるものである。したがって、社会常識的な判断に委ねられることになる。禁止行為違反は第10条により解除される可能性もあることから、テレビ、ステレオ等の操作、ピアノ等の演奏は近隣に迷惑をかけないよう、住まい方ルールのひとつとして、借主は十分注意する必要がある。

・なお、音の関係では、大声で騒いだり、歌を歌うといった行為も近隣迷惑行為と考えられ、例示には挙げていないが、借主の善管注意義務違反として当然に禁止されるものと考えられる。

---

第五号　猛獣、毒蛇等の明らかに近隣に迷惑をかける動物を飼育すること。

---

・この号については、別表第2第三号と併せて(5)で解説する。

---

第六号　本物件を、反社会的勢力の事務所その他の活動の拠点に供すること。

第七号　本物件又は本物件の周辺において、著しく粗野若しくは乱暴な言動を行い、又は威勢を示すことにより、付近の住民又は通行人に不安を覚えさせること。

第八号　本物件に反社会的勢力を居住させ、又は反復継続して反社会的勢力を出入りさせること。

---

　反社会的勢力排除のため、平成24年度改訂で追加された。いずれも反社会的勢力の事務所としての使用またはその徴表をとらえ、第10条の解除につなげることによって、反社会的勢力排除の取組みに資する趣旨を有する。

　なお、第七号では、「本物件」のみならず、「本物件の周辺」における行為をも対象としている。賃貸借契約の対象、効力を及ぼせる対象の限界を考慮すれば、集合住宅であれば同一建物内の共用部分や他の専用部分、敷地内などは問題なく含まれると理解できる。一方、公道における行為は本来的には賃貸借契約とは直接関係のないことではあるが、建物周辺で第七号記載の行為があれば、当該建物の賃貸物件としての価値の低下にもつながり、ひいては貸主との信頼関係の破綻も招くと考えられることから、「著しく粗野な」という要件と「付近の住民又は

84●第2編　逐条解説

通行人に不安を覚えさせる」の要件のいずれをも満たすような行動に関し禁止されるとしている点に注意が必要である。

## ■別表第2

> 第一号　階段、廊下等の共用部分に物品を置くこと。

・共用部分は、本来借主全員の利用に供せられる部分であり、一人の借主のみが排他的に使用することはできない。しかし、他の借主の専用部分の利用に支障を及ぼさない範囲であれば（通行の邪魔にならない等）、そのような使用も、個々の事情により貸主が他の借主との関係（苦情が寄せられるか等）も考慮して認めることは問題ないと考えられることから、貸主の承諾事項としている。
・一戸建ての場合には、この規定は一般的に不要であると考えられ、削除することになる。

> 第二号　階段、廊下等の共用部分に看板、ポスター等の広告物を掲示すること。

・共用部分は、本来借主全員の利用に供せられる部分であり、一人の借主のみが排他的に使用することはできない。しかし、このような使用も、個々の事情により、貸主が他の借主との関係も考慮して認めることは問題ないと考えられることから、貸主の承諾事項としている。
・一戸建ての場合には、この規定は一般的に不要であると考えられ、削除することになる。

> 第三号　鑑賞用の小鳥、魚等であって明らかに近隣に迷惑をかけるおそれのない動物以外の犬、猫等の動物（別表第1第五号に掲げる動物を除く。）を飼育すること。

・この号については、別表第1第五号と併せて、(5)で解説する。

第8条　禁止又は制限される行為 ● 85

## ■別表第3

> 第一号　頭書(5)に記載する同居人に新たな同居人を追加（出生を除く。）すること。

・貸主にとって、賃貸している住宅の居住者の構成を知っておくことは、賃貸住宅の管理の上で必要であると考えられる。

　そこで、契約時に頭書部分に同居人を記載するとともに、その追加がある場合を通知事項としている。ただし夫婦で同居している場合に子供が生まれることは当然のことであるので、通知をする必要はないことにしている。また、同居人の減員は貸主の本物件の管理にとって特に問題はないと考えられることから、通知事項から除外している。

　また、例えば契約後に次から次へと同居人を増やす危険が大きいと考えられる場合等、個別の事情によっては親族以外の同居人の追加を貸主の承諾事項とすることが考えられる。この場合には、解説コメントに従い、この号を修正し、別表第2（承諾事項）に号を追加する必要がある。

> 第二号　1か月以上継続して本物件を留守にすること。

・貸主に無断で1か月以上不在にすることは、防犯や、賃料の支払い等の観点から問題があると考えられることから、不在期間が1か月以上になる場合は貸主への通知を義務付けている。

### (5)　ペットの飼育について

　賃貸住宅におけるペットの飼育が問題となるのは、鳴き声がうるさかったり毛が飛んだりして近隣に迷惑がかかるといった点と、柱を爪で引っ掻いたり、糞尿により一部が変色したりして物件そのものに悪影響を及ぼすといった点が考えられる。

　ところで、民間賃貸住宅は、物件の構造、建物の規模等多種多様である。また、ペットも近年は多様化しており、小鳥や犬猫以外にも、爬虫類、猿、猛獣等もペットとして飼われている例が増えてきている。それに、例えば「犬」といっても大きさや性格は種類により様々である。このような物件の多様性とペットの多様性は、問題の度合いがそれぞれの場合により異なることを示しており、ペット飼育の許容性は、個別的に判断される必要があると考えられる。

　以上のことから、標準契約書においては、動物を3つのカテゴリーに分け、

それぞれにつき対応を定めているところである。

すなわち、

① 猛獣、毒蛇等であって明らかに近隣に迷惑を及ぼす動物については絶対的に禁止とし（別表第1第五号）、

② 小鳥、魚等であって明らかに近隣に迷惑をかけるおそれのない動物については飼育を自由とし、

③ ①②以外の犬、猫等の動物については貸主の承諾により飼育を可能としている（別表第2第三号）。

なお、これらに掲げている動物は例示であって、常識的に判断されるところの「近隣への迷惑度」を基準に、具体的な動物がいずれに該当するかを判断することになろう。①に該当する動物としては、例えば、動物の保護及び管理に関する法律施行令別表1に掲げる特定動物が考えられる。

②に該当する動物としては、小鳥、魚以外にも、昆虫、カメ等が考えられる。

③については、典型的な動物としては犬、猫が該当する。貸主は、物件への影響はもとより、近隣への迷惑度、近隣からの苦情の可能性等を考慮して個別に承諾をするか否かを判断する必要がある。犬、猫等の飼育により迷惑するのは近隣住民であり、また、貸主にもその苦情が寄せられることとなるため、貸主が承諾に当たって近隣への迷惑も考慮して判断するということが、合理的な結論に達しうるものと考えられることによる。

なお、一戸建ての賃貸住宅においても、ペットの飼育が近所とのトラブルの原因となることもあり得るため、基本的には一戸建て住宅であることを理由として別表第2から第三号を削除する（すなわち、貸主の承諾なしに飼えるとする）必要はないと考えられる。

第8条　禁止又は制限される行為 ● 87

(6) 賃借権譲渡承諾書

〈承諾書（例）〉
(1) 賃借権譲渡承諾書（例）　（賃貸住宅標準契約書第8条第1項関係）

○年○月○日

賃借権譲渡の承諾についてのお願い

（貸主）住所
　　　　氏名 ○ ○ ○ ○ 殿

（借主）　住所
　　　　　氏名 ○ ○ ○ ○ 印

　私が賃借している下記(1)の住宅の賃借権の $\left\{\begin{array}{l}全部\\一部\end{array}\right\}$ を、下記(2)の者に譲渡したいので、承諾願います。

記

| (1) 住 宅 | 名　　　称 | |
|---|---|---|
| | 所 在 地 | |
| | 住戸番号 | |
| (2) 譲受人 | 住　　　所 | |
| | 氏　　　名 | |

承　諾　書

上記について、承諾いたします。
敷金は、契約書第6条第3項ただし書に基づく精算の上、返還いたします。
　（なお、　　　　　　　　　　　　　　　　　　　　　　）

○年○月○日
　　　　　（貸主）　住所
　　　　　　　　　　氏名 ○ ○ ○ ○ 印

〔注〕
1　借主は、本承諾書の点線から上の部分を記載し、貸主に2通提出してく

ださい。貸主は、承諾する場合には本承諾書の点線から下の部分を記載
し、1通を借主に返還し、1通を保管してください。
2 「全部」又は「一部」の該当する方に○を付けてください。
3 (1)の欄は、契約書頭書(1)を参考にして記載してください。
4 一部譲渡の場合は、譲渡部分を明確にするため、図面等を添付する必要
があります。
5 承諾に当たっての確認事項等があれば、「なお、」の後に記載してくださ
い。

【解説】
① 賃借権の譲渡
　賃借権の譲渡は、借主（乙）が、貸主（甲）に対し有する賃借権を、第三者
（丙）に譲渡することをいい、甲乙間の賃貸借契約はそのまま甲丙間の契約と
なり、乙は契約関係から外れる。乙丙間の契約は、賃借権の売買契約であった
り贈与契約であったりするが、いずれにしても甲の承諾が必要である。

〈賃貸借関係の移転の方法〉
　甲乙間の賃貸借関係を甲丙間の賃貸借関係にするには、
　ア　甲の承諾を得て乙丙間で賃借権を譲渡する、
　イ　甲乙丙で3面契約をする、
　ウ　甲乙間で契約を解約し、甲丙間で新たに契約を締結する、
　の三つの方法があるが、乙がアの方法をとるメリットとしては、賃借権
　を丙に売却して代金を得ることができるという点にある。

② 賃借権の一部譲渡の場合
　賃借権の一部譲渡の場合、本物件のどの範囲が譲渡されるのかを明確にする
ために、図面に当該箇所の印を付ける等の取扱いが必要である。

③ 承諾にあたっての確認事項
　承諾にあたっての確認事項としては、敷金関係の取扱いが例として挙げられ
る。

④ 賃借権譲渡の際の敷金関係
　賃借権の譲渡においては、敷金は当然に甲丙間に引き継がれないとするのが

第8条　禁止又は制限される行為 ● 89

判例であり、改正民法の規定である（改正民法第662条の2第1項）。甲は敷金を第6条の規定により清算の上乙に返却し、改めて丙から敷金の交付を受けることになる。なお、乙丙間で敷金関係も承継することを定めることも可能であり、この場合は、そのような手続きをとる必要はない。敷金関係については、賃借権の譲渡の承諾の際に明確にしておくことが望ましいことから、「なお、」の後に記載しておくことも考えられる。

⑺　転貸借承諾書

---

### 転貸承諾書（例）　（賃貸住宅標準契約書第８条第１項関係）

〇年〇月〇日

転貸の承諾についてのお願い

（貸主）住所
　　　　氏名 ○　○　○　○ 殿

（借主）　住所
　　　　　氏名 ○　○　○　○ 印

　私が賃借している下記⑴の住宅の $\left\{ \begin{array}{l} 全部 \\ 一部 \end{array} \right\}$ を、下記⑵の者に転貸したいので、承諾願います。

記

| ⑴　住　宅 | 名　　称 | |
|---|---|---|
| | 所 在 地 | |
| | 住戸番号 | |
| ⑵　転借人 | 住　　所 | |
| | 氏　　名 | |

---

承　諾　書

上記について、承諾いたします。
　（なお、　　　　　　　　　　　　　　　　　　　　　　　　　）

〇年〇月〇日

（貸主）　住所
　　　　　氏名 ○　○　○　○ 印

---

〔注〕
1　借主は、本承諾書の点線から上の部分を記載し、貸主に２通提出してください。貸主は、承諾する場合には本承諾書の点線から下の部分を記載し、１通を借主に返還し、１通を保管してください。
2　「全部」又は「一部」の該当する方に○を付けてください。

第８条　禁止又は制限される行為 ● 91

3　(1)の欄は、契約書頭書(1)を参考にして記載してください。
4　一部転貸の場合は、転貸部分を明確にするため、図面等を添付する必要
　があります。
5　承諾に当たっての確認事項等があれば、「なお、」の後に記載してくださ
　い。
6　借主が民泊（住宅に人を宿泊させるサービス）を行おうとする場合、あ
　らかじめ転借人を記載することは困難と考えられるため、(2)の欄は記載せ
　ず、欄外に住宅宿泊事業法に基づく住宅宿泊事業又は国家戦略特区法に基
　づく外国人滞在施設経営事業を行いたい旨を記載してください。

## 【解説】

### ①　転貸借の法律関係

転貸借とは、いわゆる「又貸し」であり、借主（乙）が新たに貸主（転貸
人）となって、第三者（丙）に賃貸するものである。

甲と乙との間の契約関係は存続し、債権債務関係は従前と同様であるが、甲
の承諾により転貸借関係が成立し、丙が本物件に居住していることから、甲乙
間の賃貸借契約を乙の債務不履行を理由として解除する場合以外は、甲乙間の
契約の終了を丙に対抗することはできない。甲と丙の間には直接の契約関係は
ないが、民法第613条により、丙は甲に対して直接に義務を負い、甲から賃料
債務の履行を求められれば丙はこれを拒否することはできない。また、丙が乙
に既に賃料を前払いしている場合でも、その旨を甲に対抗することはできない
こととされる。

### ②　一部転貸の場合

一部転貸の場合、本物件のどの範囲が譲渡されるのかを明確にするために、
図面に当該箇所の印を付ける等の取扱が必要である。

### ③　承諾にあたっての確認事項

承諾にあたっての確認事項としては、本物件の使用目的の遵守等が例として
考えられる。

### ④　いわゆる民泊に使用する目的で転貸借をする場合

なお、借主がいわゆる民泊に使用する目的で転貸借をしようとする場合に
は、第三者の通常の居住を目的とする転貸借とは、転借人の数、建物や設備へ
の影響、共用部分の使われ方、隣接物件の居住者等への影響等において異な

る。そこでこの場合には、転借人の記載はせず、かつ、転貸借の目的を明らか
にして貸主の承諾を得るよう、欄外に住宅宿泊事業法に基づく住宅宿泊事業又
は国家戦略特区法に基づく外国人滞在施設経営事業を行いたい旨を記載するこ
ととしている。

(8) 増改築承諾書

---

### 増改築等承諾書（例）　（賃貸住宅標準契約書第８条第２項関係）

○年○月○日

増改築等の承諾についてのお願い

（貸主）住所
　　　　氏名　○　○　○　○　殿

（借主）　住所
　　　　　氏名　○　○　○　○　印

　私が賃借している下記(1)の住宅のの住宅の増改築等を、下記(2)のとおり行いたいので、承諾願います。

記

| (1)　住　宅 | 名　　　称 | |
|---|---|---|
| | 所　在　地 | |
| | 住戸番号 | |
| (2)　増改築等の概要 | 別紙のとおり | |

---

承　諾　書

上記について、承諾いたします。
　（なお、　　　　　　　　　　　　　　　　　　　　　　　　　）

○年○月○日
　　　　　（貸主）　住所
　　　　　　　　　氏名　○　○　○　○　印

〔注〕

1　借主は、本承諾書の点線から上の部分を記載し、貸主に２通提出してください。貸主は、承諾する場合には本承諾書の点線から下の部分を記載し、１通を借主に返還し、１通を保管してください。

2　「増改築等」とは、契約書第８条第２項に規定する「増築、改築、移転、改造若しくは模様替又は本物件の敷地内における工作物の設置」をい

います。
3　(1)の欄は、契約書頭書(1)を参考にして記載してください。
4　増改築等の概要を示した別紙を添付する必要があります。
5　承諾に当たっての確認事項等があれば、「なお、」の後に記載してくださ
　　い。
　　例）収去等についての事項

【解説】
①　増改築等の承諾にあたっての確認事項
　　承諾にあたっての確認事項等としては、本承諾により認められた増改築等に
ついて、工事の際の注意事項や、明渡し時の原状回復の取扱いの確認等が例と
して考えられる。

## (9) 別表２承諾書

---

### 賃貸住宅標準契約書別表第２に掲げる行為の実施承諾書（例）
### （賃貸住宅標準契約書第８条第４項関係）

〇年〇月〇日

契約書別表第２に掲げる行為の実施の承諾についてのお願い

（貸主）住所

　　　　氏名　〇　〇　〇　〇　殿

（借主）　住所

　　　　氏名　〇　〇　〇　〇　印

　私が賃借している下記(1)の住宅において、契約書別表第２第〇号に当たる下記(2)の行為を行いたいので、承諾願います。

記

| (1) 住　宅 | 名　　称 | |
|---|---|---|
| | 所　在　地 | |
| | 住　戸　番　号 | |
| (2)　行為の内容 | | |

- - - - - - - - - - - - - - - - - - - - - - - - - - - - - - - - - - - - - - -

承　諾　書

上記について、承諾いたします。

　（なお、　　　　　　　　　　　　　　　　　　　　　　　　）

〇年〇月〇日

（貸主）　住所

　　　　氏名　〇　〇　〇　〇　印

---

〔注〕

1　借主は、本承諾書の点線から上の部分を記載し、貸主に２通提出してください。貸主は、承諾する場合には本承諾書の点線から下の部分を記載し、１通を借主に返還し、１通を保管してください。

2　「第○号」の○には、別表第2の該当する号を記載してください。

3　(1)の欄は、契約書頭書(1)を参考にして記載してください。

4　(2)の欄には、行為の内容を具体的に記載してください。

5　承諾に当たっての確認事項等があれば、「なお、」の後に記載してください。

【解説】

①　別表第2に掲げる行為の内容

　例えば第三号のペットの飼育について承諾を求める場合には、動物の種類、飼育数等を記載することになる。

②　別表第2に掲げる行為の承諾にあたっての確認事項

　承諾にあたっての確認事項としては、例えば第三号のペットの飼育についての承諾の場合は、「飼育に当たっては、本物件の構造に支障を及ぼしたり、近隣に迷惑をかけないようにすること」等が例として考えられる。

第8条　禁止又は制限される行為 ● 97

# 第9条 修繕

## ■条文

（契約期間中の修繕）

第9条 甲は、乙が本物件を使用するために必要な修繕を行わなければならない。この場合の修繕に要する費用については、乙の責めに帰すべき事由により必要となったものは乙が負担し、その他のものは甲が負担するものとする。

2 前項の規定に基づき甲が修繕を行う場合は、甲は、あらかじめ、その旨を乙に通知しなければならない。この場合において、乙は、正当な理由がある場合を除き、当該修繕の実施を拒否することができない。

3 乙は、本物件内に修繕を要する箇所を発見したときは、甲にその旨を通知し修繕の必要について協議するものとする。

4 前項の規定による通知が行われた場合において、修繕の必要が認められるにもかかわらず、甲が正当な理由なく修繕を実施しないときは、乙は自ら修繕を行うことができる。この場合の修繕に要する費用については、第1項に準ずるものとする。

5 乙は、別表第4に掲げる修繕について、第1項に基づき甲に修繕を請求するほか、自ら行うことができる。乙が自ら修繕を行う場合においては、修繕に要する費用は乙が負担するものとし、甲への通知及び甲の承諾を要しない。

別表第4（第9条第5項関係）

| ヒューズの取替え | 蛇口のパッキン、コマの取替え |
|---|---|
| 風呂場等のゴム栓、鎖の取替え | 電球、蛍光灯の取替え |
| その他費用が軽微な修繕 | |
| | |
| | |

## ■契約書作成にあたっての留意点
## 【第9条（契約期間中の修繕）関係】

別表第4は、個別事情に応じて、適宜、変更、追加及び削除をすることができ

98 ● 第2編 逐条解説

ます。

　変更する場合には、変更する部分を二重線等で抹消して新たな文言を記載し、その上に貸主と借主とが押印してください。

　追加する場合には、既に記入されている例示事項の下の空欄に記入し、追加した項目ごとに、記載事項の上に貸主と借主とが押印してください。

　削除する場合には、削除する部分を二重線等で抹消し、その上に貸主と借主とが押印してください。

■解説コメント
9　契約期間中の修繕（第9条）
　【第1項】賃貸借の目的物に係る修繕は、全て貸主が実施の義務を負うこととし、借主の帰責事由による修繕については、費用負担を借主に求めることとしている。民法上は、賃借人の帰責事由による修繕は、賃貸人の修繕義務の範囲から除いている（民法第606条第1項ただし書）が、建物の管理を行う上では、修繕の実施主体を全て貸主とし、借主の帰責事由による修繕について、費用負担を借主に求める方が合理的であると考えられる。このため、修繕は原則として貸主が実施主体となり費用を負担することとし、修繕の原因が借主の帰責事由によるものである場合には、貸主が修繕を実施し、借主が費用を負担することとしている。この場合に借主が負担する費用は、借主の帰責事由による債務不履行に基づく損害賠償の意味を持つものである。

　【第2項】修繕の実施に当たり貸主及び貸主の依頼による業者が専用部分に立ち入る必要がある場合は、貸主からの通知を要するとともに、民法第606条第2項により借主は貸主の修繕の実施を拒めないこととされているため、借主は正当な理由なく貸主の修繕の実施を拒否することはできないこととしている。

　【第3項】要修繕箇所を発見した場合に借主が貸主に通知し、両者で修繕の必要性について協議することとしている。紛争防止の観点から、修繕が必要である旨の通知は、書面又は電子メール等の電磁的記録によって行うことが望ましいと考えられる。

　【第4項】修繕の必要が認められるにもかかわらず、貸主が正当な理由なく修繕を実施しない場合に、借主が自ら修繕できることを定めるとともに、その場合の費用負担（第1項と同様）について示している。
　　　　　　平成29年民法改正で、①賃借人が賃貸人に修繕が必要である旨を通知し、又は賃貸人がその旨を知ったにもかかわらず、賃貸人が相

当の期間内に必要な修繕をしないとき、②急迫の事情があるとき、には、賃借人による修繕が可能であることが規定された（民法第607条の２）。この規定の趣旨を踏まえ、第４項を規定している。

【第５項】修繕の中には、安価な費用で実施でき、建物の損傷を招くなどの不利益を貸主にもたらすものではなく、借主にとっても貸主の修繕の実施を待っていてはかえって不都合が生じるようなものもあると想定されることから、別表第４に掲げる費用が軽微な修繕については、借主が自らの負担で行うことができることとしている。また、別表第４に掲げる修繕は、第１項に基づき、貸主に修繕を求めることも可能である。

このため、第５項に基づき借主が自ら行った場合には、費用償還請求権は排除されると考えられる。

なお、別表第４にあらかじめ記載している修繕については、当事者間での合意により、変更、追加又は削除できることとしている。
→《作成にあたっての注意点》条文関係【第９条（契約期間中の修繕）関係】参照

■解説
【趣旨】
・民法では賃貸借の目的物に係る修繕は貸主が行うこととされている（民法第606条）ため、修繕の原因が借主の故意または過失にある場合を除き、修繕は原則として貸主が実施主体となり費用を負担することとしている（第１項）。そして、別表第４に掲げる費用が軽微な修繕については、貸主の義務ではなく、借主の権利として構成し、借主が貸主の承諾なしに行えることとしている（第５項）。
・修繕の実施に当たり貸主及び貸主の依頼による業者が専用部分に立ち入る必要がある場合は、貸主からの通知を要するとするとともに、民法第606条第２項により借主は貸主の修繕の実施を拒めないこととされているため、借主は正当な理由なく貸主の修繕の実施を拒否することはできないこととしている（第２項）。
・借主が要修繕箇所を発見したときは、貸主に通知して修繕の必要につき協議するものとし（第３項）、これらの手続きをとった場合でも貸主が正当な理由なく修繕を実施しないときに借主が修繕できるものとしている（第４項）。

【解説】
(1) 修繕負担の実態

賃貸借契約においては、貸主は、目的物を借主が使用収益できるようにする義務（民法第601条）及び目的物の使用収益に必要な修繕をする義務（民法第606条第1項）を負っている。しかし、修繕義務に係る規定は任意規定であり、当事者間で特約により異なる費用負担を定めることは可能である。

このため、実際の契約書においては、物件躯体部分に関するものを除いては、借主が修繕を実施し、費用を負担するとしているものも多く見受けられる。

## (2) 標準契約書の取扱い

標準契約書においては、民法の規定の趣旨及び一般に修繕費用は賃料に含まれているとの考え方に基づき、修繕義務は原則として貸主が負うこととしている。しかし、費用負担については、修繕の必要となった物件の損耗に対する借主の関与の態様を考慮して、修繕の原因が借主の故意又は過失に基づく場合については、借主が負担することとし、それ以外については貸主が負担することとしている。そして、この区分けは、修繕費用の額の多寡によって変わることはない。

また、修繕の中には、安価な費用で実施でき、建物の損傷を招くなどの不利益を貸主にもたらすものではなく、借主にとっても貸主の修繕の実施を待っていてはかえって不都合が生じるようなものもあると想定される。そこで、そのような小修繕について別表第4に掲げ、当該修繕については、上記原則に従い貸主に実施を請求してもよいが、それに代えて借主が自ら費用を負担して行うことができるとしている。この場合、借主は修繕の実施にあたって貸主の承諾を得る必要はなく、そのような承諾を得ずに対応しても、貸主の所有物に対する違法な侵害と評価されることはない。

なお、これは、借主に修繕義務を課しているものではなく、貸主が、借主に対し修繕の実施を請求することはできないが、借主の故意過失等により生じたものについては、債務不履行の観点から借主が補修工事の実施またはその費用の負担義務を負うし、当該対応をしないまま明渡しを迎えた場合には、借主は原状回復をする義務を負うことになる。

| 【修繕義務（修繕実施義務・費用負担義務）の区分】 | | |
|---|---|---|
| | 借主の責めに帰すべき事由によらないもの | 借主の責めに帰すべき事由によるもの |
| 別表第4に掲げる項目以外（第1項） | （実施主体）貸主<br>（費用負担）貸主 | （実施主体）貸主<br>（費用負担）借主 |

第9条　修繕 ● 101

| 別表第4に掲げる項目<br>（第5項） | （実施主体）貸主<br>（費用負担）貸主<br>　　　　　or［借主の選択］<br>（実施主体）借主<br>（費用負担）借主 | （実施主体）貸主<br>（費用負担）借主<br>　　　　　or［借主の選択］<br>（実施主体）借主<br>（費用負担）借主 |
| --- | --- | --- |

## 【当初版との相違】

　当初版では、修繕に係る特約の意味につき判断した判例をもとに、特約をあらかじめ織り込んだ形で、修繕は原則貸主の義務としつつ、別表第4記載事項については貸主の義務を免除し、借主が権利としてなしうるものと位置付けていた。

　平成24年改訂時に原状回復に係る規定が見直されたことから（第1項で原則的取扱いを確認。その他の点は第15条参照）、それとの整合性を図る観点から、修繕の取扱いについて見直しがなされ、上記のとおり、第1項では、修繕の原因が借主の故意又は過失にある場合を除き、修繕は原則として貸主が実施主体となり費用を負担するという修繕の原則的取扱いを確認的に規定した。そして第5項（当初版では第3項）につき、修繕の原則を規定し、かつ、別表第4記載の修繕についても貸主の義務の免除まではしていないという扱いとしたところである。

　しかしこの第5項（当初版では第3項）の取扱については、第1項の原則的な取扱いとの関係が不明瞭であるとの批判があったことから、再改訂版では、修繕の原則的な取扱いに即し貸主に修繕の実施を請求してもよいとする一方で（この場合の費用負担者は貸主）、そうではなく、借主が修繕してもよいとし（この場合の費用負担者は借主）、いずれによるかは借主が選択できるものとした。なお借主が実施する場合には、貸主に対する通知は不要である。

　なお別表第4記載の修繕につき、最初の標準契約書の内容と同様貸主の義務を免除するものとして扱う場合には、第19条の特約欄に、次のような特約条項を設けることが考えられる。

## 【特約例】

　別表第4記載の修繕項目については、第9条第5項の規定に関わらず、甲は修繕義務を負わず、乙は第1項に基づき甲に修繕を請求できないものとする。

⑶　別表第4

　第5項の規定は、上記のとおり、別表第4に掲げる費用が軽微な修繕については借主が自らの負担で行うことができることとし、貸主の義務を免除しているものではないことから、別表第4記載事項については、当事者間での合意により、変更、追加又は削除できることとしている。

　ただしこの取扱いを認めた趣旨からすれば、追加して記載される事項は、賃貸住宅の躯体構造に影響がなく、費用が軽微で、貸主の修繕の実施を待っていては日常生活に支障を来すようなものが想定される。それ以上の修繕を借主が実施することとするのであれば、改めて特約（第19条）で定める必要がある。

---

**【当初版との相違】**

　　当初版では、別表第4記載事項は貸主の義務を免除することから、限定列挙と解し、項目の変更等は想定していなかった。平成24年の改訂により、第5項（当初版では第3項）が貸主の義務の免除までは想定しなくなったことから、別表第4記載の事項も追加等を可能とした。再改訂版でも同様である。

　　ただし、特約で貸主の義務を免除する場合には、当初版の取扱いと同様、別表第4記載の事項については限定列挙と評価して、項目の変更等は想定されないものと解される。

---

⑷　貸主が修繕義務を履行しない場合

　改正民法では、貸主が必要な修繕等を相当な期間しない場合や急迫な事情がある場合には、借主が自ら修繕をすることができるとする規定が設けられた（改正民法第607条の2）。

　しかし修繕の対象となる建物や設備などは貸主または第三者（サブリースの場合）の所有物であることから、仮に借主が自己の判断のみで、結果として修繕として認められる範囲や程度を超えて工事を実施してしまった場合などでは、後の紛争になりかねない。

　そこで標準契約書では、借主が修繕を必要とすると思われる箇所を発見したときは貸主に通知をし、修繕の必要について協議するといった手続きルールを第3項で設け、そのような手続きを経たにもかかわらず貸主が正当な理由なく修繕を実施しないときに、改正民法の規定に基づき借主が修繕を実施し、貸主にその費用を請求できるとして（第4項）、当該紛争の防止を図っているところである。

（具体的な流れ）

借主が要修繕箇所を発見

⇩

貸主への通知

⇩

修繕の必要性等について協議

⇩

（貸主が正当な理由なく修繕を実施しない）

⇩

借主が修繕を実施・貸主に費用を請求

【これまでの考え方】
　貸主が修繕義務を履行しない場合には、借主は次のような措置をとることが可能であると解されてきた。
① 損害賠償の請求
　雨漏りしている屋根の修理を貸主が行わずに借主所有の物品に損害が生じる等、貸主の修繕義務の不履行を原因として借主に損害が生じた場合には、借主は、貸主に対し当該損害の賠償を請求することができる（民法第415条前段）。
② 裁判所への強制履行請求
　借主は、貸主の費用をもって修繕を実施させることを請求する訴訟を提起することができる（民法第414条第2項本文、民事執行法第171条）。
③ 修繕の実施
　借主は、貸主が履行義務を負っている修繕を実施し、貸主に修繕費用の請求をすることができる。この場合において、貸主が修繕費用を負担しないときは、借主は、当該修繕費用と賃料との相殺又は賃料減額請求をすることができる（民法第608条第1項、同第505条第1項、借地借家法第32条第1項）。
　ただし、貸主の承諾を得ることなく借主が修繕を実施した場合には、無断改造等を理由に貸主から賃貸借契約を解除等される可能性がある。また、一方的に賃料との相殺をした場合には、貸主から賃料不払いを理由に賃貸借契約を解除等される可能性がある点に留意する必要がある。

④　賃貸借契約の解除

　借主は、貸主の修繕義務不履行を理由として賃貸借契約を解除することができる（民法第541条）。ただし、解除するためには、貸主の義務違反により当事者間の信頼関係が破壊されたと認められる状況に至ったことが必要である。また、借主は、解除することにより、賃貸住宅から退去することになる。

　改正民法は、これらの考え方を踏まえ、③を明文で規定し、標準契約書もそれに倣って規定を整理している。また①②④の方法を採ることも、これまでと同様に可能である。

## (5)　修繕の実施にあたって

　修繕の実施にあたっては、貸主および貸主の依頼による工事業者が専用部分に立ち入る必要が生じたり、工事により借主の生活に影響を及ぼすおそれがあることから、貸主は借主への通知を要することとしている。

　一方で、修繕の実施は、民法第606条第1項により貸主の義務であるとともに物件の維持保全上必要不可欠な行為である。また、当該工事の内容が保存行為（物件の現状を維持保全するうえで必要な行為）である場合には、同条第2項により、借主は「これを拒むことはできない」とされている。

　したがって、標準契約書でも、借主が不在である等の正当な理由がない限りは、修繕の実施を拒否することはできないこととしている。

第9条　修繕 ● 105

## 第10条　契約の解除

### ■条文

（契約の解除）
第10条　甲は、乙が次に掲げる義務に違反した場合において、甲が相当の期間を定めて当該義務の履行を催告したにもかかわらず、その期間内に当該義務が履行されないときは、本契約を解除することができる。
　一　第４条第１項に規定する賃料支払義務
　二　第５条第２項に規定する共益費支払義務
　三　前条第１項後段に規定する乙の費用負担義務
２　甲は、乙が次に掲げる義務に違反した場合において、甲が相当の期間を定めて当該義務の履行を催告したにもかかわらず、その期間内に当該義務が履行されずに当該義務違反により本契約を継続することが困難であると認められるに至ったときは、本契約を解除することができる。
　一　第３条に規定する本物件の使用目的遵守義務
　二　第８条各項に規定する義務（同条第３項に規定する義務のうち、別表第１第六号から第八号に掲げる行為に係るものを除く。）
　三　その他本契約書に規定する乙の義務
３　甲又は乙の一方について、次のいずれかに該当した場合には、その相手方は、何らの催告も要せずして、本契約を解除することができる。
　一　第７条第１項各号の確約に反する事実が判明した場合
　二　契約締結後に自ら又は役員が反社会的勢力に該当した場合
４　甲は、乙が第７条第２項に規定する義務に違反した場合又は別表第１第六号から第八号に掲げる行為を行った場合には、何らの催告も要せずして、本契約を解除することができる。

### ■解説コメント

### 10　契約の解除（第10条）

【第１項】借主の「～しなければならない」という作為義務違反を規定しており、民法第541条の趣旨を踏まえ「催告」を要件とし、催告にも係わらず借主が義務を履行しないときに解除することができるとしている。

【第２項】借主の「～してはならない」という不作為義務違反を規定しており、第１項と同様「催告」を要件とし、催告にも係わらず借主が義務を履行せず、本契約を継続することが困難であると認められるときに解除

106●第２編　逐条解説

することができるとしている。

【第3項】第7条第1項各号の確約に反する事実が判明した場合、及び契約締結
後に自ら又は役員が反社会的勢力に該当した場合、催告なしで契約を
解除することができるとしている。なお、平成29年民法改正で、契約
総則において、債務者の履行拒絶の明確な意思表示のある場合や、催
告をしても契約目的達成に足りる履行の見込みがないことが明らかな
場合等に無催告解除ができることが規定された（民法第542条第1
項）。

→7　反社会的勢力の排除（第7条）【第1項】参照

【第4項】借主が第7条第2項に規定する義務に違反した場合、及び借主が第8
条第3項に規定する禁止行為のうち、別表第1第六号から第八号に掲
げる行為を行った場合、催告なしで契約を解除することができるとし
ている。

→7　反社会的勢力の排除（第7条）【第2項】参照
→8　禁止又は制限される行為（第8条）【第3項】参照

---

※賃貸借契約における無催告解除について

判例は、賃貸借契約において、賃料の長期不払、賃借物の損壊等、賃借人
の義務違反の程度が甚だしく、賃貸借契約の継続を著しく困難にするような
背信行為があった場合には、無催告解除を認めている（最判昭和47年2月18
日民集26巻1号63頁、最判昭和49年4月26日民集28巻3号467頁等。いわゆ
る信頼関係破壊の法理）。

---

■解説
【趣旨】
・借主が負う作為義務の違反を原因とする解除については、民法第541条の趣
旨を踏まえ、催告を要件とし、催告にも係らず借主が義務を履行しないと
きに解除を認めることとしている。
・借主が負う不作為義務の違反を原因とする解除については、催告とともに、
判例で認められる信頼関係破壊の法理を踏まえ、契約継続が困難と認められ
るに至ったときに解除を認めることとしている。
・反社会的勢力排除条項違反については、無催告解除としている。ただし、第
7条の確約違反は、貸主借主双方に契約上の義務を課していることから、
「甲又は乙が」相手方の義務違反行為に対し解除できるとして第3項に規定
し、第8条の禁止行為違反は、乙のみに当該義務を課していることから、
「甲は」解除できるとして第4項に規定し、解除主体に応じて第3項・第4

第10条　契約の解除 ● 107

項に区別して規定している。

## 【解説】

### (1) 解除事由

　貸主が解除できる場合を明確にするために、解除事由は、基本的に契約書上の義務違反があった場合を想定している。

　解除事由の定め方としては、契約書上の義務違反以外にも、抽象的・包括的に、例えば「信頼関係を破壊するような行為をした場合」を解除事由とする方法も見受けられる。しかしながら、この方法をとると解除事由があいまいになり、それがトラブルの原因となると考えられることから、標準契約書においては、可能な限り具体的な契約条項違反をもって解除事由としているところである。

　ただし、民法上の債務不履行解除は、契約書上に具体的に規定されている義務違反のみならず、法令上の義務違反の場合もその対象となる。したがって、仮に契約書に規定がない事項であっても、それが、借主としての善管注意義務に反する場合には、当該行為をしないことが借主の善管注意義務に含まれること、したがって当該行為は善管注意義務違反であることを主張立証し、解除をすることは否定されない。

### (2) 解除の手続き

　借主の義務には、「～しなければならない。」という作為義務と、「～してはならない。」という不作為義務がある。この2つの義務は性質が異なることから、当該義務違反があってから契約の解除に至るまでに両当事者に要求される行為は異なることになる。したがって、第1項に作為義務違反の場合、第2項に不作為義務違反の場合と分けて規定し、第1項では催告を契約書上の要件とし、第2項では、催告とあわせて信頼関係の破壊を契約書上の要件としている。

---

〈第1項と第2項とに分離している理由〉

　　第1項は作為義務違反を、第2項は不作為義務違反を規定している。いずれの義務違反についても「催告」は必要であるし、判例上は信頼関係破壊の法理が適用されるため、規定を分ける必要がないとも考えられるが、両者で「催告」の意味が異なること等から、標準契約書においては規定を分けているところである。

　　つまり、作為義務違反については、義務違反の態様が明確であること、当該義務に反しているにもかかわらず、催告をしても履行がなされ

ない場合には通常は信頼関係の破壊と評価しうることから、標準契約書では、条文上は、信頼関係破壊の存在を要件として明示せずに、第1項に規定している。

一方、不作為義務違反については、義務違反の態様が必ずしも明確ではなく（借主の行為がそもそも「〜してはならない」とされている事項に該当するのか、どの程度なら許容されるのかなど）、その改善がどの程度までなされれば不作為義務違反が解消されたといえるかなどにつき事案ごとに異なることなどから、催告のほかに、信頼関係の破壊の存在を、解除にあたっての要件として明示し、第2項で規定している。

## (3) 催告

民法は、当事者の一方に債務の不履行があった場合は、相手方は相当の期間を定めて履行を催告し、その期間内に履行がないときに契約が解除できることを原則とし（改正民法第541条）、債務者がその債務の全部の履行を拒絶する意思を明確に表示したときなどに限り例外的に催告することなく直ちに契約の解除をすることができるとしている（改正民法第542条）。

また、判例は、無催告解除が認められるのは、当事者間の信頼関係が高度に破壊されたときに限るとしている。

したがって、借主に債務不履行があったとしても、貸主はその履行の催告を行った後にはじめて解除できるのが原則である。

なお、第2項の場合の「催告」は、第1項とは異なり、

① 将来に向けて行為の差し止めを請求する、

② 過去になされた行為により生じた結果を原状に復すよう請求する、

という2つの内容を有するものである。このうち、①に係る部分は契約書に定めのある不作為義務の履行催告といえるが、②に係る部分は義務違反行為から生じた結果の除去であり、契約書に定めのない義務の履行催告ということになる点に注意が必要である。

## (4) 相当な期間

催告は、相当な期間を定めてその期間内に義務の履行を促すものである。この「相当な期間」がどのくらいなのかについての基本的な考え方としては、「当該期間貸主が待っても借主の履行がないことが、信頼関係の破壊と評価される程度の期間」ということになろう。したがって、例えば、賃料等の滞納期間が長ければ催告期間は短くてもよいであろうし、逆に滞納期間が短ければ、催告期間はある程度長めに設定することが望ましいと考えられる。ただし、実

際の解除にあたっては従前の賃貸借に係る経過等他の要素も考慮にいれる必要
があることから、個々の契約関係において、個別具体的に「相当の期間」を判
断する必要がある。

(5) 賃料滞納期間と解除との関係

　賃料の滞納期間と関連して、そもそも何か月分賃料を滞納すれば催告の上解
除できるのかという問題がある。これに関しては明確な基準があるわけではな
く、標準契約書でも「○か月滞納」とは定めず、単に「第4条第1項に規定す
る賃料支払義務」に違反した場合とするのみである。しかし、解除を認めない
ということは、滞納額を支払ったうえで、さらに今後も契約を継続して毎月発
生する賃料の支払い義務を負担せしめるという意味であることであることにかん
んがみれば、その時点までの滞納期間及び滞納額、過去の滞納の状況、督促に
対する借主側の反応なども加味して、将来的な賃料の支払い能力や支払い意思
の回復が見込めない状態であれば、契約の解除が認められると整理できよう
（しばしば3か月滞納が解除の要件のようにいわれることがあるが、法令や判
例上そのような明確な基準はなく、5か月の滞納でも解除を認めなかった裁判
例もあれば、1～2か月の滞納でも解除を認めた裁判例もあり、事案に応じて
上記要素を考慮しながら判断される）。

(6) 契約を継続することが困難と認められるに至ったとき

　第2項では、「契約を継続することが困難と認められるに至ったとき」に解
除できると規定している。これは、単に貸主の主観により契約継続が困難に
なったと「認める」ことだけでは足りず、客観的にみても契約を継続すること
が困難と「認められる」状況に至ることが必要である。

(7) その他本契約書に定める義務に違反したとき

　第2項第3号の「その他本契約書に定める義務に違反したとき」とは、第9
条第2項の修繕を拒否できない義務の違反行為、第19条で特約として定めた義
務の違反行為等を想定している。

(8) 無催告解除

　第3項・第4項の反社会的勢力排除条項違反に係る解除については、無催告
解除としている。

　契約の相手方に契約違反・債務不履行があったとして賃貸借契約を解除する
場合には、通常は、民法の規定等に従い、次の4つの要件が必要とされる。

①　解除事由の存在（形式的要件）

契約書に規定されている解除事由が存在するか、法令上一方当事者が負っている義務に違反する行為が存在すること。

② 信頼関係破壊の法理（実質的要件）

①により当事者間の信頼関係が破壊されたと評価できること。

③ 催告（手続要件①）

原則として、①②の状況を解消するよう催告をすることが必要とされ、催告をしたにもかかわらず債務の履行がないこと。

④ 解除通知（手続要件②）

解除の意思を相手方に到達せしめること（後日の紛争に備える意味からは、配達証明付きの内容証明郵便で対応することが望ましい）。

このうち、③の要件をあらかじめ削除し、①②があれば直ちに④の手続きを採ることができるとする特約を、「催告を要すること無く解除できる旨の特約」という趣旨で、「無催告解除特約」という。

「催告」は、契約違反等をしている当事者に対し、その是正を求め、それが果たされない場合には解除をするというものであり、義務の態様により意味は異なるが（上記(3)参照）、大枠としては相手方に最後のチャンスを与えるという意義を有する。契約内容に個別性があり、契約違反等の態様や当事者の規範意識等に様々な濃淡があり得る賃貸借契約においては、当該機会を与えることが意味をなさない場合もあり、裁判所は、個々の事案に応じ、一定の要件を満たした場合には催告なく解除をすることは可能であるとし、その点をあらかじめ定めておく無催告解除特約も有効であるとする（最高裁昭和43年11月21日判決）。しかし、あくまでも裁判所は、このような特約を、信頼関係の破壊の程度が大きく、催告しても何ら意味をなさないような特段の事情がある場合に適用範囲を限定して有効としている点に注意しなければならない。

標準契約書では、反社会的勢力排除のための解除については、暴力団排除条例の中に努力規定ではあるがその根拠が存在していること、モデル条項についても不動産流通４団体の協議会において専門家の意見等も踏まえ検討されていることなどから、高度の信頼関係破壊につき客観的な評価を得たものとして、無催告解除特約も認められ得るとし、第３項・第４項でその旨規定した。

しかし、それ以外については、無催告解除が可能であると明確に言えるような客観的な評価があるとは言い難い。

また、改正民法では、履行不能の場合や、債務者がその債務の全部の履行を拒絶する意思を明確に表示したときなどでは無催告解除を認める旨の規定が設けられているが（改正民法第542条）、これらに関しては解説コメントで指摘するにとどめ、標準契約書の条文上は、無催告解除が認められるのは従前と同様、反社会的勢力排除の規定に違反する場合のみを規定し（第３項・第４項）、

それ以外については、解除事由に応じて、第１項・第２項の規定に従い催告を
要件としている。

### (9)　借主からの解除

貸主の義務違反行為に対しては、賃貸借契約が双務契約である以上、当該義
務違反により信頼関係が破壊されたと認められる場合には、借主は解除権を有
することになる。借主からの契約解除の場合、借主にとっては、解除後の賃料
債務が消滅すること等がメリットとして挙げられるが、一方で、当該物件に居
住できなくなるデメリットもある。

後者のデメリットが大きいためか、住宅賃貸借契約における借主からの解除
は実態上もほとんどなく、借主の解除権について契約書に明記することの実効
性は疑問であることから、標準契約書においては、貸主の義務違反に対する借
主の解除権に関する規定は設けていない（ただし、上記構成のもとで借主から
解除がなされることを排斥しているものでもない。）。

なお本条は、当事者の債務不履行に基づく解除に係る規定である。したがっ
て、貸主の債務不履行ではなく、物件の一部が滅失その他の事由により使用で
きなくなった場合において、残存する部分のみでは借主が賃借の目的を達する
ことができないときの借主からの解除については、別に第12条で規定している
（第12条の解説を参照）。

### (10)　近隣に迷惑をかけるおそれが強い者との賃貸借契約について

既存の契約書の中には、入居者が近隣に迷惑をかけるおそれが強い者である
ことが判明した場合は契約を解除するとする規定を設けている例がある。この
ことに関する標準契約書の考え方、取り扱いは次のとおりである（なお、その
者が反社会的勢力に属する場合には、(8)参照）。

①　契約締結時においては、契約自由の原則により、貸主は、契約申込み者
　　が近隣に迷惑をかけるおそれが強い者であることをもって賃貸借契約を締
　　結しないことができる。

②　契約締結時に職業等を偽って契約を締結し、後にそのことが判明した場
　　合については、貸主が契約申込み時に当該事実を知っていれば賃貸借を承
　　諾しなかったであろうと考えられる場合には、民法第95条により錯誤とし
　　てまたは民法第96条により詐欺による意思表示として、契約を取り消すこ
　　とが考えられる。また、借主に信義則上の義務違反があり、かつ信頼関係
　　が破壊されたとして、契約を解除することも考えられる。

　　なお、契約締結時にある者が自分で入居するものとして契約し、実際は
　　他の者が入居した場合には、第10条第２項第二号（第９条第１項～無断譲

渡・転貸禁止義務〜違反）により解除することも可能である。

③ ②の錯誤、詐欺又は無断譲渡・転貸に該当する行為がなく、近隣に迷惑をかけるおそれが強い者が、実際の居住にあたっては善良なる借主として生活している場合には、借主が近隣に迷惑をかけるおそれが強い者であるということのみを理由として契約を解除できるとすることは不適当であると考えられる。

　また、判例上、賃貸借契約の解除は、賃貸借当事者の信頼関係が破壊された場合に認められるとされているが、借主が近隣に迷惑をかけるおそれが強い者であることの一事をもって信頼関係が破壊されたとはいいがたいであろう。

　したがって、標準契約書では、反社会的勢力の場合を除き、借主という「人」に着目して解除事由を定めることはしていない。

④ しかし、標準契約書上、借主が以下の行為をしたときは、その行為自体に着目し、契約を解除することができる。

　a）物件を事務所、集会所等として使用した場合には、居住目的以外の使用ということで、第10条第2項第一号（第3条の使用目的遵守義務違反）により解除できる。

　b）物件内で銃砲・刀剣類等危険な物品等を貯蔵し、または取り扱った場合には、第10条第2項第二号（第8条第3項の義務〜別表第一号〜違反）により解除できる。

　c）共用部分に周囲を威圧等するような看板を承諾を得ることなく掲示した場合には、第10条第2項第二号（第8条第四号の義務〜別表第2第二号〜違反）により解除できる。

第10条　契約の解除 ● 113

## 第11条　乙からの解約

■条文

> （乙からの解約）
> 第11条　乙は、甲に対して少なくとも30日前に解約の申入れを行うことにより、本契約を解約することができる。
> 2　前項の規定にかかわらず、乙は、解約申入れの日から30日分の賃料（本契約の解約後の賃料相当額を含む。）を甲に支払うことにより、解約申入れの日から起算して30日を経過する日までの間、随時に本契約を解約することができる。

■解説コメント
11　乙からの解約（第11条）
　【第1項】借主が賃貸借契約を終了させるための期間（解約申入れ期間）が30日以上の場合について規定している。
　　　　　なお、解約申入れ期間を30日としたのは、第4条及び第5条の賃料及び共益費の日割計算の分母を30日としていることにあわせるためである。
　　　　　→4　賃料（第4条）【第2項】参照
　【第2項】解約申入れ期間が30日に満たない場合について規定しており、30日分の賃料及び賃料相当額を支払えば、随時に解約できることとしている。
　　【例】9月30日に契約を解除したい場合

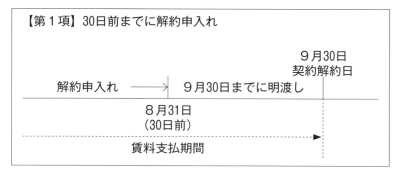

　　　※9月30日に退去を予定している場合は、解約申入れを8月31日以前に行うこととしている。なお、賃料については、9月分を前月末までに

支払っている場合は、既に支払い済みの賃料でまかなわれることとなる。

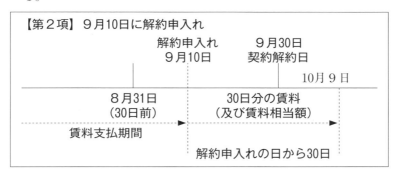

※ 9月30日に退去を予定している場合で、9月10日に解約申入れを行った場合は、解約申入れを行った日から30日分の賃料、つまり10月9日までの賃料（及び賃料相当額）が必要となる。なお、賃料については、9月分を前月末までに支払っている場合は、10月1日から9日までの賃料相当額が必要となる。また、共益費については、解約申入れ日（9月10日）に関係なく、第5条第3項に従い、使用していた期間の共益費を支払う（9月30日に解約した場合は9月分の共益費全額を支払う）こととなる。

■解説
【趣旨】
借主が賃貸借契約を終了させるためには、
① 30日前までに解約の申入れをする（第1項）
② 30日前を過ぎてから解約する場合は、30日分の賃料又は賃料相当額を貸主に支払う（第2項）
のいずれかの方法をとることを定めている。

【解説】
(1) 解約が可能な場合
民法においては、当事者の一方の意思で契約を終了させることができるのは、期間の定めがない契約の場合であるか（民法第617条）、あるいは期間の定めがあっても、解約権を留保する特約を定めた場合（民法第618条）のいずれかである。
標準契約書では、第2条において契約期間を定めることとしているので、当

事者の一方からの解約を認めるためには、解約権留保の特約が必要である。第
1項は、借主側の解約権留保の特約に当たる。一方、貸主の解約権は規定して
いないので、第19条に特約で定めない限り貸主からの解約はできないこととなっている。

---

〈期間の定めがない場合の解約の取扱い〉

　期間の定めのない契約となるのは、そもそもはじめから契約期間を定
めない場合のほか、期間の定めのある契約が法定更新された場合（借地
借家法第26条第1項）を挙げることができる。

　これらの「期間の定めのない契約」では、本条の規定がなくても契約
を解約できるという点に相違があり、貸主からは6か月前までに、借主
からは3か月前までに解約を申し入れることができることになる。ただ
し、貸主からの解約の申入れには正当事由が必要である。

---

(2) **解約申入れ期間**

　借主が契約を終了させるときは、契約を終了したいと考える日（その日まで
に物件を明け渡すとともに、その日以降は賃料支払い義務を負わない）の30日
前までに解約を申し入れる必要がある。

　この申入れは、特に方法を定めていないので口頭によることも可能である
が、後で申入れをしたか否かの争いを避ける意味では、書面によることが考え
られる。

　なお、30日間に満たないで契約を終了させるときは第2項の問題であり、(4)
を参照されたい。

---

〈解約申入れ期間を30日とした理由〉

　民法においては、任意規定ではあるが、期間が定められた建物賃貸借
契約であっても、当事者の一方または双方がその期間内に解約すること
ができる旨を定めた場合には、解約申入れの後、借主からの申入れの場
合には3か月を経過した時点で賃貸借契約が終了する旨規定している
（民法第617条第1項第2号、第618条）。

　しかしながら、借主からの解約申入れから3か月間は契約が継続する
こととし、その間の賃料を支払うべきものとすると、借主にとって負担
が大きくなる場合が多いと考えられる（例えば、会社の社員等の転勤の
場合、内示が転勤のおおむね1週間から1か月前になされる）。一方、
解約申入れ期間中に貸主は入居者を募集することとなるが、入居者募集

---

116●第2編　逐条解説

期間は必ずしも３か月は必要ない場合も考えられる。また、実際の契約書でも、解約申入れ期間を１か月程度とする例が多い。

　したがって、標準契約書では、借主の解約申入れ（解約予告）期間は、このような実態を勘案し、かつ、第４条及び第５条の賃料及び共益費の日割計算の分母を30日としていることにあわせ、30日としたものである。

(3)　解約申入れの撤回

　借主が解約を申し入れた後にそれを撤回すると、貸主の利益を害する場合がある。

　例えば、現在の借主の退出後を始期として新たな借主と賃貸借契約を結んだ場合、解約申入れが撤回されて現在の契約が終了しないこととなったときには、新借主はそれまで居住していた住宅の賃貸借契約を解除してしまい、行き場がなくなる等の損害を被るおそれがある。その損害は、貸主と新借主との間では貸主の契約違反ということで貸主の責に帰せられてしまう。

　また、新借主が決まっていない場合でも、少なくても新借主の募集に当たっての費用が無駄になり、その分貸主に損害が生じることになる。

　したがって、借主の申入れの撤回により貸主に損害を与えた場合には、借主はそれらの損害の賠償をする必要がある。

　また、撤回が解約による契約終了予定日の直前であり、新借主がすでに入居の準備を開始しているような場合には、撤回そのものが認められないこともありうる。

(4)　申入れ期間が30日に満たない場合

　解約申入れ期間を30日以上とした関係で、それよりも短い期間で契約を終了させたい場合について規定したのが第２項である。第２項では、30日分の賃料及び賃料相当額を支払えば、随時に解約できるということを定めている。

　第１項で解約期間を最低でも30日を必要としたのは、貸主にとっては、入居者募集のための期間として30日程度は必要ということと、30日分の賃料は保証することが公平であるという考え方が、背景にある。したがって、標準契約書では、貸主にとっても、第１項とのバランスも考慮し、30日分の賃料及び賃料相当額が得られれば、解約を認めても差し支えないものとしたところである。

　また、共益費については、実費相当額との考え方に基づき、実際に入居していた期間に対応する分だけを負担すれば足り、30日分の共益費相当額の支払いまでは必要ない。

第11条　乙からの解約 ● 117

〈賃料相当額〉

標準契約書では、「賃料」は、第4条の規定のように、あくまでも借主が物件を使用することの対価の意味で使っている。契約が終了し、借主が物件を使用できなくなった後の期間に対応する金銭の支払いは、「賃料」ではない。したがって、第2項では、「賃料」と「賃料相当額」とを使い分け、契約が終了した後の金銭につき「賃料相当額」という文言を使っている（契約期間満了の場合で終期以前に明け渡すときの、明渡した日から終期までの間の問題と異なる。その間に借主から貸主に支払われる金銭は、その間は契約が終了していないのであるから、「賃料」である。）。

本条第2項は、「賃料相当額」を支払わせることに意味がある。すなわち、賃料は、物件の使用の対価であることから、実際に使用できた期間に対応して発生するのは当然であり、明渡しまでの間の賃料支払い義務は、本規定を待たなくても第4条で発生する。

それに対して、借主が明け渡した後については、賃料は使用の対価であるとの考え方によれば、借主が本物件を明け渡せば、その時点から賃料債務は存在しないことになる。しかし、貸主にとっては、本来ならばその借主から契約期間満了時までは賃料の支払いを受けることができると期待していたのであり、その期待も一定の範囲で保護する必要がある。

そこで、標準契約書では、次の賃料債務者（新たな借主）が見つかるまでの間という意味を含めて、賃料と合わせて30日分は当該借主から金銭の支払いを受けられることとしているところである。

(5)　中途解約の場合の違約金

なお、物件の状況などによっては、より長期間の貸主の期待を保護することが妥当な場合もある。契約期間の設定の際の借主側の意向の尊重、解約の必要性、物件の特性による次の入居者確保に要する期間などを総合勘案し、本条項に定める取扱いのほか、当事者の明確な合意のもと、第19条で中途解約に伴う違約金を合理的な金額（消費者契約の場合は、貸主に生ずべき「平均的な損害の額」）で特約することは可能である（裁判例でも一定期間の違約金が認められたものがある。）。

(6)　期間の定めのない契約の場合

118●第2編　逐条解説

本条の規定は、「期間の定めのない契約」においても適用される。期間の定めのない契約であれば、借主からの解約申入れについては、民法の規定により３か月前の申入れが必要となるが、これは任意規定であり、契約で別に定めればその定めは有効である。

　したがって、第２条で契約期間を定めなかった場合でも、借主は30日前の解約申入れにより契約を終了することができる。また、法定更新の場合は契約期間を除いては更新前の契約と同じ条件となるので、本条も法定更新後の契約の内容の一部をなすことになり、法定更新後も、借主は30日前の解約申入れにより契約を終了することができる。

## 第12条　一部滅失等による賃料の減額等

■条文

> （一部滅失等による賃料の減額等）
> 第12条　本物件の一部が滅失その他の事由により使用できなくなった場合において、それが乙の責めに帰することができない事由によるものであるときは、賃料は、その使用できなくなった部分の割合に応じて、減額されるものとする。この場合において、甲及び乙は、減額の程度、期間その他必要な事項について協議するものとする。
> 2　本物件の一部が滅失その他の事由により使用できなくなった場合において、残存する部分のみでは乙が賃借をした目的を達することができないときは、乙は、本契約を解除することができる。

■解説コメント

12　一部滅失等による賃料の減額等（第12条）

【第１項】本物件の一部が滅失等により使用できなくなった場合に、それが借主の帰責事由によるものでないときは、使用不可の部分の割合に応じて賃料が減額されるものとし、その内容は貸主と借主の間で協議することとしている。平成29年民法改正で、賃借物の一部が賃借人の帰責事由によらずに滅失等をした場合の賃料の減額について、従来は「請求することができる」とされていたところ、「（賃料は）減額される」と当然に減額するものとされた（民法第611条第１項）。

　　ただし、一部滅失の程度や減額割合については、判例等の蓄積による明確な基準がないことから、紛争防止の観点からも、一部滅失があった場合は、借主が貸主に通知し、賃料について協議し、適正な減額割合や減額期間、減額の方法（賃料設定は変えずに一定の期間一部免除とするのか、賃料設定そのものの変更とするのか）等を合意の上、決定することが望ましいと考えられる。

【第２項】本物件の一部が滅失等により使用できなくなった場合に、残存する部分のみでは賃借の目的が達成できないときは、借主の解除権を認めるものである。借主に帰責事由がある場合でも解除は認められる（民法第611条第２項）。

■解説
　【趣旨】

120●第２編　逐条解説

・物件の一部が滅失その他の事由により使用収益できなくなった場合の賃料に
　関し、改正民法の規定に即し減額されることを規定するとともに、一方的に
　減額の要否や程度等を主張して紛争となることを防止するための手続上の
　ルールを規定している。
・物件の一部が滅失等して残存する部分のみでは借主が賃借をした目的を達す
　ることができないときは借主が契約の解除できる旨を規定している。

## 【解説】

### (1)　物件の一部滅失等と賃料の関係

　賃貸借契約は、貸主が目的物を目的に従って使用させ、借主はその対価とし
て賃料を支払うことを基本とする契約関係である（民法第601条）。すなわち目
的物の使用等と賃料とは連動しているものであり、目的物の一部が使用収益が
できなくなれば、その割合に応じて賃料が減額されるのは、理論的には当然で
あるといえる。

　民法では従前から、この理を踏まえ、賃借物の一部が借主の過失によらない
で滅失したときは、借主は、その滅失した割合に応じて、賃料の減額を請求す
ることができる旨規定していた（民法第611条第1項）。現行民法ではこの減額
請求できる事由として「賃借物の一部が滅失」した場合のみが規定されている
が、上記趣旨に従えば、物理的滅失に限らず、物件の一部が使用収益できなく
なった場合も含めて検討されるべき問題であり、これまでも、物理的な一部滅
失に限らず、一部が使用収益できなくなった場合も本条に含まれると解釈され
ていた。また、借主から請求があり、減額が認められる場合には、裁判では一
部の滅失等があった時点に遡って賃料が減額されるものとして扱われてきたと
ころである。

### (2)　改正民法の取扱と標準契約書の規定

　改正民法では、減額が生じるケースを、「賃借物の一部の滅失」のみならず
「その他の事由により使用収益ができなくなった場合」に拡大するとともに、
その使用収益ができなくなった部分の割合に応じて、賃料が「減額される」と
規定している（改正民法第611条第1項）。

　減額が生じるケースにつき「その他の事由により使用収益ができなくなった
場合」が加わったことに関しては、上記(1)の解釈を明文化したものであって、
これまでの取扱が変更されるものではない。

　一方、「賃料の減額」につき、滅失等があれば借主からの請求を待たずにそ
のときから賃料が減額されるとの規定に関しては、減額の可否等は借主側に立
証責任があると解されており、裁判で減額が認められれば滅失時から減額され

ることは従前と同じである。しかし、賃貸借契約管理の実務上は、これまでは借主からの請求を待って賃料の減額の可否や程度、代替措置の対応などが検討されてきたところ、改正民法のもとでは、一部の滅失等が生じた段階で賃料が連動して減額されることから、一部滅失等があったにもかかわらず貸主がその事実を把握せずに（専用部分内の設備の損傷等であれば貸主が直接把握することは困難である）従前賃料を請求した場合、そのこと自体不当であるとしてトラブルとなりかねない。

そこで標準契約書（再改訂版）では、いずれか一方の当事者が一方的に減額の要否や程度等を主張してトラブルとなることを防止するため、物件の一部滅失等があったときは、貸主・借主は「減額の程度、期間その他必要な事項について協議」するといった手続き上のルールを設け、双方が納得できる解決策を講じることとしている。

### (3) 協議の際の参考資料

物件の一部滅失等があった場合の賃料の減額の程度やその期間等に関する何らかの基準があれば、上記(2)の「協議」に資する。しかし一部滅失等に伴う賃料減額に関する裁判例は少なく、また、事案ごとの特殊性があることから、これらの事案を一般化して何らかの基準を作成することは、現段階では困難である。

そこで国土交通省は、賃料の一部減額の協議の際の参考資料として、標準契約書（再改訂版）の公表とあわせ、賃料の減額に係る裁判例や、一部滅失等があった際のこれまでの実務の取扱いを整理した「賃料の一部減額参考資料」を公表しているところである（巻末資料２－Ｂ参照）。

### (4) 一部滅失等により目的が達成できないときの借主からの解除

民法では、賃借物の一部が滅失その他の事由により使用及び収益をすることができなくなった場合において、残存する部分のみでは借主が賃借をした目的を達することができないときは、借主は、契約の解除をすることができる旨規定している（改正民法第611条第２項。改正前民法第611条第２項も同趣旨の規定）。

標準契約書では、これまで物件の一部滅失等における規定を設けず、すべて民法の規定に委ねていたところであるが、今回の再改訂版で賃料の一部減額について民法の規定内容を確認的に規定するとともにその際の手続き上のルールを明文化したしたことから（第12条第１項）、解除に関してもあわせて民法の規定内容を確認的に規定したところである（第12条第２項）。規定の文言は改正民法の条文そのままであり、賃料減額の場合の手続きルールなど、民法の規

122 ● 第２編　逐条解説

定を超えた内容は定めていない。

　なおこの契約解除は、当事者の債務不履行による解除とは異なり、物件に一部滅失等があり、それによって契約目的（標準契約書においては借主の居住目的）が達せられない場合といった客観的事情に基づきなされるものであって、当事者間の信頼関係の破壊等は必要ない。

　またこの契約解除は、目的にしたがった使用が客観的に不可能であることによる解除であるから、債務者（この場合は貸主）に対し再度の履行（目的にしたがった利用を可能にするような措置～建替えや大修繕等～）を促す趣旨での催告は不要と考えられる。

　しかし、法令上の要件を満たすか否か（目的にしたがった使用が客観的に不可能といえるかどうか）は必ずしも明らかではなく、また、解除要件の充足に疑いの余地がない場合であっても当事者間で契約終了・明渡しに係る具体的な手続きなどを調整する必要があることから、借主が一方的に解除通知を出すのではなく、第1項の賃料減額の場合の協議に準じてまずは協議の機会を設けることが望ましい。

　協議の結果、第1項の賃料減額で対応することで合意に至る可能性もあるだろうし、反対に第1項の協議の結果、第2項に基づく解除に至ることもありうる。物件の一部滅失等にはさまざまなケースが想定されることから、協議の中で柔軟に対応し双方納得できる解決策を見いだすことが期待される。

# 第13条　契約の終了

## ■条文

（契約の終了）
第13条　本契約は、本物件の全部が滅失その他の事由により使用できなくなった場合には、これによって終了する。

## ■解説コメント
### 13　契約の終了（第13条）

　本物件の全部が滅失等により使用できなくなった場合に契約が終了することとしている。平成29年民法改正で、賃借物の全部が滅失その他の事由により使用及び収益をすることができなくなった場合には、賃貸借が終了することが規定された（民法第616条の2）。

## ■解説
### 【趣旨】

　本物件の全部が滅失その他の事由によりにより使用できなくなった場合には、契約の対象となる目的物がなくなることから契約は当然に終了することを、改正民法の規定に即し確認的に規定している。

### 【解説】
#### (1)　本条項の経緯

　本条項は、平成24年改訂の際に追加された条文である。

　自然災害、公用収用等により賃貸借の目的物たる物件が消滅した場合は、契約の成立要件である客体がなくなることから、賃貸借契約は当然に終了する。標準契約書では、従前は、そのことを確認的に記載する場合には特約条項で対応することとしていた。

　しかし、近年、大規模な自然災害等によって物件が滅失、毀損した場合の契約関係の取扱いがより注目されるようになったことから、標準契約書においてもその場合の基本的な考え方を条文中に示す必要があるとの認識に至り、平成24年改訂版で対応がなされたところである。

#### (2)　再改訂版での改正

　改正民法では、賃借物が全部滅失等した場合には、賃貸借はこれによって終了する旨の規定が設けられた（改正民法第616条の2）。

124●第2編　逐条解説

しかし標準契約書は、上記のとおり、平成24年改訂時にすでに天災等により物件が滅失した場合には契約が終了する旨の規定設けていたことから、再改訂版では改正民法の条文の文言にあわせ、「天災、地変、火災その他当事者双方の責めに帰することができない事由」という文言を削除するなどの形式的な改正をしたところであるが、内容的な変更はない。

## (3) 内容

　事由の如何にかかわらず本物件の全部が滅失その他の事由により使用できなくなった場合は、契約の対象となる目的物がなくなることから契約は当然に終了する。第12条では、この当然の法理を確認的に規定している。

　なお、「滅失」とは、物件が住宅としての機能を失った状態をいうとされ、全壊、全焼、流出のみならず、全壊には至らなくても通常の修繕や補修では、住宅としての機能を回復することができない程度の損壊も含まれる。一方、住宅としての機能が回復できる場合には、本条により契約は消滅せず、第10条の修繕及び第12条の賃料減額の問題となる。

---

　（参考）一部滅失の場合の諸問題

　　自然災害により物件が一部滅失した場合の契約条件や賃料等の取扱にはさまざまな問題が生じうる。

　　この点については、拙著「自然災害発生！　建物賃貸管理・マンション管理　緊急時の対応　QA」（大成出版社）で検討しているので、興味がある方はそちらを参照されたい。

---

## 第14条　明渡し

### ■条文

> （明渡し）
> 第14条　乙は、本契約が終了する日までに（第10条の規定に基づき本契約が解除された場合にあっては、直ちに）、本物件を明け渡さなければならない。
> 2　乙は、前項の明渡しをするときには、明渡し日を事前に甲に通知しなければならない。

### ■解説コメント

14　明渡し（第14条）

【第１項】期間満了及び借主からの解約（第11条）のときは契約終了日までに、本物件を明け渡さなければならないこととしている。

　　　　契約の解除（第10条）のときは直ちに、本物件を明け渡さなければならないこととしている。

【第２項】本物件の明渡しを行うにあたり、当事者の便宜の観点から、借主はあらかじめ明渡し日を貸主に通知することとしている。

### ■解説

【趣旨】

契約が終了する場合、

①　期間満了及び借主からの解約のときは、あらかじめ定められた契約終了日までに、

②　契約の解除のときは、直ちに、

明渡し日を通知の上（第２項）、物件を明け渡さなければならないこととしている（第１項前段）。

【解説】

(1)　明渡し

賃貸借契約が終了すれば、借主は物件を明け渡さなければならない。

期間満了による契約終了及び借主からの解約による契約終了の場合は、契約終了日があらかじめ分かっているので、借主はその日までに明け渡せばよいし、その日までは通常の賃料支払い義務を負っているが（解約の場合で明渡し日が申入れの日から30日内のときは、明渡し日から解約申入れ後30日経過日までの賃料及び賃料相当額を支払う必要がある。第10条解説(4)参照）退去時確認

126●第2編　逐条解説

や原状回復の協議、貸主の次の入居者募集といった当事者の便宜等の観点から、あらかじめ明渡し日を通知することとしている。

一方、契約の解除の場合は、解除がなされると、理論的には、解除の効果が発生するときに将来に向かって契約関係は終了し、その後の借主の居住は権限なき物件の利用ということになる。ただし実際は、貸主も一定期間は立ち退きを猶予し、その間は賃料等を徴収するという方法をとることが一般的である。したがって、借主は、あらかじめ貸主から猶予期間を付与された場合はその期間内のいずれかの日を、あらかじめ期間を定められていない場合はできるだけ最短で明渡しが可能となる日を、明渡し日として通知することが望まれる。

〈契約の終了と賃料債務等〉

契約が終了する場合には、①期間満了（契約の更新をしない場合）、②第11条の規定に基づく借主からの解約申入れ、③第10条の規定に基づく契約の解除の３つの場合がある。

① 期間満了の場合、期間満了前に借主が物件を明け渡す場合もあるが、借主は期間満了日までは物件を使用できるという期限の利益を有しており、それ以前の明渡しは、借主の期限の利益の放棄と考えられる。期限の利益の放棄は、他方当事者の利益を害してはならないため（民法第136条第２項）、借主は期間満了まで賃料支払い義務を負うこととなる。

そして、明渡し予定日は、あくまでも当事者間の便宜を図るために設定されるものであり、実際の明渡しが予定日を過ぎた場合でも、期間満了日までは、借主は当初から負っている賃料支払義務のみ負担すれば足りる。

期間満了日を過ぎてからは、借主は物件を使用する権原を失うことから、借主の物件の使用は不法占拠ということになり、義務の履行という観点からは、借主の明渡し義務の履行遅滞に陥っていると評価される。

〔標準契約書の立場〕
☆期間満了の場合……(a)

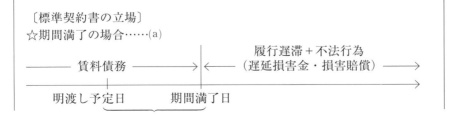

> この間に明渡しがあった場合でも、借主は賃料債務のみを負い、遅延損害金等を支払う必要はない。

② 第11条による借主からの契約の解約の場合は、当事者は解約日として、
　　a）単に、法的に契約が終了するのはいつかのみを定める場合、
　　b）実際に明渡す日という意味も含めて定める場合、
の２つの場合があると考えられる。
　　a）の場合は解約日を①の期間満了日と同じに考えてよい。
　一方 b）の場合は、解約日＝明渡し予定日ということになり、その日が過ぎれば即遅延損害金等が発生することになる。……(b)
　また、明渡し予定日が解約申入れの日から30日内のときは、明渡し予定日から解約申入れ後30日経過日までの賃料及び賃料相当額を支払うことになる。……(c)

〔標準契約書の立場〕
☆明渡しが解約申入れ日から30日以上経過した日の場合……(b)

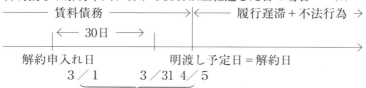

> この間に明渡しがあった場合でも、借主は賃料債務のみを負い、遅延損害金等を支払う必要はない。

☆明渡し日が解約申入れ日から30日以内の場合……(c)

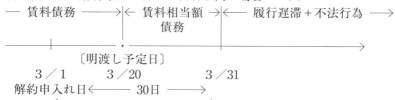

> この間に明渡しがあった場合でも、借主は賃料及び賃料相当額の支払のみを負い遅延損害金等を支払う必要はない。

③ 　第10条による契約の解除の場合は、解除権の効果が発生したときから契約関係は終了し、それ以降の借主の居住は明渡しの遅延と評価され、借主は契約終了後明渡しまでの間は賃料及び遅延損害金を負担することになると考えられる。さらに、実際の明渡しが、貸主から猶予期間が与えられたときは猶予期間満了後、それ以外のときは明渡し予定日を過ぎた後は、借主が当該物件に居住する権限が消失しているので、不法行為による損害賠償の問題も生じてくると考えられる。

(2) **有益費・造作の取扱い**

　明渡し時の借主の原状回復義務に関連する事項として、「有益費の償還請求権」と「造作買取請求権」とがある。借主がこれらの請求権を行使することができる場合には、その対象となる造作等に係る収去等は不要である。

〈有益費償還請求権及び造作買取請求権〉

　「有益費の償還請求権」とは、借主が物件の改良のために支出した費用等の有益費について、契約終了時に物件の価格の増加が現存する場合には、支出した費用又は増加額の償還を借主が貸主に請求する権利である（民法第196条第2項・第608条第2項）。ただし、借主が物件の改良を行う場合は、第8条第4項に基づき、あらかじめ当該改良の承諾を得ることが必要である。

　「造作買取請求権」とは、借主が貸主の同意を得て物件に附加した造作（建物に附加された物で、借主の所有に属し、かつ、建物の使用に客観的便益を与えるもの）がある場合に、契約終了時に、借主が貸主に対し、その造作を時価で買い取ることを請求する権利である（借地借家法第33条）。

　有益費償還請求の対象となるものと造作買取請求の対象となるものとの区別は、建物の構成部分となったか否かによる。すなわち、附加された物を分離するとき、建物を壊さなければできないもの、過分の費用を要するもの等は前者に、そうではないものは後者に該当すると考えることができる。裁判例上認められたものには、次のものがある。

〔有益費償還請求の対象となるものの例〕
・トイレの水洗化
・物件の前の道路のコンクリート工事及び花電燈の設備
〔造作買取請求の対象となるものの例〕
・空調設備
・給湯設備

　明渡しとの関係については、有益費償還請求の場合は、請求権に基づき留置権又は同時履行の抗弁権を行使できる（費用の支払いがあるまでは明け渡しを拒否することができる）。ただし、裁判所により、貸主に対して費用の支払いについて期限を猶予された場合にはこの限りではない。一方、造作買取請求権の場合は、請求権は造作について生じたものであり、建物から生じるものではないことから、留置権及び同時履行の抗弁権を認めない（貸主が買い取らなくても明け渡さなければならない。）とするのが判例である。
　なお、特約により、いずれの請求権も行使しない旨定めることが可能である。この場合、当事者間で明確に合意の上、第19条の特約欄に記載することになる。

## (3) 残置物の処分

　明渡しに当たって借主が物件内に自らの所有物を放置するケースがある（以下、明渡し後、物件内に残された借主の所有物を「残置物」という）。この残置物を貸主が勝手に処分することは、借主の所有権侵害となる可能性がある。したがって、借主の所在が明らかであればその処理につき協議をし、賃貸借契約に基づく収去請求権や所有権に基づく妨害排除請求権を行使し、借主に収去を求めることができるが、借主の所在が不明な場合においては解決は困難なものとなる。
　賃料不払いの事実があれば、その賃料債権をもとに取得する不動産先取特権（民法第312条）を行使するか、滞納賃料支払いの債務名義を取得し、それに基づき強制執行をかけることにより、処分をすることも可能であろう。また、時効取得（民法第162条）が関係してくる場合もあると考えられる。
　現実的な対応としては、緊急時の連絡先としてあらかじめ記載されている者などに連絡するなどして借主の所在を確認したり、借主との連絡を取り次いでもらって、借主との間で処分等の対応を取り決めることが考えられる。標準契約書では、「作成に当たっての注意点」の中で、緊急時の連絡先に関し、「借主

に連絡を取ることのほか、借主の急病・急変、安否確認や漏水等への対応を依頼することも想定される」とし、「あらかじめ緊急時の連絡先として記載されている者にその旨を連絡先に対しその旨伝えておくことが望ましい」と記載している。

　また、当事者間で明確に合意の上、第19条の特約として明渡し方法を取り決め、その中に借主が明渡しを完了した後の残置物の所有権の帰属やその処理についてあらかじめ定め、貸主において処分できるようにしておくことも考えられるが、この場合でも、実際の取扱いにおいては、残置物について、写真や書面により記録した上で、相当と考えられる一定期間保管し、その間に借主との連絡がとれない場合に処分する等、事後にトラブルが生じないよう細心の注意が払われる必要がある。

　さらに、あらかじめ第三者を残置物引取人と定め、借主からその者に残置物の引き取り権限を授権してもらうことなども提言されているが、どのような要件や手続きを満たせば法令上もまったく問題ない取扱いとなるかに関しては、さらなる検討が必要であろう。

## ⑷　終了に至るまでの手続き

　契約の終了に至るまでの手続き、原状回復、明渡し及び敷金返還の関係については以下のようになる。

---

①　明渡し予定日の通知
　　↓
②　原状回復の内容、方法等の協議
　　↓
③　原状回復費用の確定
　　↓
④　明渡し（実際の退去）
　　（契約終了は、実際の明渡しにかかわりなく、契約で定められた時期、解除の場合は解除の時）
　　↓
⑤　敷金の精算（返還）（明渡し後「遅滞なく」（第6条第3項））

　※②③と④は逆になることもある。
　※②③の部分は、第15条解説を参照されたい。

---

第14条　明渡し●131

## 第15条　明渡し時の原状回復

### ■条文

（明渡し時の原状回復）

第15条　乙は、通常の使用に伴い生じた本物件の損耗及び本物件の経年変化を除き、本物件を原状回復しなければならない。ただし、乙の責めに帰することができない事由により生じたものについては、原状回復を要しない。

2　甲及び乙は、本物件の明渡し時において、契約時に特約を定めた場合は当該特約を含め、別表第5の規定に基づき乙が行う原状回復の内容及び方法について協議するものとする。

### 別表第5 （第15条関係）

【原状回復の条件について】

　本物件の原状回復条件は、下記Ⅱの「例外としての特約」による以外は、賃貸住宅の原状回復に関する費用負担の一般原則の考え方によります。すなわち、

・借主の故意・過失、善管注意義務違反、その他通常の使用方法を超えるような使用による損耗等については、借主が負担すべき費用となる。なお、震災等の不可抗力による損耗、上階の居住者など借主と無関係な第三者がもたらした損耗等については、借主が負担すべきものではない。

・建物・設備等の自然的な劣化・損耗等（経年変化）及び借主の通常の使用により生ずる損耗等（通常損耗）については、貸主が負担すべき費用となるものとします。

　その具体的内容は、国土交通省の「原状回復をめぐるトラブルとガイドライン（再改訂版）」において定められた別表1及び別表2のとおりですが、その概要は、下記Ⅰのとおりです。

### Ⅰ　本物件の原状回復条件

（ただし、民法第90条並びに消費者契約法第8条、第8条の2、第9条及び第10条に反しない内容に関して、下記Ⅱの「例外としての特約」の合意がある場合は、その内容によります。）

1 貸主・借主の修繕分担表

| 貸主の負担となるもの | 借主の負担となるもの |
|---|---|
| 【床（畳・フローリング・カーペットなど）】 | |
| 1．畳の裏返し、表替え（特に破損してないが、次の入居者確保のために行うもの）<br>2．フローリングのワックスがけ<br>3．家具の設置による床、カーペットのへこみ、設置跡<br>4．畳の変色、フローリングの色落ち（日照、建物構造欠陥による雨漏りなどで発生したもの） | 1．カーペットに飲み物等をこぼしたことによるシミ、カビ（こぼした後の手入れ不足等の場合）<br>2．冷蔵庫下のサビ跡（サビを放置し、床に汚損等の損害を与えた場合）<br>3．引越作業等で生じた引っかきキズ<br>4．フローリングの色落ち（借主の不注意で雨が吹き込んだことなどによるもの） |
| 【壁、天井（クロスなど）】 | |
| 1．テレビ、冷蔵庫等の後部壁面の黒ずみ（いわゆる電気ヤケ）<br>2．壁に貼ったポスターや絵画の跡<br>3．壁等の画鋲、ピン等の穴（下地ボードの張替えは不要な程度のもの）<br>4．エアコン（借主所有）設置による壁のビス穴、跡<br>5．クロスの変色（日照などの自然現象によるもの） | 1．借主が日常の清掃を怠ったための台所の油汚れ（使用後の手入れが悪く、ススや油が付着している場合）<br>2．借主が結露を放置したことで拡大したカビ、シミ（貸主に通知もせず、かつ、拭き取るなどの手入れを怠り、壁等を腐食させた場合）<br>3．クーラーから水漏れし、借主が放置したため壁が腐食<br>4．タバコ等のヤニ、臭い（喫煙等によりクロス等が変色したり、臭いが付着している場合）<br>5．壁等のくぎ穴、ネジ穴（重量物をかけるためにあけたもので、下地ボードの張替えが必要な程度のもの）<br>6．借主が天井に直接つけた照明器具の跡<br>7．落書き等の故意による毀損 |
| 【建具等、襖、柱等】 | |
| 1．網戸の張替え（特に破損はしてないが、次の入居者確保のために行うもの） | 1．飼育ペットによる柱等のキズ、臭い（ペットによる柱、クロス等にキズが付いたり、臭いが付着している場合） |

| | |
|---|---|
| 2．地震で破損したガラス<br>3．網入りガラスの亀裂（構造により自然に発生したもの） | 2．落書き等の故意による毀損 |

| 【設備、その他】 | |
|---|---|
| 1．専門業者による全体のハウスクリーニング（借主が通常の清掃を実施している場合）<br>2．エアコンの内部洗浄（喫煙等の臭いなどが付着していない場合）<br>3．消毒（台所・トイレ）<br>4．浴槽、風呂釜等の取替え（破損等はしていないが、次の入居者確保のために行うもの）<br>5．鍵の取替え（破損、鍵紛失のない場合）<br>6．設備機器の故障、使用不能（機器の寿命によるもの） | 1．ガスコンロ置き場、換気扇等の油汚れ、すす（借主が清掃・手入れを怠った結果汚損が生じた場合）<br>2．風呂、トイレ、洗面台の水垢、カビ等（借主が清掃・手入れを怠った結果汚損が生じた場合）<br>3．日常の不適切な手入れ又は用法違反による設備の毀損<br>4．鍵の紛失又は破損による取替え<br>5．戸建賃貸住宅の庭に生い茂った雑草 |

## 2　借主の負担単位

| 負担内容 | | | 借主の負担単位 | 経過年数等の考慮 |
|---|---|---|---|---|
| 床 | 毀損部分の補修 | 畳 | 原則一枚単位<br>毀損部分が複数枚の場合はその枚数分（裏返しか表替えかは、毀損の程度による） | （畳表）<br>経過年数は考慮しない。 |
| | | カーペットクッションフロア | 毀損等が複数箇所の場合は、居室全体 | （畳床・カーペット・クッションフロア）<br>6　年で残存価値1円となるような負担割合を算定する。 |
| | | フローリング | 原則㎡単位<br>毀損等が複数箇所の場合は、居室全体 | （フローリング）<br>補修は経過年数を考慮しない。<br>（フローリング全体にわたる毀損等があり、張り |

134●第2編　逐条解説

| | | | | 替える場合は、当該建物の耐用年数で残存価値1円となるような負担割合を算定する。) |
|---|---|---|---|---|
| 壁・天井（クロス） | 毀損部分の補修 | 壁（クロス） | ㎡単位が望ましいが、借主が毀損した箇所を含む一面分までは張替え費用を借主負担としてもやむをえないとする。 | （壁〔クロス〕）6年で残存価値1円となるような負担割合を算定する。 |
| | | タバコ等のヤニ、臭い | 喫煙等により当該居室全体においてクロス等がヤニで変色したり臭いが付着した場合のみ、居室全体のクリーニング又は張替え費用を借主負担とすることが妥当と考えられる。 | |
| 建具・柱 | 毀損部分の補修 | 襖 | 1枚単位 | （襖紙、障子紙）経過年数は考慮しない。 |
| | | 柱 | 1本単位 | （襖、障子等の建具部分、柱）経過年数は考慮しない。 |
| 設備・その他 | 設備の補修 | 設備機器 | 補修部分、交換相当費用 | （設備機器）耐用年数経過時点で残存価値1円となるような直線（又は曲線）を想定し、負担割合を算定する。 |
| | 鍵の返却 | 鍵 | 補修部分 紛失の場合は、シリンダーの交換も含む。 | 鍵の紛失の場合は、経過年数は考慮しない。交換費用相当分を借主負担とする。 |
| | 通常の | クリーニング ※通常の清掃や退去時の清掃を | 部位ごと、又は住戸全体 | 経過年数は考慮しない。借主負担となるのは、通常の清掃を実施していな |

| | | | |
|---|---|---|---|
| 清掃※ | 怠った場合のみ | | い場合で、部位又は住戸全体の清掃費用相当分を借主負担とする。 |

設備等の経過年数と借主負担割合（耐用年数６年及び８年、定額法の場合）
　　借主負担割合（原状回復義務がある場合）

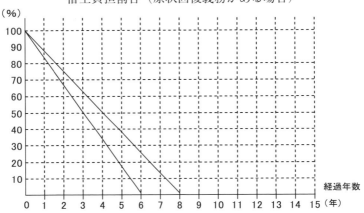

3　原状回復工事施工目安単価

　（物件に応じて、空欄に「対象箇所」、「単位」、「単価（円）」を記入して使用してください。）

| 対象箇所 | | | 単位 | 単価（円） |
|---|---|---|---|---|
| 床 | | | | |
| 天井・壁 | | | | |
| 建具・柱 | | | | |
| 設備・その他 | 共通 | | | |
| | 玄関・廊下 | | | |
| | 台所・キッチン | | | |
| | 浴室・洗面所・トイレ | | | |
| | その他 | | | |

※この単価は、あくまでも目安であり、入居時における借主・貸主双方で負担の概算額を認識するためのものです。

※従って、退去時においては、資材の価格や在庫状況の変動、毀損の程度や原状回復施工方法等を考慮して、借主・貸主双方で協議した施工単価で原状回復工事を実施することとなります。

## Ⅱ　例外としての特約

原状回復に関する費用の一般原則は上記のとおりですが、借主は、例外として、下記の費用については、借主の負担とすることに合意します（ただし、民法第90条並びに消費者契約法第8条、第8条の2、第9条及び第10条に反しない内容に限ります）。

（括弧内は、本来は貸主が負担すべきものである費用を、特別に借主が負担することとする理由。）

```
・

             甲：                      印
             乙：                      印
```

## ■契約書作成にあたっての注意点
### 【第15条（明渡し時の原状回復）関係】

別表第5「Ⅰ－3　原状回復工事施工目安単価」は、賃貸借の目的物に応じて、適宜、記入してください。

貸主と借主は、原状回復をめぐるトラブルを未然に防止するため、あくまでも目安として、把握可能な「原状回復工事施工目安単価」について、可能な限り記述することが望ましいと考えられます。

対象箇所には、修繕が発生すると思われる箇所、あるいは、あらかじめ単価を示しておきたい、知っておきたい箇所について、「原状回復工事施工目安単価」に記入してください。

具体的な対象箇所については、次に示す「原状回復をめぐるトラブルとガイドライン（再改訂版）」別表3「契約書に添付する原状回復の条件に関する様式」のⅠ－3「原状回復工事施工目安単価」を参照してください。

なお、下記で例示している以外の箇所を記載することも可能です。

対象箇所を記入した場合は、その単位と単価を記入してください。

原状回復の特約として定める事項がある場合には、別表第5「Ⅱ　例外としての特約」欄に記入し、項目ごとに、記載事項の上に貸主と借主が押印し、最後に確認的に貸主と借主が記名押印することが望ましいと考えられます。

特約項目の例として、次の事項を挙げることができます。

第15条　明渡し時の原状回復 ● 137

・居室内でのペット飼育を認める代わりに、壁クロスの張替費用全額を借主の負担とする場合


（参考）「原状回復をめぐるトラブルとガイドライン（再改訂版）」
別表３「契約書に添付する原状回復の条件に関する様式」
Ⅰ－３「原状回復工事施工目安単価」

| 対象箇所 | | 単位 | 単価(円) | 対象箇所 | | 単位 | 単価(円) |
|---|---|---|---|---|---|---|---|
| 室内クリーニング | | 一式 | | 玄関ドア | | 箇所 | |
| | | | | | | | |
| 床 | クッションフロア | ㎡ | | | | | |
| | フローリング | ㎡ | | 共通 | 照明器具 | 個 | |
| | 畳 | 枚 | | | 電球・電灯類 | 個 | |
| | カーペット類 | ㎡ | | | スイッチ | 個 | |
| | | | | | コンセント | 個 | |
| | | | | | エアコン | 台 | |
| 天井・壁 | 壁（クロス） | ㎡ | | | テレビ用端子 | 個 | |
| | 天井（クロス） | ㎡ | | | 換気扇 | 個 | |
| | 押入れ・天袋 | 箇所 | | | バルコニー | 個 | |
| | | | | | 物干し金具 | 個 | |
| | | | | | | | |
| 建具 | 窓（ガラス・枠） | 枚 | | 玄関・廊下 | チャイム・インターホン | 台 | |
| | 網戸（網・枠） | 枚 | | | 玄関ドアの鍵 | 個 | |
| | 襖 | 枚 | | | 下駄箱 | 箇所 | |
| | 障子 | 枚 | | | 郵便受け | 個 | |
| | 室内ドア・扉 | 枚 | | | | | |
| | カーテンレール | 箇所 | | | | | |
| | シャッター（雨戸） | 箇所 | | | | | |
| | 柱 | 箇所 | | | | | |
| | 間仕切り | 箇所 | | 電気・ガスコンロ | | 一式 | |

（※「設備・その他」は「共通」と「玄関・廊下」を含む縦書きの見出し）

| 対象箇所 | | 単位 | 単価(円) | 対象箇所 | | 単位 | 単価(円) |
|---|---|---|---|---|---|---|---|
| 設備・その他 | 台所・キッチン | | | 浴室・洗面所・トイレ | 風呂釜 | 一式 | |
| | | 給湯器類 | 一式 | | 給湯器類 | 一式 | |
| | | 戸棚類 | 箇所 | | 浴槽 | 一式 | |
| | | 流し台 | 一式 | | 蓋及び備品類 | 一式 | |
| | | 給排水設備 | 一式 | | 便器 | 一式 | |
| | | | | | 給排水設備 | 一式 | |
| | | | | | 洗濯機用防水パン | 一式 | |
| | | | | | タオル掛け | 個 | |
| | | | | | ペーパーホルダー | 個 | |
| | | 鏡 | 台 | | | | |
| | | シャワー | 一式 | | | | |
| | | 洗面台 | 一式 | | | | |
| | | クサリ及びゴム栓 | 個 | | | | |

※この単価は、あくまでも目安であり、入居時における賃借人・賃貸人双方で
負担の概算額を認識するためのものです。従って、退去時において、資材の
価格や在庫状況の変動、毀損の程度や原状回復施工方法等を考慮して変更と
なる場合があります。

## ■解説コメント

### 15　明渡し時の原状回復（第15条）

【第1項】借主は、通常の使用に伴い生じた損耗及び経年変化を除き、原則と
して原状回復を行わなければならないこととするが、借主の帰責事
由によらない損耗については、原状回復は不要としている。平成29
年民法改正において、賃借人の原状回復義務が規定された（民法第
621条）が判例法理を明文化したものであり、実質的な変更はない。
　なお、借主の故意・過失、善管注意義務違反等により生じた損耗
については、借主に原状回復義務が発生することとなるが、その際
の借主が負担すべき費用については、修繕等の費用の全額を借主が
当然に負担することにはならず、経年変化・通常損耗が必ず前提と
なっていることから、建物や設備等の経過年数を考慮し、年数が多
いほど負担割合を減少させることとするのが適当と考えられる

（「原状回復をめぐるトラブルとガイドライン（再改訂版）」（平成23年8月）12ページ参照）。

【第2項】退去時の原状回復費用に関するトラブルを未然に防止するため、本物件を明け渡す時には、別表第5に基づき、契約時に例外としての特約を定めた場合はその特約を含めて、借主が実施する原状回復の内容及び方法について当事者間で協議することとしている。

なお、契約時の特約についても「協議に含める」としているのは、特約には様々な内容や種類が考えられ、特約に該当する部分の特定、物件の損耗等が通常損耗か否かの判断等についての「原状回復をめぐるトラブルとガイドライン（再改訂版）」等における考え方への当てはめにおいて、たとえ、特約があったとしても協議が必要なものであると考えられるためである。

また、明渡し時においては改めて原状回復工事を実施する際の評価や経過年数を考慮し、負担割合を明記した精算明細書（「原状回復をめぐるトラブルとガイドライン（再改訂版）」（平成23年8月）別表4（28ページ参照））を作成し、双方合意することが望ましい。
→《作成にあたっての注意点》条文関係【第15条（明渡し時の原状回復）関係】参照
→「原状回復をめぐるトラブルとガイドライン（再改訂版）」別表3「契約書に添付する原状回復の条件に関する様式」Ⅰ-3「原状回復工事施工目安単価」参照

---

□原状回復にかかるトラブルを未然に防止するためには、契約時に貸主と借主の双方が原状回復に関する条件について合意することが重要であるため、原状回復の条件を別表第5として掲げている。

□別表第5「Ⅰ-3原状回復工事施工目安単価」への記載については、例えば、「入居者の過失等による修繕が発生することが多い箇所」について、貸主及び借主の両者が、退去時の原状回復費用に関するトラブルを未然に防止するため、目安単価を確認するということが想定される。

□別表第5「Ⅰ-3原状回復工事施工目安単価」は、あくまでも目安として、把握可能な「原状回復工事施工目安単価」について、可能な限り記述することが望まれる。

□例外的に借主の負担とする特約を定めるためには、以下の3つが要件となる。

・特約の必要性があり、かつ、暴利的でないなどの客観的、合理的理由が存在すること

---

140●第2編　逐条解説

・借主が特約によって通常の原状回復義務を超えた修繕等の義務を負う
ことについて認識していること
・借主が特約による義務負担の意思表示をしていること
（「原状回復をめぐるトラブルとガイドライン（再改訂版）」（平成23年
8月）7ページを参照されたい。）
□原状回復に関する特約事項が有効と判断されるためには、「賃借人に通
常損耗についての原状回復義務を負わせるのは、賃借人に予期しない特
別の負担を課すことになるから、賃借人に同義務が認められるために
は、少なくとも、賃借人が補修費用を負担することになる通常損耗の範
囲が賃貸借契約書の条項自体に具体的に明記されているか、仮に賃貸借
契約書では明らかでない場合には、賃貸人が口頭により説明し、賃借人
がその旨を明確に認識し、それを合意の内容としたものと認められるな
ど、その旨の特約（通常損耗補修特約）が明確に合意されていることが
必要である」という考え方が最高裁判所によって示されている（最判平
成17年12月16日集民第218号1239頁）。
□参照条文
民法（明治29年4月27日法律第89号）
※平成29年法律第44号による改正後の条文（施行は平成32年（2020年）
4月1日）
　（公序良俗）
　第九十条　公の秩序又は善良の風俗に反する法律行為は、無効とす
　る。


消費者契約法（平成12年5月12日法律第61号）
※平成29年法律第45号による改正後の条文（施行は平成32年（2020年）
4月1日）
　（事業者の損害賠償の責任を免除する条項の無効）
　第八条　次に掲げる消費者契約の条項は、無効とする。
　　一　事業者の債務不履行により消費者に生じた損害を賠償する責任
　　の全部を免除する条項
　　二　事業者の債務不履行（当該事業者、その代表者又はその使用す
　　る者の故意又は重大な過失によるものに限る。）により消費者に
　　生じた損害を賠償する責任の一部を免除する条項
　　三　消費者契約における事業者の債務の履行に際してされた当該事
　　業者の不法行為により消費者に生じた損害を賠償する責任の全部
　　を免除する条項

四　消費者契約における事業者の債務の履行に際してされた当該事業者の不法行為（当該事業者、その代表者又はその使用する者の故意又は重大な過失によるものに限る。）により消費者に生じた損害を賠償する責任の一部を免除する条項

2　前項第一号又は第二号に掲げる条項のうち、消費者契約が有償契約である場合において、引き渡された目的物が種類又は品質に関して契約の内容に適合しないとき（当該消費者契約が請負契約である場合には、請負人が種類又は品質に関して契約の内容に適合しない仕事の目的物を注文者に引き渡したとき（その引渡しを要しない場合には、仕事が終了した時に仕事の目的物が種類又は品質に関して契約の内容に適合しないとき。）。以下この項において同じ。）に、これにより消費者に生じた損害を賠償する事業者の責任を免除するものについては、次に掲げる場合に該当するときは、同項の規定は、適用しない。

　一　当該消費者契約において、引き渡された目的物が種類又は品質に関して契約の内容に適合しないときに、当該事業者が履行の追完をする責任又は不適合の程度に応じた代金若しくは報酬の減額をする責任を負うこととされている場合

　二　当該消費者と当該事業者の委託を受けた他の事業者との間の契約又は当該事業者と他の事業者との間の当該消費者のためにする契約で、当該消費者契約の締結に先立って又はこれと同時に締結されたものにおいて、引き渡された目的物が種類又は品質に関して契約の内容に適合しないときに、当該他の事業者が、その目的物が種類又は品質に関して契約の内容に適合しないことにより当該消費者に生じた損害を賠償する責任の全部若しくは一部を負い、又は履行の追完をする責任を負うこととされている場合


（消費者の解除権を放棄させる条項の無効）

第八条の二　事業者の債務不履行により生じた消費者の解除権を放棄させる消費者契約の条項は、無効とする。


（消費者が支払う損害賠償の額を予定する条項等の無効）

第九条　次の各号に掲げる消費者契約の条項は、当該各号に定める部分について、無効とする。

　一　当該消費者契約の解除に伴う損害賠償の額を予定し、又は違約金を定める条項であって、これらを合算した額が、当該条項にお

いて設定された解除の事由、時期等の区分に応じ、当該消費者契約と同種の消費者契約の解除に伴い当該事業者に生ずべき平均的な損害の額を超えるもの　当該超える部分
二　当該消費者契約に基づき支払うべき金銭の全部又は一部を消費者が支払期日（支払回数が二以上である場合には、それぞれの支払期日。以下この号において同じ。）までに支払わない場合における損害賠償の額を予定し、又は違約金を定める条項であって、これらを合算した額が、支払期日の翌日からその支払をする日までの期間について、その日数に応じ、当該支払期日に支払うべき額から当該支払期日に支払うべき額のうち既に支払われた額を控除した額に年十四・六パーセントの割合を乗じて計算した額を超えるもの　当該超える部分

（消費者の利益を一方的に害する条項の無効）
第十条　消費者の不作為をもって当該消費者が新たな消費者契約の申込み又はその承諾の意思表示をしたものとみなす条項その他の法令中の公の秩序に関しない規定の適用による場合に比して消費者の権利を制限し又は消費者の義務を加重する消費者契約の条項であって、民法第一条第二項に規定する基本原則に反して消費者の利益を一方的に害するものは、無効とする。

■解説
【趣旨】
　物件を明け渡す場合は、借主は、物件の通常の使用に伴い生じた損耗等を除き、物件を原状に復する義務を負うという原状回復に係る原則的な取扱を確認し（第1項）、特約がある場合には一定の要件のもとで特約をし、その特約も含め当該契約関係における原状回復の取扱につき契約時に認識し（別表第5）、明渡時には原状回復の内容及び方法について当事者間の協議により決定すること（第2項）を定めた規定である。

【解説】
(1)　原状回復義務
　改正民法は、借主には、物件の引渡を受けて以降に生じた損傷につき、賃貸借契約が終了したときに原状回復の義務があるとし、また、判例も、借主が負うべき基本的義務として、原状回復義務があるとしている（最高裁平成17年12

月16日判決）。ただしその原状回復の対象からは、通常の使用及び収益によって生じた賃借物の損耗及び毀損並びに賃借物の経年劣化、借主の責めに帰することができない事由（自然災害や、別な住居からの漏水等は想定される）による損傷は除かれる（改正民法第621条）。

## ⑵　原状回復ガイドライン再改訂と標準契約書への反映

　原状回復をめぐっては、「原状」とは何を指すかなどにつき当事者間に争いがあることから、国土交通省は、トラブルが急増し、大きな問題となっていた賃貸住宅の退去時における原状回復について、原状回復にかかる契約関係、費用負担等のルールのあり方を明確にして、住宅賃貸借契約の適正化を図ることを目的に「原状回復をめぐるトラブルとガイドライン」（以下「ガイドライン」という）を平成10年に作成した。

　原状回復をめぐるトラブルがなお多発している状況にある中で、原状回復をめぐるトラブルの未然防止と円滑な解決のために、契約や退去の際に貸主・借主双方があらかじめ理解しておくべき一般的なルール等を示したこのガイドラインが多くの方々に利用されるようになっているところである。

　しかし、その後も、敷金・保証金等の返還、原状回復をめぐっては多様な問題が存在しており、社会資本整備審議会住宅宅地分科会民間賃貸住宅部会の「最終とりまとめ」（平成22年1月）においても、ガイドラインを中心としたルールの見直し等が必要との意見があった中で、平成23年8月に、記載内容の補足やQ＆Aの見直し、新しい裁判例の追加などを行ったガイドライン再改訂版が公表された。

　そして、このガイドライン再改訂版では、標準契約書にもその内容を取り込むべきことが提言されていたことから、標準契約書も平成24年改訂の際に、その内容を踏まえた大幅な改正がなされたところである。

　上記⑴のとおり、改正民法では原状回復の基本的な取扱に関する規定が新たに設けられたが、これらの内容は、判例等で示されてきた考え方に即したものであり、ガイドラインが示している内容と同じである。

　したがって標準契約書（再改訂版）では、経年変化による損傷と、自然災害等の借主の責めに帰することのできない事由により生じた損傷が原状回復の対象から除かれることについて、改正民法の条文に即して第1項に確認的に追加した以外は、平成24年改訂版のままとなっている。

## ⑶　ガイドラインの概要
### ①　ガイドラインの性質
　　　ガイドラインは、あくまでも「指針」であって、当事者に対し何ら法的

拘束力を及ぼすものではない。しかし、このガイドラインは、裁判例等を踏まえて作成されているものであることから、実際にトラブルが生じて裁判等になった場合には、このガイドラインの内容が極めて有力な判断基準となるところであり、また、行政や消費者相談の場でも積極的に活用される等、実務的には極めて大きな影響力を有している。

② 損耗等の区分

ガイドラインでは、建物の損耗等を建物価値の減少と位置づけ、負担割合等のあり方を検討するにあたり、損耗等を次の３つに区分する。

---

ア　建物・設備等の自然的な劣化・損耗等（経年変化）
イ　借主の通常の使用により生ずる損耗等（通常損耗）
ウ　借主の故意・過失、善管注意義務違反、その他通常の使用を超えるような使用による損耗等

---

③ 原状回復義務の定義

ガイドラインでは、②のウを念頭に置いて、原状回復を次のように定義している。

---

原状回復とは、借主の居住、使用により発生した建物価値の減少のうち、借主の故意・過失、善管注意義務違反、その他通常の使用を超えるような使用による損耗・毀損を復旧すること

---

そして、損耗等を補修・修繕する場合の費用については、②ウの借主の故意・過失、善管注意義務違反、その他通常の使用を超えるような使用による損耗等について、借主が負担すべき費用と考え、他方、例えば次の入居者を確保する目的で行う設備の交換、化粧直しなどのリフォームについては、②ア、②イの経年変化及び通常使用による損耗等の修繕であり、貸主が負担すべきとしているところである。

なお、念のため、震災等の不可抗力による損耗、上階の居住者など該当借主と無関係な第三者がもたらした損耗等については、借主が負担すべきものでないことも確認的に記載している。

④ 事例の区分と原状回復の要否（どのような原因による損耗が対象となるか）

しかし、③の考え方の整理だけでは、結局は具体の損耗等がどれに該当するのかが判然とせず、原状回復をめぐるトラブルの未然防止・解決には役立たないとして、ガイドラインでは、さらに通常損耗か否かの判断でト

第15条　明渡し時の原状回復 ● 145

ラブルになりやすいと考えられるものを取り上げて、表形式（ガイドラインでは「別表1」としている）でどちらの負担かを整理している。

⑤ 経過年数の考慮

　ガイドラインでは、借主の故意過失等による損耗であっても、経年変化・通常損耗も必ずその前提に含まれており、経年変化・通常損耗の補修費用は、借主は賃料として支払っていて、借主が明渡し時に負担すべき費用にならないはずであること等から、「借主の負担については、建物や設備等の経過年数を考慮し、年数が多いほど負担割合を減少させることとするのが適当である」としている。

⑥ 原状回復の範囲（損耗がある個所につきどの範囲まで負担を求められるか）

　ガイドラインでは、原状回復は、毀損部分の復旧であることから、可能な限り毀損部分に限定する。したがって毀損部分の補修工事が可能な最低限度を施工単位とし、借主に原状回復義務がある場合の費用負担についても、当該施工単位に基づく補修費用相当分を負担対象範囲の基本としている。

⑦ 特約の問題

　ガイドラインでは、通常損耗分の補修費用を借主の負担とする特約自体は可能であるとするが、経年変化や通常損耗に対する修繕業務等を借主に負担させる特約は、借主に法律上、社会通念上の義務とは別個の新たな義務を課すことになるため、次の要件を満たしていなければ効力を争われることになるとしている。

---

〈借主に特別の負担を課す特約の要件〉

ア　特約の必要性があり、かつ、暴利的でないなどの客観的、合理的理由が存在すること

イ　借主が特約によって通常の原状回復義務を超えた修繕等の義務を負うことについて認識していること

ウ　借主が特約による義務負担の意思表示をしていること

---

　その上で、仮に原状回復についての特約を設ける場合は、その旨を明確に契約書面に定めた上で、借主の十分な認識と了解をもって契約することが必要であること、また、アの必要性等については、例えば賃料を周辺相場に比較して明らかに安価に設定する代わり、こうした義務を借主に課すような場合等が考えられるが、限定的なものと解すべきであるなどとしているところである。

また、金銭の支出を伴う義務負担の特約である以上、借主が義務負担の意思表示をしているとの事実を支えるものとして、特約事項となっていて将来借主が負担することになるであろう原状回復等の費用がどの程度のものになるか、単価等を明示しておくことも、紛争防止の上で欠かせないとの考え方も示している。

　※なお、ガイドラインでは、手続き面での対応も示しているが、これについては(7)を参照のこと。

## (4)　標準契約書における対応

　標準契約書は、平成24年改訂の際に、ガイドライン再改訂版の内容を参考に、原状回復に係る個所につき見直しが行われた（再改訂版でも修正なし）。その概要は、以下のとおりである。

① 　条文の独立（第14条）

　従来、「明渡し」の条文中の１項目であった原状回復の取扱いにつき、条文を別に独立させ、原状回復の取扱につき契約書上でもより明確にした。

② 　原状回復の原則（特約がない場合の対応）につき確認（第１項）

　原状回復の原則的な取扱（通常損耗を超える損耗等の補修費用が賃借人の負担）を第１項で確認的に規定した。

③ 　原状回復の取扱に係る情報・認識の共有（別表第5①）

　原状回復に係る取扱につき、貸主・借主が契約時に認識を共有できるよう、ガイドライン再改訂版で示された様式を参考に、原状回復の原則的な取扱い、借主が負担すべき場合の費用の目安などが一覧できる別表第5を新たに追加した（(5)①②も参照）。

④ 　特約の取扱（別表第5Ⅱ）

　改正民法では、上記(1)のとおり原状回復の基本的な取扱いについて新たに規定が設けられたが、当該規定は任意規定であると解されることから、標準契約書でも、原状回復に係る特約は、(3)⑦の要件をふまえた上で可能としている。ただし、原状回復の原則的な取扱や、上記特約の有効性に係る基準を踏まえたものであることを契約書上も明瞭になるよう、原状回復に係る特約は、第19条の特約条項中に記載するのではなく、別表第5の中に記載するものとしているところである。

　別表第5のⅡの特約欄に記載があれば、その内容は、第15条第１項に優先して適用されることになる（(5)③も参照）。

⑤ 　明渡し時の協議（第２項）

　原状回復は、契約時に定めた基準・条件（別表第5Ⅰ・Ⅱに記載）に基

づくことになるが、実際に明渡し時に原状回復に係る借主の負担を確定するにあたっては、損耗等が貸主・借主のいずれの負担部分に該当するのかなどの「基準・条件への当てはめ」などが必要となる。

そこで、標準契約書（改訂版）では、明渡し時に、契約時に別表第5に記載した基準・条件に基づき、実際の原状回復の内容や方法を協議することとしている。

なお借主が貸主の承諾を得て物件に附属させた物については、借主は原則として明渡し時に当該物を収去しなければならないが、例外的に物件から分離することができない物については収去義務を負わず（改正民法第599条、第622条）、別途有益費償還請求や造作買取請求が問題となることがある。住宅賃貸借ではこれらも一般的に、原状回復義務と一体的に検討されているところあり、標準契約書でもこの問題は、明渡の協議において、貸主の承諾時の取決め内容などに基づき協議のうえ合意することを想定している。

### (5) 別表第5の内容について

① 冒頭文

原状回復の一般的な考え方の大枠が示されている。

② 「Ⅰ　本物件の原状回復条件」

原状回復に係る一般的な取扱い（原状回復ガイドラインに示す具体的な取扱）が記載されている。

---

ア「1　賃貸人・賃借人の修繕分担表」

　ガイドライン別表第1の内容を抜粋し、契約時に情報を共有するものとしている。

イ「2　賃借人の負担範囲」

　ガイドライン別表第2の内容を抜粋し、契約時に情報を共有するものとしている。

ウ「設備等の経過年数と賃借人の負担割合」

　経過年数を考慮する場合の算定方法をグラフにより例示し、契約時に情報を共有するものとしている。

エ「3　原状回復工事施工目安単価」

　借主の負担となる場合にどの程度の金額になるのかの「目安」を示し、契約時に情報を共有するものとしている。

　したがって、実際の施工単価は明渡時に示される単価による（実際の費用額の算定を拘束するものではない）。

---

148 ● 第2編　逐条解説

また、ガイドラインでは個別具体に記載欄が特定されていたが（契約書作成にあたっての注意点参照）、標準契約書では、対象個所のみが示されている。したがって、実際に何を記載するかは個々の契約ごとに当事者間で判断のうえ補充していくことが予定されている。

　　あくまでもこの欄の記載は、「（借主側の負担で）修繕が発生すると思われる箇所、あるいは、あらかじめ単価を示しておきたい、知っておきたい箇所」について、任意に記載するものとしており（契約書作成にあたっての注意点参照）、原状回復をめぐる紛争の防止のため借主の負担の目安につき情報を共有しておく観点からは可能な限り記載することが望ましいところではあるが、契約の成立にあたっての必須事項ではないことにも注意が必要である。当該記載がないからといって、契約の主たる要素に瑕疵があるなどということにはならないし、記載がないからといって当該費用につき負担が免除されるものではない。

③　「Ⅱ　例外としての特約」

　　ガイドラインでは、通常損耗分の補修費用を借主の負担とする特約自体は可能であるが、これは、借主に法律上、社会通念上の義務とは別個の新たな義務を課すことになるため、⑶⑦に記載した要件が必要であるとしている。

　　改正民法では、上記⑴のとおり原状回復の基本的な取扱について新たに規定が設けられたが、当該規定は任意規定であると解されることから、標準契約書でも、原状回復に係る特約は、⑶⑦の要件をふまえた上で可能としている。ただし、原状回復の原則的な取扱や、上記特約の有効性に係る基準を踏まえたものであることを契約書上も明確になるよう、原状回復に係る特約は、第19条の特約条項中に記載するのではなく、別表第5の中に記載するものとしているところである。

　　なお、別表第5のⅡの特約欄に記載があれば、その内容は、第15条第1項に優先して適用されることになる。

〈原状回復に係る特約の有効性～私見〉

　　ガイドラインの考え方は、通常損耗に係る補修費用は既に賃料の中に含まれているという基本認識に基づくものであるから、通常損耗に係る補修費用が賃料の中に含まれていな場合には、借主には別の機会にその負担義務が発生することになる。

第15条　明渡し時の原状回復 ● 149

したがって、原状回復に係る特約は、個々の契約内容によって有効に存在しうるのであり、ガイドラインでも上記に示すように3要件を満たせば、原状回復につき特約をすることは可能としている。また、判例でも、事案としては不成立としたが、一般的な考え方としては「明確な合意」があれば特約は成立するとしたもの（最高裁平成17年12月16日判決）や、敷引特約（退去時に敷金からあらかじめ決めた「敷引金」額を差し引くとする特約）につき、敷引金を原状回復の費用に係る特約の趣旨として把握し、契約書に一義的かつ具体的な記載があり額が高額すぎない限り有効としたもの（最高裁平成23年3月24日判決）がある（特に後者の判例は、賃料の中には通常損耗補修費用が含まれておらず、敷引金でそれが賄われることが、特約の有効性を認めるひとつの要素としたことも注目される）。

　よって、原状回復に係る特約の有効性を維持するためには、標準契約書が示すように、原状回復に係る一般的な取扱いと、当該契約ではそれと異なる取扱となることなどを賃料との関係も踏まえ当事者双方が認識していることを契約書等からも明らかなように工夫することが大切であろう。

## ⑹　第6条（敷金）との関係

　原状回復の費用は、敷金の返還とも関連がある。すなわち、実際上原状回復費用は敷金から差し引かれることが多く、標準契約書でも、第6条で、敷金が担保する債務の例として、「原状回復に要する費用の未払い」を挙げているところである。

　本条第1項では原状回復を借主の義務と規定しているが、第2項において「原状回復の方法」につき協議事項としており、当該協議により貸主が原状回復工事等を実施し、費用償還義務のみを借主が負うとされるのが一般的である。この場合に、当該債務が敷金により担保される、という関係が生じることになる。

## ⑺　原状回復関係の手続き

　ガイドラインでは、原状回復に係る手続きについても参考として示しているので、ここに紹介しておく。

　①　契約時に求められる手続き

　　ガイドラインはあくまで負担割合等についての一般的な基準を示したものであり、法的な拘束力を持つものでもないことから、ガイドラインの他に原状回復にかかるトラブルの未然防止となり得るような実務的な方策も

必要であるとして、賃貸借契約の「出口」すなわち退去時の問題と捉えられがちである原状回復の問題を、「入口」すなわち入居時の問題として捉えることを念頭において、契約時に求められる手続きとして次の３つを挙げている。

ア　物件の確認の徹底

　　原状回復をめぐるトラブルの大きな原因として、入居時及び退去時における損耗等の有無など、物件の確認が不十分であることが挙げられるとし、事実関係を明確にし、トラブルを未然に防止するため、入居時及び退去時に次項のようなチェックリストを作成し、部位ごとの損耗等の状況や原状回復の内容について、当事者が立会いの上、十分に確認することを必要とする。この場合、損耗等の箇所、程度についてよりわかりやすく、当事者間の認識の差を少なくするためには、具体的な損耗の箇所や程度といった物件の状況を平面図に記入したり、写真を撮ったりするなどのビジュアルな手段を併せて活用することも重要であるとしている。

　　　※ガイドラインでは、参考様式として、「入退去時の物件状況及び原状回復確認リスト（例)」を示している。

イ　原状回復に関する契約条件等の開示

　　原状回復にかかる費用は、入居当初には発生しないものの、いずれ借主が一定に負担する可能性のあるものであり、賃料や敷金などと同様にその内容、金額等の条件によっては、賃貸借契約締結の重要な判断材料となる可能性があるとし、貸主・借主の修繕負担、借主の負担範囲、原状回復工事施工目安単価などを明記している原状回復条件を契約書に添付し、貸主と借主の双方が原状回復条件についてあらかじめ合意しておくことが重要であるとする。

　　具体的には、

---

(ア)　賃貸借契約書において、貸主は、借主に対して、本ガイドラインを参考に、明渡しの際の原状回復の内容等を具体的に契約前に開示し、借主の十分な確認を得た上で、双方の合意により契約事項として取り決めること

(イ)　宅地建物取引業者が賃貸借を媒介・代理をするとき、当該業者は、重要事項説明における「解約時の敷金等の精算に関する事項」には、原状回復にかかる事項が含まれるものであること、賃貸借契約書の作成に際し、原状回復の内容等について標準契約書や本ガイドライン等を参考にしてその作成を行い、その上で、媒介・代理をする宅地建物取引業者は、重要事項及び契約事項として契約当事者

> に十分に説明することが望ましいこと

としている。

※ガイドラインでは、参考として、「契約書に添付する原状回復の条件に関する様式」が示されている。

ウ　物件・設備の使用上の注意・留意事項の周知について

賃貸住宅の居住ルールなどについては、「使用細則」、「入居のしおり」などによって周知されている場合が多いが、その際に、原状回復に関係する物件・設備についての使用上の注意・留意事項（用法の順守、日常的な手入れや清掃等の善管注意義務、設備の使用上の注意事項など）についても併せて周知することが、原状回復にかかるトラブルの未然防止にも役立つものと考えられるとしている。

② 退去時に求められる手続き

ガイドラインでは、特約がない場合を念頭に、原状回復の費用算定の手順（イメージ）を、次のように示している。

---

ア　物件の状況（対象個所の汚損・破損の状況）を確認する。

↓

イ　経年劣化・通常損耗のみであれば、原状回復義務は無しとする。

↓

ウ　借主の故意・過失等による損耗（通常損耗補修特約があれば当該特約の対象個所の通常損耗）については原状回復義務があるので、ガイドラインの表等を用いて、次の手順に移る。

> (ア)　借主の負担割合の検討
>
> 修繕する範囲（個所、面積）、修繕する方法（施工方法）、借主の負担割合（負担単位等）を検討し、借主の負担割合を判断する。
>
> (イ)　経過年数を考慮するものと考慮しないものとを確定する（消耗品に当たる場合には経過年数を考慮しないのが原則であるが、この場合でも取替実績や入居年数等を考慮して、振り分けを検討するとしている）。
>
> (ウ)　経過件数を考慮するものについては、貸主と借主の負担割合を確定し、考慮しないものについては借主の負担とする。

↓

---

152 ● 第2編　逐条解説

エ　修繕計画の見積り費用を算出し、当該費用の算出根拠を示した書面により借主側に連絡する（ガイドラインでは、参考として、「原状回復の精算明細等に関する様式」が示されている）。

↓

オ　貸主借主間で見積費用の合意がなされる。

↓

カ　請求書を送付し、精算がなされる。

# 第16条　立入り

## ■条文

（立入り）

第16条　甲は、本物件の防火、本物件の構造の保全その他の本物件の管理上
特に必要があるときは、あらかじめ乙の承諾を得て、本物件内に立ち入る
ことができる。

2　乙は、正当な理由がある場合を除き、前項の規定に基づく甲の立入りを
拒否することはできない。

3　本契約終了後において本物件を賃借しようとする者又は本物件を譲り受
けようとする者が下見をするときは、甲及び下見をする者は、あらかじめ
乙の承諾を得て、本物件内に立ち入ることができる。

4　甲は、火災による延焼を防止する必要がある場合その他の緊急の必要が
ある場合においては、あらかじめ乙の承諾を得ることなく、本物件内に立
ち入ることができる。この場合において、甲は、乙の不在時に立ち入った
ときは、立入り後その旨を乙に通知しなければならない。

## ■解説コメント

### 16　立入り（第16条）

【第1項】借主は本物件を契約の範囲内で自由に使用する権利を有しており、
貸主は原則として本物件内に立ち入ることはできないが、本物件の
防火、本物件の構造の保全その他の本物件の管理上特に必要な場合
は、あらかじめ借主の承諾を得て本物件内に立ち入ることができる
こととしている。

【第2項】前項の場合、借主は正当な理由がある場合を除き、立入りを拒否で
きないこととしている。

【第3項】本物件の次の入居（予定）者又は本物件を譲り受けようとする者が
下見をする場合は、あらかじめ借主の承諾を得て本物件内に立ち入
ることができるとしている。

【第4項】火災による延焼の防止等緊急の必要がある場合は、貸主はあらかじ
め借主の承諾を得ることなく、本物件内に立ち入ることができると
している。なお、借主不在時に立ち入った場合には、貸主は立入り
後にその旨を借主に通知しなければならないこととしている。

## ■解説

## 【趣旨】

　借主は、本物件を契約の範囲内で自由に使用する権利を有しており、貸主は、借主の承諾なしに、本物件内に立ち入ることはできない。本条は、貸主が本物件に立ち入ることができる場合を客観的にみて妥当と思われるケースに限定した上で、その手続きについて定めている。

## 【解説】

### (1) 貸主の立入りが必要な場合

　貸主は、物件の管理上の理由等により物件へ立ち入る必要がある場合があるが、物件が貸主の所有物であっても、借主がそこに居住し、排他的に利用していることから、借主に無断で自由に立ち入ることはできない。したがって、標準契約書では、立入りが可能な場合を、

　①　本物件の管理上特に必要な場合、
　②　下見をする場合、
　③　緊急時、

の３つに限定し、それぞれについて手続き等を定めている。

| ケース（要件） | 根拠 | 手続き | 借主の対応 |
|---|---|---|---|
| 本物件の防火、構造の保全その他の本物件の管理上特に必要があるとき | 第1項 第2項 | 借主の事前の承諾が必要 | 正当の理由なしに拒否できない |
| 本物件の次の入居（予定）者又は譲り受けようとする者が下見をするとき | 第3項 | 借主の事前の承諾が必要 | 拒否できる |
| 火災による延焼の防止等緊急の必要があるとき | 第4項 | 借主の承諾等は不要（借主不在の場合、事後の通知が必要） | 拒否できない |

### (2) 管理上特に必要な場合

　貸主は、本物件の防火、本物件の構造の保全その他の本物件の管理上特に必要があるときは、あらかじめ借主の承諾を得て本物件内に立ち入ることができ、借主は、正当な理由がある場合を除き、立入りを拒否できないこととしている。

　立入りが認められる具体的な例としては、

　①　「本物件の防火」として、消防設備の点検、

第16条　立入り● 155

② 「本物件の構造の保全」として、下の階の天井がたわんできたときに、上の階の住戸の使用状態を点検する場合、
などが具体例として挙げられる。

また、借主が立入りを拒否できる「正当な理由がある場合」の例としては、立入り予定時には不在であり、立会いができないため、他の日時への変更を要望する場合を挙げることができるが、具体的には、貸主の立入りの必要性、緊急性と借主の拒否する事情の正当性を比較考量して、正当な理由があるか否かが決まることになる。

### (3) 下見の場合

本物件の次の入居（予定）者又は本物件を譲り受けようとする者が下見をするときは、貸主及び下見をしようとする者は、あらかじめ借主の承諾を得て、本物件内に立ち入ることができるが、(2)の場合とは異なり、借主は正当な理由がなければ拒否できないとはしていない。これは、下見の場合は、(2)の場合ほど、借主の意向にそわないときにまで貸主等の立入りを認める必要はない、という考え方に基づく。ただし借主は、特に問題がなければ協力することが望まれる。

### (4) 緊急時

貸主は、火災による延焼を防止する等の緊急の必要がある場合は、事前に借主の承諾を得る時間的余裕がなく、また、絶対に立入りが必要とされるものであることから、あらかじめ借主の承諾を得ることなく、本物件内に立入ることができることとしている。しかし、この場合には、少なくとも事後に立入りの事実を借主に知らしめることが必要と考えられることから、貸主は、借主の不在時に立ち入った場合は、立入り後その旨を借主に通知しなければならないこととしている（借主がその時住居にいた場合には、立入りの事実を借主が知っているわけであるから通知は必要ない。）。

第4項の立入りは、借主の事前の承諾なしに立入りを認めるものなので、当該立入りが認められる場合を限定的に解す必要がある。したがって、借主の承諾を待っている余裕がなく、その時点で何らかの措置をしなければ、物件や近隣住民に取り返しのつかない損害が発生してしまう等の緊急かつ止むを得ない場合に限られよう。具体的には、条文に挙げている火災による延焼を防止する場合のほか、階下の住居に影響が及ぶほどの水漏れが起こっている場合、ガス漏れの場合等が考えられる。

また、一定期間借主の連絡が取れず、物件内での借主の急病・急変等が疑われるときなどの安否確認のための立入もこれに含まれよう。

156 ● 第2編　逐条解説

⑸　管理業者の立入り

　立入りは物件の管理と関連していることから、貸主が管理業者に権限を委任して、管理業者が立ち入る場合も考えられる。この場合、管理業者は貸主の代理人として対応するわけであるから、条文上は「貸主」とのみ規定しているが、代理人たる管理業者が対応することは、借主が当該管理業者が本条の立入りにつき代理権を有していることを知っている限りにおいて、問題はない。ただし、管理業者が立入権を委任されていることを契約書上でも明らかにする意味から、本条文の「貸主」を「貸主又は管理業者」と修正することが考えられる。

---

〈管理業者が貸主の権利を行使する場合〉

　契約書は、あくまでも貸主と借主の間の権利義務関係を規律するものであることから、条文に登場するのは「貸主」と「借主」である。しかし、実際上管理業者が貸主の代理人として各種行為を行うことは、その権限につき貸主の委任があれば可能である。そして、貸主の代理人たる管理業者の行為は、その法的効果が貸主に帰属することから、必ずしも契約書の規定上その旨を明示しなければならないわけではない。しかし、管理業者がいかなる権限を貸主から与えられているかは、貸主と管理業者の管理委託契約により個別的に決まるものであり、通常借主はその内容について了知する機会は存在しない。このため、管理業者が当該権限を貸主から委任されている事項については、あらかじめ契約書上で「貸主又は管理業者」と規定しておくか、個々の行為ごとに、委任状等を借主に提示して権限の存在を明示することが望まれるところである。

　また、賃貸住宅管理業者登録制度では、登録管理業者は、借主に対し委託される管理事務の内容、実施方法を記載した書面を交付しなければならないとしていることも参考になる（賃貸住宅管理業務処理準則第7条）

---

⑹　緊急時の連絡先に記載された者の立ち会い等

　借主の急病・急変、安否確認や、漏水等があった場合で借主に連絡が取れない場合、貸主は、第3項の緊急立入権の行使として、さらに事案によっては民法が適法と認める緊急事務管理行為として、物件内に立ち入り一定の対応をすることが可能であると解されるが、この場合、貸主が単独で対応するよりも、借主と一定の関係にある第三者が立ち会った方が、借主としてはより安心であろう。そこで標準契約書では、「作成に当たっての注意点」として、本来立ち会い等の権利や義務は有していない「緊急時の連絡先」にとして記載された者

（以下単に「緊急連絡先」という）に対し、「借主に連絡を取ることのほか、借主の急病・急変、安否確認や漏水等への対応を依頼することも想定される」としているところである。ただし上記の場合に、緊急連絡先が借主のため、借主に代わって一定の対応をすることが、借主と緊急連絡先との間でも問題となることがないように、あらかじめ借主及び緊急連絡先にその旨を伝え、両者間で了解をとっておいてもらうことが望ましい。

# 第17条　家賃債務保証業者の提供する保証／連帯保証人

## ■条文
### 【家賃債務保証業者型】

（家賃債務保証業者の提供する保証）

第17条　頭書(6)に記載する家賃債務保証業者の提供する保証を利用する場合には、家賃債務保証業者が提供する保証の内容については別に定めるところによるものとし、甲及び乙は、本契約と同時に当該保証を利用するために必要な手続を取らなければならない。

### 【連帯保証人型】

（連帯保証人）

第17条　連帯保証人（以下「丙」という。）は、乙と連帯して、本契約から生じる乙の債務を負担するものとする。本契約が更新された場合においても、同様とする。

2　前項の丙の負担は、頭書(6)及び記名押印欄に記載する極度額を限度とする。

3　丙が負担する債務の元本は、乙又は丙が死亡したときに、確定するものとする。

4　丙の請求があったときは、甲は、丙に対し、遅滞なく、賃料及び共益費等の支払状況や滞納金の額、損害賠償の額等、乙の全ての債務の額等に関する情報を提供しなければならない。

## ■契約書作成にあたっての留意点
### 【連帯保証人型】
### 【第17条（連帯保証人）関係】

　頭書(6)記名押印欄に極度額を記載の上で、連帯保証人が記名押印欄に記名押印し、最後に貸主と借主が記名押印してください。極度額の記載方法については、「〜円（契約時の月額賃料の〜か月相当分）」、「契約時の月額賃料の〜か月分」、「〜円」等が考えられます。なお、極度額は賃料の増減があっても変わるものではなく、契約時の額が適用されます。

## ■解説コメント
### 【家賃債務保証業者型】

第17条　家賃債務保証業者の提供する保証／連帯保証人 ● 159

## 17　家賃債務保証業者の提供する保証（第17条）

　賃貸借契約上の借主の債務を担保するため、機関保証として家賃債務保証業者の提供する保証を利用することとしている。また、当該保証の内容については、本契約とは別途の契約等によることとし、貸主及び借主は、本契約における契約期間の始期から当該保証が利用できるようにするため、必要な手続を取らなければならないこととしている。

　また、家賃債務保証業者の提供する保証を利用する場合、借主の安否確認等への対応については、頭書(5)に記載する「緊急時の連絡先」を活用することが考えられる。

## 【連帯保証人型】
## 17　連帯保証人（第17条）

【第1項】　賃貸借契約上の借主の債務を担保するため、人的保証として連帯保証人を立てることとしている。また、賃貸借契約更新があった場合にも特段の事情が無い限り連帯保証契約の効力が及ぶと解されている（最判平成9年11月13日集民第186号105頁）ため、保証契約の効果は更新後も及ぶこととしている。この点に関して、紛争防止の観点から、賃貸借契約が更新された場合には、貸主は連帯保証人への通知に努めることが望ましいと考えられる。

【第2項】　連帯保証人が負担する限度額を極度額として定め、頭書及び記名押印欄に記載することにより、契約の一覧性を確保しつつ、連帯保証人が極度額を契約時に認識できるようにしている。平成29年民法改正で、個人の保証人は極度額を限度として責任を負うこと（民法第465条の2第1項）、また極度額の定めのない保証契約は無効となること（民法第465条の2第2項）が規定された。極度額とは保証の限度額をいう。

【第3項】　連帯保証人が負担する債務の元本は、借主又は連帯保証人が死亡したときに確定することとしている。平成29年民法改正で、①債権者が保証人の財産について金銭の支払を目的とする債権について強制執行又は担保権の実行を申し立て、かつ、強制執行又は担保権の実行の手続の開始があったとき、②保証人が破産手続開始の決定を受けたとき、③主たる債務者又は保証人が死亡したとき、が元本確定事由となることが規定された（民法第465条の4第1項）。契約書においても、元本確定事由があることを明確化するため、確認的に記載している。③のみ規定しているが、①、②の事由を排除する趣旨ではない。なお、主たる債務者が死亡したときに元本が確定する

ということは、基本的な考え方としては、保証人は、借主の死亡時までに生じている債務についてのみ（極度額を限度として）責任を負い、死亡後に生じた債務については責任を負わないということになり、例えば借主死亡後の賃料については、保証人の責任範囲（元本）に含まれないと考えられる。ただし、具体的な保証人の責任範囲は事案や解釈により異なり得るため、平成29年民法改正後の裁判例の蓄積が待たれる。

　また、連帯保証人の死亡や破産等があった場合には、借主は新たな連帯保証人に保証を委託するといった特約を結ぶことも考えられる。

【第4項】　連帯保証人の請求があった場合、貸主は賃料等の支払状況や滞納額等に関する情報提供義務があることを定めている。平成29年民法改正で、保証人の請求があった場合に、債権者に対し債務の額や履行状況等についての情報提供義務が課されることが規定された（民法第458条の2）。貸主からの情報提供は、書面又は電子メール等の電磁的記録によって行うことが望ましいと考えられる。なお、借主が継続的に支払いを怠っているにもかかわらず、貸主が保証人に通知せず、いたずらに契約を更新させている場合には保証債務の履行請求が信義則に反し否定されることがあり得るため（前掲：最判平成9年11月13日集民第186号105頁）、保証人の請求がない場合でも、保証人へ積極的に情報提供することが望ましいと考えられる。この点に関連し、保証契約締結時に借主の滞納が○か月続いた場合には貸主は保証人に通知するといった特約を結ぶことも考えられる。

■解説
　【趣旨】
〈家賃債務保証業者型〉
・賃貸借契約上の借主の債務を担保するため、家賃債務保証業者を活用するものである。
・借主が家賃債務保証業者に保証委託をし、貸主と保証業者との間で保証契約をする。
・保証内容は家賃債務保証業者との間の契約によるため保証内容は規定せず、もっぱら貸主借主に対し当該保証を利用するための手続きをすることを義務付けている。
〈連帯保証人型〉
・貸借契約上の借主の債務を担保するため、人的保証として連帯保証人を立て

るものである。
・借主は連帯保証人に保証委託をし、貸主が連帯保証人との間で連帯保証契約をする。
・標準契約書は賃貸借契約書であるとともに保証契約書も兼ねていることから、改正民法の内容に即し、根保証として極度額の定めが必要なこと、元本の確定事由、連帯保証人への情報提供などを定めている。

【解説】
## 1　家賃債務保証業者型
　住宅賃貸借で家賃債務保証業者を活用する場合、通常は、貸主との間で保証契約を結び、借主との間では保証委託契約を結ぶことになり、これらの契約の中で、具体的な保証内容が定められることになる。
　したがって標準契約書中には、家賃債務保証業者が提供する保証の内容は規定せず、貸主借主双方が、賃貸借契約と同時に、頭書(6)記載の家賃債務保証業者の保証を利用するための手続をとることを規定している。
　ただし、家賃債務保証業者が提供する保証の内容等は、貸主、借主双方にとっても重要な情報であること、賃貸借契約「関係」を広くとらえれば、保証契約や保証委託契約もその中に含まれることからすれば、例えば賃貸借契約書に、保証の概要等を記載した書面を、参考として添付することなどが考えられよう。
## 2　連帯保証人型
### (1)　連帯保証人の規定
　賃貸借契約から生じる借主の債務を担保するものは、標準契約書上は保証人のほかに敷金を規定しているが、敷金の場合、借主の債務額が敷金を超えるときは、不足分を改めて徴収する必要があり、借主の所在が不明である場合等には、債権回収が困難になる。また、実際の住宅賃貸借契約においては連帯保証人を要するとしていることが一般的である。このため、標準契約書においても連帯保証人の規定を設けている。

---

〈保証人と連帯保証人〉
　保証人には、「保証人」と「連帯保証人」とがある。
　いずれも主たる債務者（この場合は借主）に債務不履行がある場合に債務の履行の責任を負う（民法第446条）が、「保証人」は、
①　保証債務の履行を求められたときは、まず主たる債務者である借主に履行の催告をすることを要求し、それがなされない間は保証債務の履行を拒否する権利（催告の抗弁権／民法第452条）、

---

162●第2編　逐条解説

②　保証債務の履行を求められたときは、借主が債務の弁済の資力があり、かつ、容易に執行できる場合であれば、まず借主の財産に執行するよう要求し、それがなされない間は債務の履行を拒否する権利（検索の抗弁権／民法第453条）

を有している。

　一方「連帯保証人」は、これらの2つの権利を有しない（民法第454条）。すなわち、債権者たる貸主は、「保証人」の場合は、まず主たる債務者である借主に履行を求めなければならず、借主から全部の弁済が得られない場合にはじめて「保証人」に請求できるのに対し、「連帯保証人」の場合には、最初から「連帯保証人」に対して履行の請求をできることになる。本条においては、「連帯して」と規定しており、「連帯保証人」を規定している。

## (2)　根保証と極度額の定め

　改正民法では、賃貸借契約において個人が連帯保証人となる場合には、根保証として極度額を定めなければ効力を有しないとされている（改正民法第465条の2第2項）。

　そこで標準契約書（再改訂版）では、頭書欄に極度額の記載欄を設け、第17条で連帯保証人は極度額の範囲内で責めを負うものである旨を規定している（第2項）。

　極度額の定め方や金額に関する基準はなく、賃料に比べて極めて高額であるなど公序良俗に反すると評価されるような額でない限りは、当事者間の合意に従う。また、極度額は、保証人が負担すべき債務の上限を明確にし、その範囲での保証意思を明らかにするという趣旨からすれば、確定した金額を定めることが求められるが、金額（金○○円）を表示するかわりに、家賃の○か月分と表示しても構わない。ただし後者の場合、「家賃」は保証契約時の家賃額であり、契約期間中に家賃が増額された場合であっても自動的に極度額が増額することにはならない（改正民法第448条第2項：主たる債務の目的又は態様が保証契約の締結後に加重されたときであっても、保証人の負担は加重されない）

　極度額を定める際の参考資料として、「極度額参考資料」が、標準契約書（再改訂版）の公表とあわせて公表されている（巻末資料2－A参照）。

〈根保証とは〉
　根保証とは、定期的に発生する複数の債権などをまとめて保証するなど、対象となる債権の額が増減するような保証のことをいう。賃貸借契

約では、借主の滞納家賃などが累積することなどによって、連帯保証人が負うべき債務も増減することから、根保証であると解されている。

　現行の民法では、根保証であっても、貸金債務の根保証以外は一般的な保証と同様の取扱がなされているが、改正民法では、個人が保証人となる根保証一般につき、極度額を定めなければ効力を生じないこととされた。これによって、住宅賃貸借について個人が連帯保証人となる場合でも、改正民法施行後に連帯保証契約が締結される場合には、極度額を定めることが必要となる。

〈極度額に関する参考資料〉

　極度額を協議する際の参考として、今回の標準契約書（再改訂版）の公表とあわせ、「極度額参考資料」が公表されている（巻末資料2－A）。

　この参考資料には、

①家賃債務保証業者が借主に代わって貸主に支払った滞納家賃等のうち、借主に求償しても回収できなかった損害額の調査結果、

②賃貸住宅管理管理業者が家賃滞納の発生から明渡訴訟等に至る1000件あたりの件数や平均的な期間、最終的に借主から回収できなかった家賃額等の調査結果

③裁判所の判決（地裁以上で、簡裁の判決は含まれません）において、民間賃貸住宅における借主の未払い家賃等を連帯保証人の負担として確定した額の調査結果

が記載されている。

　賃貸借契約は物件ごと、当事者ごとに個別性があり、他で採用された取扱がそのまま個々の契約に当てはまるわけではないが、賃貸借契約では実際にどの程度の負担が生じうる可能性があるのかなどにつき、客観的なデータを示した本資料を踏まえて協議をすることにより、適正な極度額の設定に資することが期待される。

(3)　保証する債務の範囲

　保証する債務の範囲は、極度額の範囲で賃貸借契約に係る借主の債務のほか、債務に関する利息、違約金、損害賠償その他の債務に従たる代替債務をすべて含む（民法第447条）。また、契約が解除された場合の損害賠償債務、不当利得返還債務等も、従前の債務と同一性を有するものとして、保証の対象と解されている。しかし、いずれの債務についても、連帯保証人は主たる債務者で

ある借主の負っている債務の範囲を超えて負担するものではない（保証債務の附従性〜民法第448条）。

(4)　連帯保証契約の成立
　①　書面または電磁的記録による契約
　　　連帯保証契約は、書面または電磁的記録によってなされなければ効力が生じないものとされている（改正民法第446条第2項・第3項）。
　　　これは、保証契約は他人の債務につき責任を負うものであることから、保証意思が外部的に明らかになった場合にのみ保証人が責任を負う趣旨であると説明されている。
　　　したがって、必ずしも「保証契約書」といった名称の書式が必要とされるわけではなく、何らかの書面により保証意思が明確に示されている必要があるということになり、現段階では、次のいずれかの対応によることが考えられる。
　　　ア　賃貸借契約書に連帯保証条項を入れ、かつ、当該契約書に保証人の記名押印を要求する。
　　　イ　賃貸借契約書とは別に、貸主と保証人との間で連帯保証合意書などを取り交わす。
　　　ウ　賃貸借契約書とは別に、貸主からの申込みに対し、基本的な賃貸条件などを認識したうえで承諾したことが明らかになるような承諾書を保証人に差し入れてもらう。
　　　標準契約書では、本条項を設け、かつ、記名押印欄に連帯保証人の記名押印も要求していることから、上記①に対応しており、連帯保証契約の成立要件は満たされることになる。
　②　極度額の定め
　　　上記(2)のとおり、改正民法では、賃貸借契約において個人が連帯保証人となる場合には、根保証として極度額を定めなければ効力を有しないとされている（改正民法第465条の2第2項）。
　　　そこで標準契約書（再改訂版）では、貸主と連帯保証人との間で極度額を合意の上、頭書欄(6)の極度額の記載欄に記載することとしている。

(5)　連帯保証人が弁済した場合
　連帯保証人が借主に代わって債務を弁済した場合には、連帯保証人は、弁済した分だけ債務者である借主に請求することができる。

第17条　家賃債務保証業者の提供する保証／連帯保証人 ● 165

〈求償権〉
　連帯保証人が債務を弁済した場合、主たる債務者である借主に対して求償権を取得するが、その範囲は、連帯保証人が借主から委託を受けているか否かで異なる。
　すなわち、①借主の委託がある場合には、弁済した分の全額とあわせて弁済費用、法定利息、損害賠償額を求償できるが、②委託がなく連帯保証人になった者が債務を弁済した場合は弁済時に借主が利益を受けた範囲で、③借主の意思に反して連帯保証人になった者が債務を弁済した場合は求償の時点で借主が利益を受けている範囲で、求償できることとされている。

## (6) 元本の確定

　根保証では、極度額の範囲内で連帯保証人が負担すべき債務が増減するが、一定の事由が生じた場合、連帯保証人の債務は、その時点で現実に生じている借主の債務を元本とした額に確定し、それ以降は、連帯保証人はその確定した元本とその元本に基づく利息や遅延損害金のみにつき、負担することになる（それ以降に生じた家賃滞納などについては連帯保証人の債務とはならない）。これを「元本の確定」といい、改正民法では、以下の場合に元本が確定するものとしている。

（元本の確定事由）

① 　債権者が、保証人の財産について、金銭の支払を目的とする債権について強制執行又は担保権の実行を申し立てたとき（第465条の４第１項１号）。
② 　保証人が破産手続開始の決定を受けたとき（同２号）
③ 　主たる債務者または保証人が死亡したとき（同号）

　標準契約書（再改訂版）では、これらのうち①②については、いずれも裁判所が関与する手続きであり、その手続きの中で関係当事者が保護されることから特段の規定は設けず、裁判所が関与しない③についてのみ、この場合に元本が確定することを当事者が認識しうるよう、本条中に確認的に規定しているところである（第３項）。

## (7) 連帯保証人への情報提供

改正民法では、保証人から主たる債務者の債務の履行状況につき情報提供の請求があった場合には、債権者は遅滞なくこれに応じなければならないとされている（改正民法第458条の2）。これを受けて標準契約書（再改訂版）では、連帯保証人から情報提供依頼があったときは、貸主は、遅滞なく情報提供することとする規定を設けている（第4項）。

　連帯保証人から依頼があった場合に情報提供をするのは、貸主としての法律上の義務に当たることから、貸主が連帯保証人に対して情報提供する際に、借主の承諾などは不要である。

　なお、改正民法も標準契約書（再改訂版）も、貸主が情報提供を義務付けられているのは連帯保証人から請求があったときであるが、連帯保証人保護の観点からは、家賃滞納などのように実際に借主に債務不履行があり、連帯保証人の債務が生じる状況になったときには、貸主側から適宜連帯保証人に連絡し、連帯保証人が不測の損害を被らないように対応することも考えられる。

## (8)　賃貸借契約が更新された場合の連帯保証契約の取扱

　賃貸借契約が更新された場合の連帯保証契約の取扱いについては、「保証人は、貸主において保証債務の履行を請求することが信義則に反すると認められる場合を除き、更新後の賃貸借契約から生ずる借主の債務についても保証の責めを免れない」とするのが判例である（最高裁平成9年11月13日判決）。

　標準契約書ではこれまでこの点を解説コメントで記載していたところ、再改訂版では、賃貸借契約の更新後の保証の問題に関する無用な紛争を防止する観点から本条中に規定した（第1項）。

　ただし、上記判例は、「保証債務の履行を請求することが信義則に反すると認められる場合」には保証人は責任を負わないとしており、例えば、借主が多額の賃料を延滞させていたにもかかわらず賃貸借契約が法定更新された等の事情の下では、更新の時点で改めて意思確認等をしていない場合、保証人は法定更新後の借主の債務については責任を負わないとする裁判例があることに注意が必要である（東京地裁平成10年12月28日判決）。

# 第18条　協議

## ■条文

（協議）

第18条　甲及び乙は、本契約書に定めがない事項及び本契約書の条項の解釈
について疑義が生じた場合は、民法その他の法令及び慣行に従い、誠意を
もって協議し、解決するものとする。

## ■解説コメント

### 18　協議（第18条）

　貸主借主間の権利義務関係をあらかじめ全て契約書に規定しておくことが望ま
しいが、現実問題として不可能であり、また、条文解釈で疑義が生じる場合があ
ることを想定し、その対処方法を定めている。

## ■解説

### 【趣旨】

　本契約書に定めのない事項に疑義が生じたときや、定めはあるがその解釈に
ついて疑義が生じたときは、民法等の賃貸借契約に係る法令や地域の慣行に基
づき、誠意をもって当事者が協議をし、解決を図るよう努めることとしてい
る。

### 【解説】

(1)　協議

　賃貸借契約関係―貸主借主間の権利義務関係―のすべてを契約書中にあらか
じめ規定しておくことは、明確なルールを定めて当事者間の紛争を防止する観
点からは理想であろう。

　しかし、契約関係すべてを網羅的に規定することは現実問題として不可能で
あり、仮に契約当時の状態において完璧な契約書を作成できたとしても、事後
的に、契約当時からは予想ができなかった事態が生じることも十分あり得る。

　また、条文の内容も、当事者間に一片の疑義も生じないような明確かつ十分
な規定を設けることは、当事者双方が、条文上の用語の定義や、規定振りの
ルール等を完全に把握しているという前提があってはじめて可能なことであ
る。

　このため、契約内容等に疑義が生じる場合があることを想定し、その対処法
を定めたのが本条である。すなわち、契約に関して疑義が生じた場合、最終的

168●第2編　逐条解説

には裁判等により解決される問題であるが、契約書上のルールとしては、まず
両者の話し合いで解決を図っていくことが大切である。

⑵　協議の基本ルール
　協議の基本ルールとして、当事者は、
①　民法その他の法令～賃貸借に係る法令（民法、借地借家法等）
②　確立された判例法理～信頼関係破壊の法理、自力救済禁止の法理等
③　賃貸借に係る地域慣行
④　信義誠実の原則～民法第1条第2項
に従うものとしている。

第18条　協議 ● 169

## 第19条　特約条項

### ■条文

（特約条項）
第19条　第18条までの規定以外に、本契約の特約については、下記のとおり
　　とする。

|  |  |  |  |
|---|---|---|---|
| | 甲： | | 印 |
| | 乙： | | 印 |

### ■契約書作成にあたっての注意点
【第19条（特約条項）関係】

　空欄に特約として定める事項を記入し、項目ごとに、記載事項の上に貸主と借主が押印し、最後に確認的に貸主と借主が記名押印してください。

　特約項目の例として、次の事項を挙げることができます。

　①居室内でのペット飼育を禁止している物件について、ペットの飼育を認める
　　場合、その内容（第8条関係）
　②営業目的の併用使用を認める場合、その手続き（第3条関係）
　③保険の加入がある場合、その内容

### ■解説コメント
### 19　特約条項（第19条）

　第18条までの規定以外に、個別の事情に応じて、当事者が合意の上で特約を定めることができることとしている。

　なお、特約条項を定める場合、原状回復に関する特約と同様、借主がその内容を明確に理解し、それを契約内容とすることについて明確に合意していることが必要である（項目ごとに、記載事項の上に貸主と借主が押印し、最後に確認的に貸主と借主が記名押印することが望ましい）。

→15　明渡し時の原状回復（第15条）参照
→《作成にあたっての注意点》条文関係【第19条（特約条項）関係】参照

### ■解説
### 【趣旨】

　第18条までに定められた事項以外で、契約条件として当事者間であらかじめ合意したものについては、特約として、本条の空欄に条文を記載することとしている。

170 ● 第2編　逐条解説

また、特約事項として考えられる主な項目を契約書作成にあたっての注意点に掲げ、当事者の便宜を図っている。

## 【解説】

### (1) 特約条項を設けた理由

標準契約書は、全国を適用範囲とし、民間賃貸住宅の賃貸借契約書の雛形としての性格を有することから、条文としての必要最小限の事項を、第18条までに定めているところである。

しかし、住宅賃貸借の契約事項の中には地域の慣行が大きなウェイトを占めるものがある。また、契約書上必要不可欠な記載事項ではないが、特に当事者間で決めておいた方が望ましいと考える事項もある。

これらについては、契約自由の原則により、借地借家法等の強行法規や公序良俗に反しない限りは当事者間の合意で契約内容を自由に定めることができることから、標準契約書は、第19条を特約条項とし、特約を別途定めることができるようにしている。

特約を定める場合は、第19条の下の空欄に、当事者間で合意した特約内容を記載し、そこに、特約締結に当たって当事者が明確に合意したことを明らかにするため、両当事者が押印等をすることを求めている。

### (2) 特約条項（契約書作成にあたっての注意点に例示のあるもの）

> ① 居室内でのペット飼育を禁止している物件について、ペットの飼育を認める場合、その内容
> ② 営業目的の併用使用を認める場合、その手続き
> ③ 保険の加入がある場合、その内容

### (3) 特約条項（その他）

特約条項としては、その他に以下のようなものが考えられる。

○賃料を一定の期間毎にあらかじめ合意した算定式（例：改定賃料＝旧賃料×変動率）に基づいて自動的に改定する旨を約定する場合、その内容
　　※第4条　賃料　解説(6)参照

○敷金以外のその他一時金について約定する場合、その内容
　　※第2条　契約期間　解説(6)参照

※第6条　敷金　解説(1)参照

○賃料の増減額にスライドさせて敷金などを増減額させる場合、その内容
　※第6条　敷金　解説(9)参照

○駐車場、自転車置場、庭などがある場合、その使用方法など
　駐車場等の附属施設につき使用手続、使用方法、使用に当たっての注意点等を定めることが想定される。

○合意管轄
　賃貸借契約をめぐり紛争が生じたとき、最終的な解決は裁判においてなされるが、その場合の管轄裁判所（当該訴えにつき取扱うことができる裁判所）は、当事者間の合意により当事者のいずれか一方の住所地を管轄する裁判所とすることができる（民事訴訟法第11条）。この合意管轄を定める場合は、特約条項で対応することになる。

〈合意管轄のない場合の管轄裁判所〉
　特約がなければ、住宅賃貸借に係る紛争を担当する裁判所は、次のようになる。
①賃料等に関する問題等金銭債務に係る訴訟は、財産上の訴えということで、民事訴訟法第5条第1号により、義務履行地の裁判所
②占有権確認、占有訴権等物件そのものに関する訴えは、不動産に関する訴えということで、民事訴訟法第5条第12号により、物件の所在地を管轄する裁判所
③それ以外の訴えについては、民事訴訟法第4条第1項により、被告の住所地の裁判所

○契約の終了（公用収用等の場合）
　公用収用等により賃貸借の目的物たる物件が消滅した場合は、契約の成立要件である客体がなくなることから、賃貸借契約は終了する。そのことを確認的に記載する場合には、特約条項で対応することになる。

○区分所有建物の管理規約遵守
　区分所有建物（分譲マンション）については、一般的に、マンションの管理や区分所有者間のルールを定めた管理規約が設けられている。

区分所有建物の一部が賃貸借の目的物である場合には、その物件の借主も、物件の占有者として管理規約を遵守する義務がある（建物の区分所有等に関する法律第46条第2項）。

　また、マンション標準管理規約（単棟型）第19条第2項においては、区分所有者が専用部分を賃貸する場合は、賃貸借契約書に、管理規約及び使用細則に定める事項を遵守する旨の条項を定めることとしている。

　このため、賃貸借の対象が区分所有建物の場合には、管理規約の遵守を特約として定めておくことが望まれる。

---

〈マンション標準管理規約〉
　「マンション標準管理規約」は、分譲マンションの管理規約の参考として、国土交通省が示しているものである。したがって、実際の個々のマンションの管理規約は、この標準管理規約とは一致していない場合も想定され、区分所有者たる貸主は、その物件が所在するマンションの管理規約の定めがどうなっているか確認する必要がある。その規約中に標準管理規約と同様の規定があれば、賃貸借契約書にその旨を定めなければ、管理規約違反になることに注意する必要がある。

---

## ○造作買取請求排除

　借地借家法においては、造作買取請求の規定は任意規定とされている（以前の「借家法」では強行規定であった。）。したがって、貸主は、借主の造作について承諾するが、明渡し時に買い取りは行わないという取決めをすることができ、その旨をあらかじめ当事者間の合意で定めておく場合には、特約条項で対応することになる。

## ○信頼関係の理念の確認

　賃貸借関係は継続的契約関係であり、当事者間の信頼関係に基づくものである。このことは、賃貸借契約の解除に係る信頼関係破壊の法理等、賃貸借関係の様々な場面に反映されているところである。信頼関係の理念は、賃貸借契約である以上当然に必要とされ、条文の規定を待つまでもないが、確認の意味で契約書に定める場合には、特約条項で対応することになる。

## ○いわゆる民泊として使用することの禁止

　借主が物件をいわゆる民泊（住宅宿泊事業法に基づく住宅宿泊事業、国家戦略特区法に基づく外国人滞在施設経営事業）として活用することは、居住目的

以外の利用として、または転貸借や同居人の追加における手続きにおいて、貸主の不承諾という形で対応することも考えられるが、建物や設備、共用部分の使われ方、同一建物内の他の入居者との関係等を考慮してあらかじめ禁止する場合には、特約条項でその旨を規定しておくことも考えられる。

## (4) 法令により無効とされた特約

　以下の特約は、裁判で、法令により無効とされた特約であるので、第18条の特約条項中にも定めることはできない。

○　借家法第6条により無効とされた特約
・建物の所有者が他に移転した場合に、賃借権は当初の当事者間にのみ存続する旨の特約（大審院昭和6年5月23日判決）
・賃貸借の期間内に建物が競落され、その所有権が他の者に帰属したときは賃貸借契約は終了する旨の特約（最高裁昭和41年4月5日判決）
・貸主の要求があれば即時に明け渡す旨の特約（神戸地裁昭和31年10月3日判決）
・貸主は短期間の予告でいつでも解約できる旨の特約（大阪高裁昭和31年5月21日判決）
・期間の更新又は延長について合意が成立しない場合は借家契約が期間満了と同時に当然終了する旨の特約（松山地裁昭和36年9月14日判決）
・借主が差押えを受け又は破産宣告の申立てを受けたときは、貸主は直ちに契約を解除することができる旨の特約（最高裁昭和43年11月21日判決）
・賃借建物の敷地の一部分について貸主の請求があれば明渡す旨の特約（最高裁昭和47年3月30日判決）
・期間の定めがある建物の賃貸借契約において、解約申入れ後直ちに明け渡す旨の特約（東京地裁昭和55年2月12日判決）

○　民法第90条（公序良俗）に反し（一部）無効とされた特約
・契約終了後に借主所有物件の搬出処分を許容する特約で、借主の占有の侵害を伴う場合に適用されたケース（東京高裁平成3年1月29日判決）
・賃料滞納の場合に物件を施錠し、物件内の動産の搬出処分を許容する特約で、自力救済が例外的に認められる特段の事情がないにもかかわらず適用されたケース（札幌地裁平成11年12月24日判決）

174 ● 第2編　逐条解説

記名押印欄

【家賃債務保証業者型】

　　下記貸主（甲）と借主（乙）は、本物件について上記のとおり賃貸借契約を締結したことを証するため、本契約書2通を作成し、甲乙記名押印の上、各自その1通を保有する。

平成　年　月　日

貸主（甲）　　住　　所　〒

　　　　　　　氏　　名　　　　　　　　　　　　　　　　印

　　　　　　　電話番号

借主（乙）　　住　　所　〒

　　　　　　　氏　　名　　　　　　　　　　　　　　　　印

　　　　　　　電話番号

媒介　　　　　免許証番号〔　　　　〕知事・国土交通大臣（　　　　）第　　　号
　業者

代理　　　　　事務所所在地

　　　　　　　商号（名称）

　　　　　　　代表者氏名　　　　　　　　　印

　　　　　　　宅地建物取引士　　登録番号〔　　　〕知事　第　　　号

　　　　　　　　　　　　　　　氏名　　　　　　　　　　　印

第19条　特約条項 ● 175

記名押印欄

【連帯保証人型】

　下記貸主（甲）と借主（乙）は、本物件について上記のとおり賃貸借契約を締結し、また甲と連帯保証人（丙）は、上記のとおり乙の債務について保証契約を締結したことを証するため、本契約書3通を作成し、甲乙丙記名押印の上、各自その1通を保有する。

平成　年　月　日

貸主（甲）　住　　所　〒
　　　　　　氏　　名　　　　　　　　　　　　　　　　　　印
　　　　　　電話番号

借主（乙）　住　　所　〒
　　　　　　氏　　名　　　　　　　　　　　　　　　　　　印
　　　　　　電話番号

連帯保証人　住　　所　〒
　　（丙）　氏　　名　　　　　　　　　　　　　　　　　　印
　　　　　　電話番号
　　　　　　極度額

媒介　　　　免許証番号〔　　　〕知事・国土交通大臣（　　　）第　　　号
　　業者
代理　　　　事務所所在地

　　　　　　商号（名称）

　　　　　　代表者氏名　　　　　　　　　　印

　　　　　　宅地建物取引士　登録番号〔　　　〕知事　第　　　号
　　　　　　　　　　　　　　　氏名　　　　　　　　　　　印

176●第2編　逐条解説

# 第3編 賃貸借契約のQ&A

　第3編では、賃貸住宅標準契約書（再改訂版）中の、これまでの標準契約書から変更された部分を中心に、これを実際に活用するに当たって留意すべき点などを、法令や判例などの考え方も織り込みながら、QA方式でわかりやすく解説しています。

　貸主、借主の方々はもとより、賃貸の仲介や管理をしている業者の方々、賃貸借をめぐる紛争等の相談を受ける相談員の方々などもご参考にしていただければと思います。

　なお、それ以外の標準契約書（再改訂版）の内容等に関しては、第2編を参照されるか、本書の旧版に契約書の全条文に係るQAを掲載しておりますので、そちらをご参照ください。

## 全体

### Q1 今回標準契約書を再改訂した理由は何ですか。

平成29年6月に、賃貸借契約の基本となる法律の一つである民法（債権関係）の一部を改正する法律が制定され、平成32年4月1日から施行されることとなりました。賃貸住宅標準契約書は、住宅賃貸借に係る法令や判例、通説を踏まえ、これらを契約書として条文化したものであることから、標準契約書がベースとする民法が改正されれば、その内容にあわせて見直しが必要となります。

そこで、改正民法の規定内容を踏まえた標準契約書の再改訂作業が平成27年から進められてきました。そして、民法の一部を改正する法律が平成29年6月に成立し、平成32年4月1日施行となったことから、民法の改正内容を踏まえた標準契約書の再改訂版が作成・公表されることとなったところです。

### 全体

 今回改訂された主な内容はどのようなものですか。

**A 2** 今回の主な改訂内容は、次のとおりです。
① 家賃債務保証会社型を新たに作成
　家賃債務保証会社を活用するケースの増加に伴い、これまでの個人が連帯保証人となる「連帯保証人型」のほかに、家賃債務保証業者を活用する「家賃債務保証業者型」が作成されました。
② 連帯保証人について
　改正民法で、個人の根保証の場合極度額を定めなければ無効とされることや、情報提供の規定が設けられたことから、頭書欄に極度額の記載欄を設けるとともに、改正民法に定める内容が契約書本文に規定されました。
③ 契約期間の修繕
　改正民法で一定の場合に借主が修繕できる旨が明記されたことに伴い、借主が修繕を行う場合の協議などの手続上のルールが規定されました。
④ 賃料の一部減額
　改正民法の規定にしたがい、物件が一部滅失その他の事由で使用できなくなったときは賃料が減額されることを確認的に規定するとともに、物件の一部滅失等があったときの協議などの手続上のルールが規定されました。
⑤ 敷金・原状回復・賃借物の全部滅失による契約終了
　改正民法で敷金や原状回復、賃借物の全部滅失による契約の終了が明文化されたことに伴い、関連規定の文言が整備されました。

### 全体

## Q3 今回の再改訂版で、「家賃債務保証業者型」と「連帯保証人型」の2つになった理由は何ですか。

**A3** 近年住宅賃貸借では、連帯保証人の成り手不足や、安定的な賃貸住宅経営の確保などの観点から、親族や友人などを連帯保証人とする従来からのケースに変えて、あるいは連帯保証人と併用する形で、家賃債務保証業者を活用するケースが増加しています。

さらに改正民法では、賃貸借契約につき個人が連帯保証人となる場合には、保証契約で極度額を定めることが求められ、連帯保証人には極度額の範囲内での請求しかできなくなることなどから、家賃債務保証業者を活用するニーズはますます大きくなるものと考えられます。

標準契約書は、これまでは個人が連帯保証人となるケースのみを想定してきましたが、以上のような住宅賃貸借をめぐる環境の変化等を踏まえ、従来の個人が連帯保証人となる場合に参考とされる「連帯保証人型」のほかに、新たに家賃債務保証業者を活用する「家賃債務保証業者型」が作成されたところです。

**全体**

# Q4 家賃債務保証業者型と連帯保証人型との違いは何ですか。

**A4** 連帯保証契約は、貸主と連帯保証人との間の合意により成立する契約です。もともと民法では、（連帯）保証契約は書面により契約をしなければ効力を有しないとされていました（民法第446条第2項）。これは、保証意思を明確に示した債務のみにつき保証債務が発生するものとして保証人の保護を図ったものであり、この趣旨に基づけば、連帯保証契約は、単に書面という形式をとればよいというのではなく、保証の対象となる債務を特定し、主な契約条件などが開示されて、連帯保証人が保証債務の内容を具体的に把握できるようにしておくことが望まれます。

そこで標準契約書では、従前から、賃貸借契約書中に連帯保証条項を設け、かつ、貸主・借主とあわせて連帯保証人にも記名押印をさせることとしていました。すなわちこの場合、賃貸借契約書は連帯保証契約書を兼ねることとなり、契約に当たって連帯保証人は、保証対象である賃貸借契約の内容をすべて把握できることになります。

改正民法でも、保証契約を書面で行わなければならない点は変わりありませんので（改正民法第446条第2項）、標準契約書の再改訂版でも、連帯保証人型については、以上の方式はそのまま残したうえで、極度額に係る規定等につき改正民法の内容にあわせて追記し、頭書欄に極度額の記載欄を設けたところです。

一方、家賃債務保証業者を活用する場合には、一般的に家賃債務保証業者は、貸主との間で保証契約を、借主との間で保証委託契約をそれぞれ別個に締結し、賃貸借契約書とは別に、それぞれの契約書（保証契約書・保証委託契約書）を作成します。そこで今回新たに作成された「家賃債務保証業者型」では、保証契約や保証委託契約が賃貸借契約とは別になされることを前提に、貸主及び借主は賃貸借契約と同時に家賃債務保証業者との間で必要な手続きを取らなければならない旨規定し、あわせて家賃債務保証業者の情報を明示するため、頭書欄に家賃債務保証業者を記載する欄が設けられています。なお、改正民法のもとでの極度額に関する規定の適用は、個人が保証人となる場合に限られることから（改正民法第465条の2第1項）、家賃債務保証業者型には頭書部分に極度額の記載欄はありません。

| | 頭書中の記載欄 | 本条の規定 |
|---|---|---|
| 連帯保証人型 | 連帯保証人の氏名・住所<br>極度額 | 第17条　連帯保証人（以下「丙」という。）は、乙と連帯して、本契約から生じる乙の債務を負担するものとする。本契約が更新された場合においても、同様とする。<br>2　前項の丙の負担は、頭書(6)及び記名押印欄に記載する極度額を限度とする。<br>3　丙が負担する債務の元本は、乙又は丙が死亡したときに、確定するものとする。<br>4　丙の請求があったときは、甲は、丙に対し、遅滞なく、賃料及び共益費等の支払状況や滞納金の額、損害賠償の額等、乙の全ての債務の額等に関する情報を提供しなければならない。 |
| 家賃債務保証業者型 | 家賃債務保証業者の名称・所在地<br>家賃債務保証業者登録制度に登録している業者は、当該登録番号 | 第17条　頭書(6)に記載する家賃債務保証業者の提供する保証を利用する場合には、家賃債務保証業者が提供する保証の内容については別に定めるところによるものとし、甲及び乙は、本契約と同時に当該保証を利用するために必要な手続を取らなければならない。 |

全体 ● 183

**全体**

## Q5 家賃債務保証業者型と連帯保証人型とでは、どちらが優先しますか。

 家賃債務保証業者型と連帯保証人型との間に優劣関係はなく、家賃債務保証業者を活用する場合には家賃債務保証業者型を、連帯保証人をつける場合には連帯保証人型を、それぞれ参考としていただくことになります。

　ただし、家賃債務保証業者を活用する場合、具体的な保証の条件や保証対象、保証期間や保証額は、貸主と家賃債務保証業者との間で結ばれる保証契約の内容によりますし、保証委託の条件や保証委託料、保証業者が代位弁済したのちの借主への求償の在り方などは、借主と家賃債務保証業者との間で結ばれる保証委託契約の内容によります。したがって家賃債務保証業者を活用する場合には、貸主・借主相方が、以上の点につき十分に確認した上で契約をすることが大切でしょう。

**全体**

# Q6 家賃債務保証業者と個人の連帯保証人とを併用することは可能ですか。

**A6** 標準契約書は「家賃債務保証業者型」と「連帯保証人型」とを別々に示していることから、標準契約書の立場からすれば、いずれか一方によることとし、基本的に両者を併用することは想定していない、ということになります。

ただし、特定の契約関係につき保証のあり方をどのようにするかは、契約自由の原則により、当事者間の合意に委ねられ、両者を併用することは法令上禁止されていません。

したがって、関係当事者間でしっかりと合意がなされれば、家賃債務保証業者を活用するとともに連帯保証人を併用することも可能であり、この場合には、「家賃債務保証業者型」と「連帯保証人型」のそれぞれの内容を参考に、頭書欄及び第17条の規定を修正した契約書を作成することになります。

**全体**

 **標準契約書（再改訂版）は、いつから使うことができますか。**

**A7** 　今回作成された標準契約書（以下「再改訂版」といいます）は、改正民法の内容を踏まえ作成されています。したがって再改訂版は、改正民法が適用される住宅賃貸借契約について使用するのが基本でしょう。改正民法は平成32年4月1日から施行され、その施行日以降に締結される賃貸借契約に適用されることになります。
　しかし民法の賃貸借に係る規定は基本的に任意規定であって、民法の規定と異なる特約をすることは、その内容が公序良俗に反するものなどではない限り、否定されません。再改訂版の内容は、いずれも現行民法との関係でも特約として有効と考えられますので、平成32年4月1日より前であっても、改正民法の内容を先取りして、当事者間の合意に基づき再改訂版の内容で賃貸借契約をすることは可能です。

### 全体

## Q8 標準契約書（平成24年改訂版）は、いつまで使用できますか。

　　　　　現行の標準契約書は、改正前の民法の内容をベースに作成されています。したがって、改正民法が適用される賃貸借契約については、今回再改訂された標準契約書（以下「再改訂版」といいます）を使用し、現行の標準契約書（以下「平成24年改訂版」という）は使用しないことが基本となります。改正民法は平成32年4月1日から施行され、その施行日以降に締結される賃貸借契約に適用されます。また、平成32年3月31日までに結ばれた賃貸借契約であっても、施行日（同年4月1日）以降に合意更新された場合、合意更新の時点から改正民法が適用されると解されています（法定更新の場合にはそのまま現行民法が適用されます）。

　そうすると平成24年改訂版は、新規契約であれば平成32年3月31日までに結ばれる賃貸借につき使用されます。また、平成32年3月31日以前に結ばれた賃貸借契約であれば、同年4月1日以降に合意更新されるまでの間、使用されるということになります。

　（例1）
　　平成32年1月1日に契約締結（期間満了日平成34年12月31日）
　　　現行民法が適用→平成24年改訂版
　（例2）
　　平成32年6月1日に契約締結（期間満了日平成34年5月31日）
　　　改正民法が適用→再改訂版
　（例3）
　　平成30年10月1日に契約締結（期間満了日平成32年9月30日）
　　期間満了日に合意更新された（期間満了日平成34年9月30日）
　　　平成32年9月30日まで　現行民法が適用→平成24年改訂版
　　　平成32年10月1日から　改正民法が適用→再改訂版
　（例4）
　　平成30年10月1日に契約締結（期間満了日平成32年9月30日）
　　期間満了日に法定更新された（期間の定めなしの契約となる）
　　　平成32年9月30日まで　現行民法が適用→平成24年改訂版
　　　平成32年10月1日から　現行民法が適用→平成24年改訂版

なお、民法の賃貸借に係る規定は基本的に任意規定であって、民法の規定と異なる特約をすることは、その内容が強行規定や公序良俗に反するものなどではない限り、否定されません。したがって改正民法が適用される賃貸借契約であっても、平成24年改訂版の内容をもとに当事者間の合意によって契約書を作成することは否定されませんが、少なくても改正民法の中の保証に係る部分は強行規定であると解する説が有力ですので、連帯保証人の規定に関しては再改訂版を踏まえることが必要です。

**全体**

**Q9** 現行民法のもとで結ばれた賃貸借契約については、平成24年改訂版と再改訂版のどちらを参考とすべきでしょうか。

**A9** 現行の標準契約書は、改正前の民法の内容をベースに作成されています。したがって、改正民法が適用される賃貸借契約については、今回再改訂された標準契約書（以下「再改訂版」といいます）を使用し、現行の標準契約書（以下「平成24年改訂版」といいます）は使用しないことが基本となります。改正民法は平成32年4月1日から施行され、その施行日以降に締結される賃貸借契約に適用されます。また、平成32年3月31日までに結ばれた賃貸借契約であっても、施行日（同年4月1日）以降に合意更新された場合、合意更新の時点から改正民法が適用されると解されています（法定更新の場合にはそのまま現行民法が適用されます）。そうすると、現行民法のもとで結ばれた賃貸借契約で同年4月1日以降に期間満了を迎えるものについては、期間満了までは平成24年改訂版を参考とし、期間満了時に合意更新する場合にはその時点から再改訂版を、法定更新となる場合には平成24年改訂版を、それぞれ参考にしていただくことになります。

（例1）
　平成30年10月1日に契約締結（期間満了日平成32年9月30日）
　期間満了日に合意更新された（期間満了日平成34年9月30日）
　　平成32年9月30日まで　現行民法が適用→平成24年改訂版
　　平成32年10月1日から　改正民法が適用→再改訂版
（例2）
　平成30年10月1日に契約締結（期間満了日平成32年9月30日）
　期間満了日に法定更新された（期間の定めなしの契約となる）
　　平成32年9月30日まで　現行民法が適用→平成24年改訂版
　　平成32年10月1日から　現行民法が適用→平成24年改訂版

なお、民法の賃貸借に係る規定は基本的に任意規定であって、民法の規定と異なる特約をすることは、その内容が強行規定や公序良俗に反するものなどではない限り、否定されません。したがって改正民法施行後に合意更新する場合であっても、平成24年改訂版の内容を参考に、当事者間の合意によって契約書を作成することは否定されませんが、少なくとも改正民法の中の保証に係る部分は強行規定であると解する説が有力ですので、連帯保証人の規定に関しては再改訂版を踏まえることが必要です。

### 頭書

 頭書(4)の管理業者の欄中の「賃貸住宅管理業者登録番号」とは何ですか。

**A10** 賃貸住宅の管理をめぐっては、特段の法整備はなされておらず、民法等の規定に従い、それぞれの業者が独自のノウハウとコンプライアンスに基づき業務を行ってきました。

しかし住宅賃貸借をめぐっては、家賃の取立ての問題や更新料の問題、明渡しの問題、原状回復の問題など、さまざまな局面におけるトラブルが増えているといわれています。そこで国土交通省は、賃貸住宅管理業の健全な発達を図り、借主などの利益の保護に資することを目的として、平成23年12月1日から賃貸住宅管理業登録制度をスタートさせました。

この制度は任意登録制度であり、登録しないと管理業が営めないということではありません。しかし登録業者は、登録番号が付与され、毎年国土交通大臣に対し業務報告等をすることや、適正な賃貸借契約関係に資するための業務処理の在り方を定めた「賃貸住宅管理業務処理準則」の遵守などが義務づけられています。

標準契約書（再改訂版）では、賃貸住宅管理業者登録制度に登録された管理業者がその賃貸住宅を管理している場合には、そのことを契約当事者に明らかにするため、頭書欄の管理業者の記載欄に管理業者登録番号の欄を設けているところです。

（参考）「賃貸住宅管理業務処理準則」の主な内容
- 管理受託契約締結時・サブリース契約時の賃貸不動産経営管理士等による重要事項説明と書面の交付
- 貸主への定期的な業務報告
- 管理委託契約終了時の借主への書面の交付
- 賃貸借契約に記載のない金銭を受領したときの貸主への通知
- 賃貸借契約更新時の借主への書面の交付
- 賃貸借契約終了時の債務の精算に際し、当該債務の基礎を記載した書面の借主への交付
- 管理業務の一括再委託の禁止
- 財産の分別管理　　　　等

**頭書**

## 家賃債務保証業者型(6)中の「家賃債務保証業者登録番号」とは何ですか。

**A11** 　　家賃債務保証業者については、業規制のための法令はなく、家賃債務保証の内容や業務の在り方は、民法などの一般的な法令のもと、それぞれの業者が自主的に対応しているところです。

　しかし近年は、連帯保証人の成り手不足や賃貸住宅経営の安定化に資することなどから、住宅賃貸借においても家賃債務保証業者の活用が拡大しています。改正民法では、個人の連帯保証人との間で保証契約をする場合には極度額の設定が必要となることなどから、ますます家賃債務保証業者の活用は増えてくることが予想されています。

　そこで国土交通省は、家賃債務保証業の適正化の推進等を図るため、平成29年10月から、家賃債務保証業者登録制度をスタートさせました。

　この制度は任意の登録制度であり、登録しないからといって家賃債務保証業が営めないということではありません。しかし保証契約や保証委託契約の際の事前の説明等を定めた業務処理準則の遵守が義務付けられており、しかも登録業者名は公表されることから、当事者が家賃債務保証業者を選択する際の一つの参考となることが期待されています。

　登録業者には登録番号が付与されますので、標準契約書（再改訂版）では、家賃債務保証業者登録制度に登録された家賃債務保証業者を利用する場合には、そのことを契約当事者に明らかにするため、頭書欄の家賃債務保証業者の記載欄に家賃債務保証業者登録番号を記載する欄を設けています。

### 頭書

## 連帯保証人型の「極度額」の欄には何を記載するのですか。

**A12** 改正民法では、賃貸借契約につき個人が連帯保証をする場合には根保証として保証契約時に極度額を定めなければならないとされました（改正民法第465条の２第２項）。極度額とは連帯保証人が負担すべき債務の上限であり、貸主は、借主に家賃滞納などの債務不履行があったときであっても、連帯保証人に対しては、極度額を超えて請求することはできません。

標準契約書では、賃貸借の目的物の概要、契約期間及び賃料等の約定事項並びに貸主、借主、管理人及び同居人の氏名等を一覧できるように、頭書部分を設けています。これは、約定事項を当事者が一括して書き込むことにより、当事者の意思を明確にさせ、記載漏れを防ぐこととあわせて、契約の主要な内容の一覧を図って当事者間で契約の主要な内容の認識に齟齬が生じないようにする趣旨です。

改正民法のもとで個人が連帯保証人になる場合の極度額の定めは、「契約の主要な内容」に該当するため、再改訂版では頭書欄に、極度額の記載欄が設けられました。

極度額の欄は、貸主と連帯保証人との合意に基づき定めた額を記載します。記載方法としては、「金〇〇円」と金額で定めても、「家賃の〇カ月分」と定めても、どちらでも構いませんが、確定した金額がわかる表現にすることが必要です。「家賃の〇カ月分」と記載した場合には、契約時の家賃額を基準に定めたものと理解されることにも注意してください。

**頭書**

**Q13** 極度額を定める際の基準などはありますか。

**A13** 　個人が連帯保証人となる場合に保証契約で定めなければならない「極度額」については、その額につき上限下限ともに規制はありません。当事者間で合意をすれば、公序良俗に反すると評価されるようなきわめて高額な設定でない限り、合意した金額が極度額となります。

　しかし極度額を協議する際に参考となるものがないと、協議そのものが成り立たなくなり、結局のところ一方当事者が一方的に決めた金額で契約に至るようなケースがでてくる可能性は否定できません。

　そこで今回の標準契約書（再改訂版）の公表とあわせ、「極度額参考資料」が公表されました（巻末資料２－Ａ参照）。この参考資料には、

①家賃債務保証業者が借主に代わって貸主に支払った滞納家賃等のうち、借主に求償しても回収できなかった損害額の調査結果

②賃貸住宅管理業者が家賃滞納の発生から明渡訴訟等に至る1000件あたりの件数や平均的な期間、最終的に借主から回収できなかった家賃額等の調査結果

③裁判所の判決（地裁以上で、簡裁の判決は含まれません）において、民間賃貸住宅における借主の未払い家賃等を連帯保証人の負担として確定した額の調査結果

が掲載されていますので、これらのデータを参考に協議することが考えられます。

### 敷金

## Q14 民法改正で敷金の規定が設けられましたが、これを受けて標準契約書の取扱いに変更はありますか。

  A14　改正民法では、新たに敷金の基本的な取扱い等に関する規定が設けられました。しかしこの規定内容は、従前から判例等で認められてきた取扱を明文化したものです。

　もともと標準契約書は判例等も踏まえ作成されており、敷金の規定に関しても、概ね改正民法の敷金の規定内容に即した内容となっていました。ただし契約期間中の敷金と借主の債務の相殺の取扱い（貸主からの相殺は可能であること、借主からの相殺はできないこと）（改正民法第622条の2第2項）に関しては、借主から相殺できないことのみが規定されていたところです。

　そこで再改訂版では、法令上の規定の文言と契約書上の文言が異なると解釈に混乱が生じかねないことから、改正民法の条文にあわせて文言を修正したほか（敷金を「預け入れる」→「交付する」（第1項）、「差し引くことができる」→「差し引いて返還するものとする」（第4項））、契約期間中の敷金と借主の債務の相殺の取扱いに関し、第2項で貸主から相殺可能であることも含め、改正民法の規定内容をそのまま明文化したところです。

【改正民法の条文】

> （敷金）
> 第622条の2　賃貸人は、敷金（いかなる名目によるかを問わず、賃料債務その他の賃貸借に基づいて生ずる賃借人の賃貸人に対する金銭の給付を目的とする債務を担保する目的で、賃借人が賃貸人に交付する金銭をいう。以下この条において同じ。）を受け取っている場合において、次に掲げるときは、賃借人に対し、その受け取った敷金の額から賃貸借に基づいて生じた賃借人の賃貸人に対する金銭の給付を目的とする債務の額を控除した残額を返還しなければならない。
> 　一　賃貸借が終了し、かつ、賃貸物の返還を受けたとき。
> 　二　賃借人が適法に賃借権を譲り渡したとき。
> 2　賃貸人は、賃借人が賃貸借に基づいて生じた金銭の給付を目的とする債務を履行しないときは、敷金をその債務の弁済に充てることができる。この場合において、賃借人は、賃貸人に対し、敷金をその債務の弁済に充てることを請求することができない。

### 敷金

 **敷金の返還時期と返還額はどのようになりますか。**

**A15** 改正民法は、敷金の返還時期につき、次の2つのケースを規定しています。

① 賃貸借が終了し、かつ、賃借物の返還を受けたとき（改正民法第622条の2第1項第1号）。
　「賃貸物の返還を受けたとき」なので、例えば借主の方で、「敷金が返ってくるまでは物件を明け渡さない」などと主張することはできません。

② 賃借人が適法に賃借権を譲り渡したとき（改正民法第622条の2第1項第2号）
　賃借権の譲渡は、借主の地位・権利・義務そのものが譲受人に移転するものであり（借主の地位等はそのままで、借主が今度は貸主として第三者に賃貸する「転貸借」とは異なります）、民法では貸主の承諾が必要とされます。すなわち貸主の承諾を得て賃借権を譲渡したとき、貸主は、これまでの借主に対し敷金を返還し、賃借権の譲渡を受けた新たな借主から改めて敷金の交付を受けることになります。

　これらはいずれも判例等で認められていた取扱いを明文化したものです。もともと標準契約書は判例等も踏まえ作成されており、①の取扱いはすでに規定されていました。一方②の取扱に関しては、住宅賃貸借では賃借権譲渡がなされることはあまり想定されませんし、実際に譲渡がなされる場合には貸主の承諾が必要となり、その過程で敷金の取扱についても個別に協議がなされることが一般的であることから、これまでも標準契約書では②のケースについて規定は設けていませんでした。再改訂版では、敷金の返還時期に関しては現行標準契約書のままとしているところであり、上記①②のケースで敷金の返還がなされるという取扱いは、これまでと変わるところはありません。

　敷金の返還額については、改正民法では「受け取った敷金の額から賃貸借に基づいて生じた賃借人の賃貸人に対する金銭の給付を目的とする債務の額を控除した残額」とされていますが、これも判例等で認められていた取扱を明文化したものです。もともと標準契約書は判例等を踏まえ作成されており、この取扱もすでに規定されていましたので、再改訂版では、改正民法の規定にあわせた文言修正

をしたほかは、内容的に変わるところはありません。貸主は、明渡しがなされた時点で滞納家賃や借主が負担すべき原状回復費用などがあれば、それらを差し引いた残額を返還することになります。いったん全部返還したうえでこれらの債務の履行を求めるものではありません。

### 敷金

### Q16 契約期間中に敷金と借主の債務とを相殺することはできますか。

 改正民法では、「賃貸人は、賃借人が賃貸借に基づいて生じた金銭の給付を目的とする債務を履行しないときは、敷金をその債務の弁済に充てることができる。この場合において、賃借人は、賃貸人に対し、敷金をその債務の弁済に充てることを請求することができない。」と規定しています（改正民法第622条の2第2項）。

すなわち、契約期間中に敷金と借主の債務とを相殺することは、貸主からは可能ですが、借主からはできません。

具体的に言えば、例えば家賃の滞納があったとき、貸主からは、「家賃滞納があるけれど、受け取っている敷金を滞納家賃の支払にあて、家賃滞納はなしということにしよう」と述べて、その通りに扱うことはできます。しかし借主の方から、「家賃を滞納しているけれど、渡している敷金で相殺をし、家賃滞納はなしということにしてくれ」と請求することはできないということです。

これまでの標準契約書には、借主側から相殺できないことのみが規定されていましたが、貸主側から相殺できるという取扱いは従前から判例で認められてきたものなので、これまでの標準契約書であっても解釈によって同じ取扱いとなります。

再改訂版では、契約期間中の敷金と借主の債務の相殺の取扱に関し貸主から相殺可能であることも含め、改正民法の規定内容をそのまま明文化したことから、これまでのような「解釈」ではなく、契約書の明文の規定に基づき、以上のような取扱がなされることになります。

修繕

## Q17 修繕についてはどのような改訂がされましたか。

**A17** 修繕の原則的な取扱につき、改正民法の条文にあわせ、第1項の規定が以下のように整理されました。

| 損壊等の原因 | 修繕の実施主体 | 費用負担者 |
|---|---|---|
| 借主の責めに帰すべき事由によるもの | 貸主 | 借主 |
| 上記以外 | 貸主 | 貸主 |

　また、改正民法には、貸主が必要な修繕等を相当な期間しない場合や急迫な事情がある場合には、借主が自ら修繕をすることができるとする規定が設けられましたが（改正民法第607条の2）、修繕の必要性や範囲などにつき無用な紛争が生じることがないよう、標準契約書では、まずは借主が要修繕箇所を発見したときは貸主に通知して修繕の必要性等について協議するものとする手続きルールを規定しています（第9条第3項）。

　さらに、民法改正とは関係ありませんが、標準契約書ではこれまでも、別表第4に記載する小修繕については借主が実施できるとしていたところ、修繕の原則的取扱（第1項：貸主が実施）との関係がわかりにくいといった指摘があったことなどから、小修繕に関する貸主と借主の関係について再整理がなされています。

【改正民法の条文】

　（賃貸人による修繕等）
　第606条　賃貸人は、賃貸物の使用及び収益に必要な修繕をする義務を負う。ただし、賃借人の責めに帰すべき事由によってその修繕が必要となったときは、この限りでない。

　（賃借人による修繕）
　第607条の2　賃借物の修繕が必要である場合において、次に掲げるときは、賃借人は、その修繕をすることができる。
　一　賃借人が賃貸人に修繕が必要である旨を通知し、又は賃貸人がその旨

を知ったにもかかわらず、賃貸人が相当の期間内に必要な修繕をしない
とき。
二　急迫の事情があるとき。

修繕 ● 199

**修繕**

 **第３項で修繕の必要性について協議をする旨の規定を設けた趣旨は何ですか。**

**A18** 改正民法では、貸主が必要な修繕等を相当な期間しない場合や急迫な事情がある場合には、借主が自ら修繕をすることができるものとする規定が設けられています（改正民法第607条の２）。これは従来からも通説として認められてきた考え方ではあるのですが、修繕の対象となる建物や設備などは貸主または第三者（サブリースの場合）の所有物であることから、仮に借主が自己の判断のみで、結果として修繕として認められる範囲や程度を超えて工事を実施してしまった場合などでは、新たな紛争となってしまいます。

そこで標準契約書（再改訂版）では、借主が修繕を必要とすると思われる箇所を発見したときは貸主に通知し、修繕の必要について協議するといった手続きルールを第３項で設け、そのような手続きを経たにもかかわらず貸主が正当な理由なく修繕を実施しないときに、改正民法の規定に基づき借主が修繕を実施し、貸主にその費用を請求できることとして、当該紛争の防止を図っているところです。

### 修繕

## Q19 標準契約書では、どのような手続きを経れば借主自身が修繕できることになるのですか。

**A19**　標準契約書（再改訂版）では、借主自身が修繕ができるケースを2つ用意しています。

1つ目は、改正民法で明文化された、「貸主が必要な修繕等を相当な期間しない場合や急迫な事情がある場合」です。ただし標準契約書（再改訂版）では、修繕の必要性や範囲等に関し後日紛争とならないように、以下のような手順を踏むことをルール化しています（第9条第3項・第4項）。

借主が要修繕箇所を発見
⇩
貸主への通知
⇩
修繕の必要性等について協議
⇩
（貸主が正当な理由なく修繕を実施しない）
⇩
借主が修繕を実施・貸主に費用を請求

2つ目は、賃貸住宅の躯体構造に影響がなく、費用が軽微であり、貸主の修繕の実施を待っていては日常生活に支障を来すような小修繕についてです。標準契約書では、これに該当する小修繕を別表4に具体的に記載することとし、別表4に掲げる修繕について借主は、貸主に通知することなく、自らが費用を負担して、修繕を実施することができるものとしています（第9条第5項）。

### 修繕

**Q20** 別表4に記載する事項に関する修繕は、貸主に実施請求できないのですか。借主が行う場合にはどのような手続きをとればよいのですか。

**A20** 標準契約書では、別表4に記載する修繕については、修繕の原則的な取扱いに即し、貸主に修繕の実施を請求してもよいですが（この場合の費用負担者は貸主）、そうではなく、借主が自らが修繕してもよいものとしています（この場合の費用負担者は借主）。借主が別表4に記載する修繕を自ら実施するに際しては、貸主に対し通知をする必要はありませんし、仮に貸主が修繕を承諾しなくても、実施することが可能です（第9条第5項）。そしてこの場合、貸主に修繕費用等を請求することはできません。

なおこの取扱いの対象となる別表4に記載する事項は、当事者の合意によって決定されます。別表4中にはあらかじめ「ヒューズの取替」、「風呂場等のゴム栓、鎖の取替」などが記載されていますが、これらは例示であって合意により削除することも可能ですし、合意により空欄に他の事項を追加することも可能です。ただしこの取扱を認めた趣旨からすれば、追加して記載される事項は、賃貸住宅の躯体構造に影響がなく、費用が軽微で、貸主の修繕の実施を待っていては日常生活に支障を来すようなものが想定されます。それ以上の修繕を借主が実施することとするのであれば、改めて特約（第19条）で定めることとなりましょう。

**解除**

改正民法では一定の場合に催告なく契約を解除できる旨の規定が設けられましたが、標準契約書では、無催告解除はどのような場合に認められるのですか。

**A21** 現行民法では、債務を履行することができなくなった場合（履行不能の場合）や、履行が遅れる場合でもそれが定期行為（特定の日時又は一定の期間内に履行をしなければ契約をした目的を達することができない行為）に当たる場合について、催告なく解除すること（以下「無催告解除」といいます）を認めています。

改正民法では、これらの場合に加え、履行不能とはなっていなくても、または定期行為でなくても、「債務者がその債務の全部の履行を拒絶する意思を明確に表示したとき」などでは、無催告解除を認める旨の規定が設けられました（改正民法第542条）。

賃貸借契約については、判例等ではこれまでも一定の場合（信頼関係が高度に破壊されている場合など）には催告なく契約を解除する旨の特約は有効であるとされていました。そこでこれまでの標準契約書では、反社会的勢力排除に係る規定に反した場合には無催告解除とする一方で、それ以外の賃料滞納や近隣迷惑行為などの場合には、高度の信頼関係の破壊であると画一的に評価することはできないことから、催告のうえ解除するという取扱に整理していたところです。

再改訂版でも、これまでの標準契約書の条文は修正せず無催告解除が認められるのは反社会的勢力排除の規定に反した場合のみを規定していますが、改正民法で無催告解除が認められたケースを法令のとおりに催告なく解除することを否定するものではありません。

### 一部滅失による賃料の減額等

## Q22 一部滅失による賃料の減額等の際に「協議」の規定を新たに設けた趣旨は何ですか。

A22　現行民法は、借主の責任によらずに賃借物の一部が滅失その他の事由により使用収益ができなくなった場合には、その使用収益ができなくなった部分の割合に応じて、「賃借人が賃料の減額を請求することができる」としています（民法第611条第1項）。

改正民法では、減額が生じるケースを、「賃借物の一部が滅失」したときのみならず「その他の事由により使用収益ができなくなった場合」に拡大するとともに、その使用収益ができなくなった部分の割合に応じて、賃料が「減額される」と規定しています（改正民法第611条第1項）。

減額が生じるケースにつき「その他の事由により使用収益ができなくなった場合」が加わったことに関しては、そもそも賃料は物件の利用の対価であり、一部の利用ができなくなれば、その原因が物理的滅失であろうとそれ以外であろうと、利用の対価たる賃料が減額されるのは当然です。現行民法のもとでも、賃料の減額は物理的滅失以外でも認められるものと解されており、改正民法はそれを確認的に規定しただけであることから、この改正によりこれまでの取扱いが変わることがありません。

一方、「賃料の減額」については、改正民法では、滅失等があれば借主からの請求を待たずにそのときから賃料が減額されることになります。

現行民法のもとでも、借主から請求がなされれば滅失時に遡って賃料が減額されると解されていたことから、「請求がなされれば」滅失時から減額されるという結論についてはこれまでと変わることはありません。

ただし改正民法の文言からすれば、一部滅失等があったにもかかわらず、貸主がその事実を把握していないままに（専用部分内の設備の損傷等であれば貸主が直接把握することは困難です）従前賃料を請求した場合、そのこと自体不当との非難を浴びる可能性があります。「使用収益ができなくなった場合」などの立証責任は借主側にあると解されていますが、裁判になる以前においては、減額の要否や減額幅、期間などについて、当事者間に紛争が生じかねない危険性があるところです。

そこで標準契約書（再改訂版）では、いずれか一方の当事者が、一方的に減額の要否や程度等を主張して紛争となることを防止するため、物件の一部滅失等があったときは、貸主・借主は、「減額の程度、期間その他必要な事項について協

議する」ものとする手続上のルールを規定したところです。

【改正民法の条文】

> （賃借物の一部滅失等による賃料の減額等）
> 第611条　賃借物の一部が滅失その他の事由により使用及び収益をすること
> 　ができなくなった場合において、それが賃借人の責めに帰することができ
> 　ない事由によるものであるときは、賃料は、その使用及び収益をすること
> 　ができなくなった部分の割合に応じて、減額される。
> 2　賃借物の一部が滅失その他の事由により使用及び収益をすることができ
> 　なくなった場合において、残存する部分のみでは賃借人が賃借をした目的
> 　を達することができないときは、賃借人は、契約の解除をすることができ
> 　る。

### 一部滅失による賃料の減額等

**Q23** 減額の程度等の取扱を協議する際に参考となる資料はありますか。

**A23** 標準契約書（再改訂版）は、改正民法の内容に従い、賃借物の一部が滅失その他の事由により使用及び収益をすることができなくなった場合において、それが借主の責めに帰することができない事由によるものであるときは、賃料は、その使用及び収益をすることができなくなった部分の割合に応じて、減額される旨を確認的に規定するとともに、賃料の程度、期間その他必要な事項について協議する旨の手続き上のルールを規定しています（第12条第1項）。

この「協議」を実効性あらしめるためには、減額の程度や期間に係る基準等が求められるところですが、一部滅失等に伴う賃料減額に関する裁判例は少なく、また、事案ごとに様々な特殊事情があることから、それをもって一定の基準を作成することは困難といえます。

しかし何も拠り所がないと、協議そのものが進まないことになりかねません。そこで今回の再改訂版の公表にあわせ、裁判例や、これまでの実務の取扱を踏まえた手続き、協議に当たって考慮すべき事情などを整理した「賃料の一部減額参考資料」が公表されています（巻末資料2−B参照）。この資料をもとに、賃料の一部減額の協議を進めていくことが考えられます。

### 一部滅失による賃料の減額等

## Q24 「賃料の一部減額に係る参考資料」はどのように活用するのですか。また使用の際の留意点は何ですか。

**A24** 「賃料の一部減額参考資料」(「巻末資料2-B」参照) は、裁判例や、これまでの実務の取扱を踏まえた手続き、協議にあたって考慮すべき事情などを整理したものです。

しかし実際に物件の一部滅失等があった場合、一部滅失の程度は様々であり、滅失による借主の利用への影響の程度は、それぞれの契約内容や物件の状況に応じて様々です。したがって参考資料中の裁判例をそのまま当てはめることはできません。裁判例の結論はあくまでも一つの参考にとどめ、その結論に至るに当たって何が考慮されたのかなどに着目して、「その判断材料が本件ではどう評価されるのか」といった観点から、実際の協議の場で活用することが考えられます。

また、これまでも賃料の減額等に関しては、代替措置の提供など、実務上の様々な対応がなされてきたところです。参考資料にはそのような実務ベースでの処理の在り方も記載されていますので、様々な解決方法を検討する際の参考とし、最終的な合意の形成に役立てるという形で使用されることも期待されます。

### 契約の終了

 **Q25** 改正民法では目的物の全部滅失による契約終了の規定が新たに設けられましたが、これを受けて標準契約書の取扱に変更はありますか。

**A25** 改正民法では、賃借物が全部滅失等した場合には、賃貸借はこれによって終了する旨の規定が設けられました（改正民法第616条の2）。

ただし標準契約書は、平成24年の改訂時に、すでに天災等により物件が滅失した場合には契約が終了する旨の規定を設けたところであり、いわば改正民法の内容を先取りして規定していました。したがって再改訂版では、改正民法の条文の文言にあわせた文言の修正をするなどの形式的な改正をしましたが、内容的な変更はありません。

【改正民法の条文】

> （賃借物の全部滅失等による賃貸借の終了）
> 第616条の2　賃借物の全部が滅失その他の事由により使用及び収益をすることができなくなった場合には、賃貸借は、これによって終了する。

### 明渡し時の原状回復

Q26 改正民法では原状回復の規定が新たに設けられましたが、これを受けて標準契約書の取扱に変更はありますか。

**A26** 改正民法には、新たに原状回復に係る規定が設けられました（改正民法第621条）。借主には原状回復義務があることを明文化するとともに、原状回復の内容は、物件の引渡を受けて以降に生じた損傷であること、通常の使用及び収益によって生じた賃借物の損耗及び毀損並びに賃借物の経年劣化は除かれること、借主の責めに帰することができない事由（自然災害や、別な住居からの漏水等が想定されます）による損傷は除かれることが規定されています。

　これらの内容は、判例等で示されてきた考え方に則したものであり、国土交通省が示している「原状回復をめぐるトラブルとガイドライン」（以下「原状回復ガイドライン」といいます）が示している内容と同じものとなっています。

　標準契約書は、平成24年改訂時に、原状回復ガイドラインの内容を踏まえて原状回復に係る規定を整理したところであり、その内容は、今回の改正民法の規定とほぼ同じであることから、再改訂版では大きな内容的な修正はなされていません。ただし、自然災害等の借主の責めに帰することのできない事由により生じた損傷等が原状回復の対象から除かれることについては明文で定めていなかったので、その点について、改正民法の規定にあわせ、第1項のただし書として追加されたところです。

【改正民法の条文】

> （賃借人の原状回復義務）
> 第621条　賃借人は、賃借物を受け取った後にこれに生じた損傷（通常の使用及び収益によって生じた賃借物の損耗及び毀損並びに賃借物の経年劣化を除く。以下この条において同じ。）がある場合において、賃貸借が終了したときは、その損傷を原状に復する義務を負う。ただし、その損傷が賃借人の責めに帰することができない事由によるものであるときは、この限りでない。

### 明渡し時の原状回復

改正民法では、明渡し時の借主の「収去権」を「収去義務」にするなどの改正がされましたが、これを受けて標準契約書の取扱に変更はありますか。

**A27** 現行民法は、借用物に附属させた物につき、借主に収去権があるとしています（民法第598条・民法第616条により賃貸借に準用）。

改正民法では、「借用物を受け取った後にこれに附属させた物」に対象を限定し、現行法と同様に借主の収去権を認めるとともに（改正民法第599条第2項）、あわせて退去時には借主はこれらを収去する義務がある旨規定しています（改正民法第599条第1項）。ただし借用物から分離することのできない物や、分離するのに過分の費用を要する物については、収去義務の対象から除かれ、これらの収去義務を負わない附属物については、別に有益費償還請求や造作買取請求が問題となることになります。

借主が附属させた物の明渡し時の取扱いは、住宅賃貸借では一般的に、原状回復と一体的に検討されているところです。したがって標準契約書でも、従前からこの収去の問題を、原状回復の規定の中で取り扱っていたところであり、標準契約書（再改訂版）でも同様に扱い、改正民法の規定に則した改訂などは行われていません。したがって再改訂版においても、収去のあり方や費用に関しては、原状回復に係る協議の中で、合意がなされることになります。

ただし収去のあり方などにつき退去の段階で改めてトラブルとなることがないよう、あらかじめその取扱いを合意しておくことも有益でしょう。標準契約書は、借主が物件の改造や模様替え等をする場合には貸主の承諾を要することとし、再改訂版でもその取扱いに変わりはありませんので（第8条第2項）、その承諾手続きに際し、退去時の収去のあり方、所有権の帰属や費用償還請求の有無などを合意しておくことが考えられます。

### 明渡し時の原状回復

**Q28** 原状回復について特約を結ぶことはできますか。また、特約をする場合には標準契約書中のどこに記載するのですか。

**A28** 改正民法では、賃貸借の終了後の借主の原状回復義務に係る規定が設けられ、その内容を「通常の使用及び収益によって生じた賃借物の損耗並びに賃借物の経年変化を除く」ものとしています。

この改正民法の規定は任意規定であると解され、特約で別の内容の定めをすることは否定されません。ただし原状回復の特約に関しては、これまでも最高裁判例や、原状回復ガイドラインなどで、その成立要件（明確な合意の存在）や有効と解されるための要件（参考参照）などが示されてきました。改正民法のもとでも、これらの特約の成立要件・有効要件は変わりありませんので、特約をする場合には、これらの要件を満たすようにする必要があります。

標準契約書（再改訂版）も上記改正民法の内容と異なるところはありませんので、紛争回避の観点から、最高裁判例や原状回復ガイドラインが示す成立要件、有効要件を踏まえて特約をすることが可能です。

（参考）原状回復ガイドラインが示す特約の有効性に係る3つの要件

① 特約の必要性があり、かつ、暴利的でないなどの客観的、合理的理由が存在すること
② 借主が特約によって通常の原状回復義務を超えた修繕等の義務を負うことについて認識していること
③ 借主が特約による義務負担の意思表示をしていること

ただし標準契約書では、原状回復ガイドラインが示す3つの要件（参考参照）がしっかりとクリアされるよう、別表第5として原状回復の標準的考え方のエッセンスを示して借主がその内容を確認し、その契約では特約によってその標準的な取扱（通常の原状回復義務）を超える修繕等の義務を負うことを認識してもらい（要件②の充足）、その特約による義務負担をすることを承諾した（要件③の充足）ことが明らかになるように、原状回復に係る特約は別表第5の末尾に記載することとしています。

また、上記有効要件のうちの要件①に関しては、家賃が相場よりも低廉で、家

賃の中に通常損耗に係る補修費用が含まれていないと判断される場合などが考えられます。

### 連帯保証人

## Q29 民法改正を踏まえ、連帯保証人についてはどのような点が改訂されましたか。

改正民法では、賃貸借契約における個人の保証が根保証と扱われ、個人が連帯保証人となる場合には極度額を定めなければならないとされました（改正民法第465条の２第２項）。そこで再改訂版では、同内容の規定を新設するとともに（第２項）、改正民法が定める元本の確定事由（改正民法第465条の４）のうち、裁判所が直接関与しない借主や連帯保証人の死亡について、確認的に明文化しています（第３項）。

また改正民法では、保証人に対する情報提供の規定が設けられたこと（改正民法第458条の２）から、連帯保証人から情報提供依頼があったときは貸主が遅滞なく情報提供することとする旨の規定を設けています（第４項）。

【改正民法の条文】

（個人根保証契約の保証人の責任等）
第465条の２　一定の範囲に属する不特定の債務を主たる債務とする保証契約（以下「根保証契約」という。）であって保証人が法人でないもの（以下「個人根保証契約」という。）の保証人は、主たる債務の元本、主たる債務に関する利息、違約金、損害賠償その他その債務に従たる全てのもの及びその保証債務について約定された違約金又は損害賠償の額について、その全部に係る極度額を限度として、その履行をする責任を負う。
２　個人根保証契約は、前項に規定する極度額を定めなければ、その効力を生じない。

（個人根保証契約の元本の確定事由）
第465条の４　次に掲げる場合には、個人根保証契約における主たる債務の元本は、確定する。ただし、第一号に掲げる場合にあっては、強制執行又は担保権の実行の手続の開始があったときに限る。
　一　債権者が、保証人の財産について、金銭の支払を目的とする債権についての強制執行又は担保権の実行を申し立てたとき。
　二　保証人が破産手続開始の決定を受けたとき。
　三　主たる債務者または保証人が死亡したとき。

2　（略）

（主たる債務の履行状況に関する情報の提供義務）
第458条の２　保証人が主たる債務者の委託を受けて保証をした場合におい
　　て、保証人の請求があったときは、債権者は、保証人に対し、遅滞なく、
　　主たる債務の元本及び主たる債務に関する利息、違約金、損害賠償その他
　　その債務に従たる全てのものについての不履行の有無並びにこれらの残額
　　及びそのうち弁済期が到来しているものの額に関する情報を提供しなけれ
　　ばならない。

### 連帯保証人

## Q30 賃貸借契約が更新された場合、連帯保証契約は継続しますか。

　　標準契約書が対象としている普通建物賃貸借契約は、期間が満了した後も更新されることがあります。賃貸借契約が更新された場合に連帯保証契約がどうなるかについては判例があり、最高裁は「保証人は、貸主において保証債務の履行を請求することが信義則に反すると認められる場合を除き、更新後の賃貸借契約から生ずる借主の債務についても保証の責めを免れない」としています（最高裁平成9年11月13日判決）。

　標準契約書では、この点に関してはこれまで本条に規定を設けるのではなく、判例と同様に解されることを解説コメントの中で記載していたところです。しかし再改訂版では、賃貸借契約の更新後の保証の問題に関する無用な紛争を防止する必要があるとして、この点は解説コメントではなく契約書本体の中で、明文で規定したところです（第17条第1項）。

　したがって、賃貸借契約が更新された場合、標準契約書の取扱としても、連帯保証契約は、第17条第1項の規定に基づき継続することになります。

　ただし、上記判例は、「保証債務の履行を請求することが信義則に反すると認められる場合」には保証人は責任を負わないとしています。具体的には、借主が多額の賃料を延滞させていたにもかかわらず、賃貸借契約が法定更新された等の事情の下では、更新の時点で改めて意思確認等をしていない場合、保証人は法定更新後の借主の債務については責任を負わないことになります（東京地裁平成10年12月28日判決）。したがって賃貸借契約の更新時にすでに賃料の滞納等がある場合には、その時点で連帯保証人に対し保証契約の継続の意思確認等がされていないと、保証契約が継続していたとしても、実際に連帯保証人に対して更新後に生じた賃料の滞納等を請求することはできない可能性がある点には注意が必要でしょう。

**連帯保証人**

 根保証とはどのようなものですか。

**A31** 　根保証とは、定期的に発生する複数の債権などをまとめて保証するなど、保証の対象となる債権の額が増減するような保証のことをいいます。賃貸借契約では、借主の滞納家賃などが累積することなどによって連帯保証人が負うべき債務も増減することから、根保証であると解されます。

　ただし現行の民法では、根保証であっても、貸金債務でなければ一般的な保証（売買代金のように、対象となる債権額が確定し、増減しないもの）と同様の取扱がなされています。

　ところが改正民法では、個人が保証人となる根保証一般につき、極度額を定めなければ効力を生じないこととされました。これによって、住宅賃貸借について個人が連帯保証人となる場合でも、改正民法施行後は極度額を定めることが必要となり、標準契約書（再改訂版）でも、「連帯保証人型」において、頭書欄に極度額の記載欄を設け、第17条で連帯保証人は極度額の範囲内で責めを負うものである旨を規定しています。

### 連帯保証人

## Q32 極度額はどのように定めるのですか。

改正民法では、賃貸借契約につき個人が連帯保証をする場合には根保証と扱われ、保証契約時に極度額を定めなければならないとされました（改正民法第465条の２第２項）。これを受けて標準契約書（再改訂版）では、契約において極度額を定めることとし、頭書欄に極度額を記載する欄を設けています。

極度額の定め方や金額に関する基準はなく、賃料に比べて極めて高額であるなど公序良俗に反すると評価されるような額でない限りは、当事者間が合意して定めればそれが有効な極度額となります。

また、標準契約書（再改訂版）の公表とあわせて公表された「極度額参考資料」（巻末資料２－Ａ）も参考にしながら、当事者間で十分に協議のうえ極度額を設定してください。

頭書欄の極度額の記載欄には金額（金〇〇円）と定めてもいいですし、賃料の〇カ月分と定めても構いません。ただし「主たる債務の目的又は態様が保証契約の締結後に加重されたときであっても、保証人の負担は加重されない」（改正民法第448条第２項）ことから、あくまでも「家賃の〇カ月分」と表記する場合の「家賃」は保証契約時の家賃額であり、契約期間中に家賃が増額された場合であっても自動的に極度額が増額することにはならないことに注意してください。

また、極度額の定めは、保証人が負担すべき債務の上限を明確にし、その範囲での保証意思を明らかにするという趣旨から、確定額を定めることが求められます。したがって、例えば特約で「家賃滞納時の家賃額の〇か月分」と定めたとしても、保証人の予測可能性を否定することになり、極度額を定めた趣旨に反することになりますので、そのような取決めはすべきではないでしょう。

### 連帯保証人

## 「極度額に関する参考資料」はどのように活用するのですか。

**A33** 極度額を協議する際の参考として、標準契約書（再改訂版）の公表とあわせ、「極度額に関する参考資料」（巻末資料２－Ａ）が公表されました。この参考資料には、

①家賃債務保証業者が借主に代わって貸主に支払った滞納家賃等のうち、借主に求償しても回収できなかった損害額の調査結果

②賃貸住宅管理業者が家賃滞納の発生から明渡訴訟等に至る1000件あたりの件数や平均的な期間、最終的に借主から回収できなかった家賃額等の調査結果

③裁判所の判決（地裁以上で、簡裁の判決は含まれません）において、民間賃貸住宅における借主の未払い家賃等を連帯保証人の負担として確定した額の調査結果

が掲載されています。

賃貸借契約は物件ごと、当事者ごとに個別性があり、他で採用された取扱がそのまま個々の契約に当てはまるわけではありませんが、賃貸借契約では実際にどの程度の負担が生じる可能性があるのかなどにつき、客観的なデータが掲載された本資料を踏まえて協議をすれば、より建設的に協議が進められるものと思われます。

また、極度額は一方当事者が一方的に決めるものではなく、あくまで当事者の合意に基づき設定されるものです。仮に一方当事者から極度額に関し一方的な提案がなされた場合には、本資料を見て、提示された額が妥当か否かを検討するといった形で活用することも考えられます。

**連帯保証人**

元本の確定とは何ですか。標準契約書では民法が定める確定事由のうち、借主または連帯保証人が死亡したときのみを規定しているのは何故ですか（それ以外の事由では確定しないのですか）。

**A34** 　根保証では、極度額の範囲で連帯保証人が負担すべき債務が増減しますが、一定の事由が生じた場合、連帯保証人の債務は、その時点で現実に生じている借主の債務を元本とした額に確定し、それ以降は、その確定した元本とその元本に基づく利息や遅延損害金のみにつき、負担することになります（それ以降に生じた賃料滞納などについては連帯保証人の債務とはなりません）。これを「元本の確定」といい、改正民法では、以下の場合に元本が確定するものとしています。

（元本の確定事由）

① 債権者が、保証人の財産について、金銭の支払を目的とする債権について強制執行又は担保権の実行を申し立てたとき（第465条の4第1項1号）。
② 保証人が破産手続開始の決定を受けたとき（同2号）
③ 主たる債務者または保証人が死亡したとき（同3号）

　これらのうち標準契約書（再改訂版）では、借主や連帯保証人の死亡（上記③）についてのみ規定しています。
　しかしこれは、民法が定めるその他の事由（上記①②）について元本が確定しないという趣旨ではありません。
　連帯保証人の財産への強制執行等（上記①）や破産手続き開始決定（上記②）の場合は、いずれも裁判所が関与する手続きであり、その手続きの中で関係当事者に対しその事実が明らかになり、裁判所の手続きのもとで連帯保証人が負うべき債務の額が明らかになります。しかし、借主や連帯保証人の死亡の場合（上記③）には、裁判所が関与しないことから、具体的にどの時点の借主の債務につき連帯保証人（またはその相続人）の債務となるのかは、当該事実が当事者間で明

らかになることが必要となります。そこで標準契約書（再改訂版）では借主または連帯保証人の死亡の場合に関し、元本の確定事由として確認的に規定したところです（第3項）。

　したがって、借主または連帯保証人が死亡したとき以外でも、民法が定める事由（上記①②）が生じれば（最終的に連帯保証人が負担すべき債務については裁判所の手続きで明らかになるにしても）、その時点で元本は確定することに注意してください。

　なお、連帯保証人の死亡により元本が確定し、それ以降に発生する借主の債務は連帯保証人の相続人の債務とはならないことから、連帯保証人が死亡したという事実は、貸主が早期に把握できるようにしておくことも大切です。連帯保証人には、借主の親族など借主との間に一定の関係がある者がなることが一般的であることから、連帯保証人の死亡の事実は借主がいち早く知るのが通常でしょう。したがって、借主が連帯保証人の死亡を認識したときには直ちに貸主に連絡することなどを、別途特約として定めておくことが考えられます。

### 連帯保証人

**Q35 貸主は連帯保証人に対し、どのような場合にどのような情報を提供しなければならないのですか。また、情報提供の際に借主の承諾は必要ですか。**

**A35** 　改正民法では、保証人から借主の債務の履行状況につき情報提供の請求があった場合には、貸主はこれに応じなければならない旨の規定が設けられました（改正民法第458条の2）。

　標準契約書（再改訂版）でも、改正民法の規定を踏まえ、連帯保証人から情報提供依頼があったときは、貸主は、遅滞なく情報提供することとしているところです（第4項）。

　また、連帯保証人から依頼があった場合に情報提供をするのは、貸主としての法律上の義務に当たりますので、貸主が連帯保証人に対して情報提供する際に、借主の承諾などを得る必要はありません。

　なお、改正民法も標準契約書（再改訂版）も、情報提供をするのは連帯保証人から請求があったときであり、請求がない場合にまで情報提供することは、法令上も、契約上も貸主の義務ではありません。しかし、借主の債務が拡大しているにもかかわらず何ら連帯保証人に連絡などをしないで保証債務の額をいたずらに拡大させた場合などでは、信義則に基づき、連帯保証人が負担すべき債務が限定されることも考えられます。連帯保証人の保護の観点も踏まえれば、貸主としては、賃料滞納などのように実際に借主に債務不履行があり、連帯保証人の債務が現実に生じる状況になったときには、連帯保証人にも適宜連絡し、連帯保証人が不測の損害を被らないように対応することも大切でしょう。

### 家賃債務保証会社が提供する保証内容

**Q36** 家賃債務保証業者が提供する保証内容を標準契約書中に記載しないのは何故ですか。

**A36** 住宅賃貸借で家賃債務保証業者を活用する場合、家賃債務保証業者は、貸主との間で保証契約を結び、借主との間では保証委託契約を結ぶことが通常です。そしてこれらの契約は、各保証業者がそれぞれに提供すべき商品・サービスの内容を踏まえ、それぞれの業者ごとに決められます。

したがって標準契約書（再改訂版）中には、家賃債務保証業者が提供する保証の内容そのものを記載する欄は設けておらず、貸主や借主は、それぞれが家賃債務保証業者と取り交わす保証契約書または保証委託契約書をしっかりと確認してその内容を把握することとなります。ただし保証の内容等は貸主、借主双方にとっても重要な情報であり、賃貸借契約関係を広くとらえれば保証契約も保証委託契約もその中に含まれることから、実際に賃貸借契約をする際には、賃貸借契約書に、保証の概要等を記載した書面を参考として添付することなども考えられるでしょう。

### 特約事項

**Q37** 礼金や更新料などの敷金以外の一時金を定める場合には、どのように記載するのですか。

**A37** 標準契約書ではこれまで、契約時や更新時に当事者間で授受される一時金について、敷金のみを本条で定め、それ以外は特約で定めることとしていました。

改正民法は、敷金についての基本的な取扱いの規定を新設しましたが、それ以外の一時金についてはこれまでと同様に規定を設けず、当事者間で有効な特約があればそれに従うものとされています。

したがって標準契約書（再改訂版）でも、敷金以外の一時金については、当事者間の合意により特約で定めることとし、十分な説明と了解のうえ一時金を設定することが合意されれば、第19条の特約欄に記載することとしています。なお、一時金の返還等をめぐる紛争を防止する観点からは、特約欄には、一時金の名称と金額に加え、退去時などにおける一時金の返還の有無についても明確に記載しておくことが大切でしょう。

**特約事項**

## Q38 敷引き特約をすることはできますか。特約をする場合にはどのように記載するのですか。

**A38** 「敷引き特約」とは、契約時に借主から貸主に交付された敷金につき、物件の明渡しの時点で借主に債務が残っていなくても、あらかじめ定めておいた金額を差し引いて返還するという内容の特約で、裁判例では「敷金の一部の不返還特約」と表現されています。

賃貸借契約において当事者間で授受される金銭の取扱は、基本的に契約自由の原則によります。「敷引き特約」に関しても、当事者間で明確な合意があれば、金額が家賃等に比べて高額すぎるなどの特段の事情がない限り有効とするのが判例であり、改正民法のもとでもそれは変わりません。

したがって、改正民法のもとでも、また、民法を基本として作成されている標準契約書のもとでも、十分な説明と了解のもと、当事者間で明確に合意をすれば、敷引き特約をすることは可能ということになります。

ただし改正民法は、敷金につき、名称如何にかかわらず、賃貸借契約上の借主の債務を担保する目的で交付される金銭であると定義し、敷金の返還についても、明渡時の借主の債務を差し引いた残額を返還すると定めています。そうすると、契約時に交付される「敷金」のうち、敷引き特約に基づき債務不履行の有無とは関係なく当然に差し引かれる部分は「敷金」とは言えないことになります。

したがって、敷引き特約における不返還部分は、原状回復における通常損耗補修特約と評価されない場合には、礼金などと同様に「その他一時金」と位置づけられることになりますので、標準契約書（再改訂版）では、明確な合意をしたうえで、交付される「敷金」のうち、敷引き額（不返還額）は頭書欄の「その他一時金」の欄に、敷引き分を差し引いた残額を「敷金」の欄に、それぞれ分けて記載することになりましょう。また、第19条の特約欄には、敷引き額は、第6条第3項の敷金の返還には含まれないことなどを記載することも必要になると思われます。

**特約事項**

## Q39 標準契約書は、民泊やシェアハウスとして使用することを想定していますか。

　　　　　標準契約書は、一般的な住宅の賃貸借を想定していますので、民泊やシェアハウスとして提供する場合には、それぞれの制度にあった契約書を作成することが必要です。

　また、借主が転貸借により民泊やシェアハウスとして活用することに関しては、標準契約書では、転貸借に際し貸主の承諾を要するとしていますので（承諾の際の書式も用意されています）、借主は、貸主の承諾があれば、可能となります。ただし賃貸借契約において、これらの目的での転貸を禁止する特約も有効と解されるので、このような禁止特約があれば、承諾の有無以前に、当該使用はできないことになります。

　なお、普段は借主が自身の居住用に賃貸住宅を使用しながら、民泊として提供すること（家主同居型民泊）やシェアハウスとして使用することに関しては、これらを転貸借ではなく単なる同居人の追加と考えれば、標準契約書上は貸主への通知だけで足りるようにも思えます（第8条第3項）。しかし通知のみで認められる同居人の追加は、頭書(5)の同居人欄への追記とセットになっていることから、少なくとも民泊やシェアハウスのように「同居人」が頻繁に入れ替わることは想定されません。また、不特定多数の者の頻繁な出入りは建物や設備への影響、共用部分の使われ方、隣接住戸等との関係などから、親戚を短期間泊める場合などと同様に考えることはできないところです。したがってこの場合も貸主の承諾が必要と考えられます。

### その他

## Q40 同時に改訂された定期賃貸住宅標準契約書の改訂ポイントは何ですか。

**A40** 「定期賃貸住宅標準契約書」は、もともと標準契約書をベースに、借地借家法が定める定期建物賃貸借制度固有の取扱い（期間満了で終了し更新がないなど）に関し必要な修正を加えて作成されているところです。

定期建物賃貸借制度は借地借家法で定めている制度であり、今回の民法改正に伴った制度内容の変更はありません。したがって定期賃貸住宅標準契約書（再改訂版）は、標準契約書の再改訂内容と同じところが改訂されているだけなので（参考参照）、定期建物賃貸住宅標準契約書（再改訂版）の内容や留意点に関しては、標準契約書の内容に準ずるものとして、本書の標準契約書の逐条解説及び他のＱ＆Ａを参照してください。

ただし定期住宅賃貸借契約は期間満了で終了しますので、その後同一当事者間で契約をしても、それは更新ではなく「再契約」ということになります。したがって定期住宅賃貸借契約に関しては、改正民法施行前に結ばれたものであっても、改正法施行後に期間満了を迎え再契約をした時点で、例外なく改正民法が適用され、定期賃貸住宅標準契約書も再改訂版が全面的に参考とされることになる点に注意してください。

（参考）定期住宅賃貸借標準契約書（再改定版の主な改訂ポイント）
① 家賃債務保証会社型を新たに作成
　　家賃債務保証会社を活用するケースの増加に伴い、これまでの個人が連帯保証人となる連帯保証人型に加え、家賃債務保証会社を活用する家賃債務保証業者型が作成されました。
② 連帯保証人について
　　改正民法で、個人の保証人の場合極度額を定めなければ無効とされることや、情報提供の規定が設けられたことから、頭書欄に極度額の記載欄を設けるとともに、改正民法に定める内容が契約書本文に規定されました。
③ 契約期間の修繕
　　改正民法で一定の場合に借主が修繕できる旨が明記されたことに伴い、借主が修繕を行う場合の手続きルールが規定されました。
④ 賃料の一部減額

改正民法の規定にしたがい、物件が一部滅失その他の事由で使用できなくなったときは賃料が減額されることを確認的に規定するとともに、物件の一部滅失等があったときは、貸主及び借主は、減額の程度、期間その他必要な事項について協議するといった手続きルールが規定されました。

⑤　敷金・原状回復・賃借物の全部滅失による契約終了

　改正民法で敷金や原状回復、賃借物の全部滅失による契約の終了が明文化されたことに伴い、関連規定の文言が整備されました。

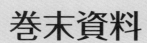

# 巻末資料

1 賃貸住宅標準契約書（再改訂版）
　1－A　家賃債務保証業者型　　　　　　　　　　231
　1－B　連帯保証人型（従前のものの再改訂版）　261

2 附属（参考）資料
　2－A　極度額参考資料　　　　　　　　　　　　292
　2－B　賃料の一部減額参考資料　　　　　　　　305

平成 30 年 3 月版・家賃債務保証業者型

# 賃貸住宅標準契約書

## 頭書

### （1）賃貸借の目的物

<table>
<tr><td rowspan="3">建物の名称・所在地等</td><td colspan="2">名　　　称</td><td colspan="6"></td></tr>
<tr><td colspan="2">所　在　地</td><td colspan="6"></td></tr>
<tr><td rowspan="2">建　て　方</td><td rowspan="2">共長一そ　同屋戸の　建建建他戸の</td><td colspan="2">構　　造</td><td colspan="2">木造</td><td colspan="2" rowspan="2">工事完了年<br>　　　　　年<br>（大規模修繕を<br>（　　　）年<br>実　　　施　）</td></tr>
<tr><td colspan="2">非木造（　　　　）</td><td colspan="2">階建</td></tr>
</table>

※上記表の続き（住戸番号以下）：

<table>
<tr><td colspan="2">戸　数</td><td colspan="2">戸</td></tr>
<tr><td>住戸番号</td><td>号室</td><td>間取り</td><td>（　　　）LDK・DK・K／ワンルーム／</td></tr>
<tr><td>面　積</td><td colspan="3">㎡　（それ以外に、バルコニー＿＿＿＿＿㎡）</td></tr>
</table>

<table>
<tr><td rowspan="22">住戸部分</td><td rowspan="13">設備等</td><td>トイレ</td><td>専用（水洗・非水洗）・共用（水洗・非水洗）</td></tr>
<tr><td>浴室</td><td>有・無</td></tr>
<tr><td>シャワー</td><td>有・無</td></tr>
<tr><td>洗面台</td><td>有・無</td></tr>
<tr><td>洗濯機置場</td><td>有・無</td></tr>
<tr><td>給湯設備</td><td>有・無</td></tr>
<tr><td>ガスコンロ・電気コンロ・IH 調理器</td><td>有・無</td></tr>
<tr><td>冷暖房設備</td><td>有・無</td></tr>
<tr><td>備え付け照明設備</td><td>有・無</td></tr>
<tr><td>オートロック</td><td>有・無</td></tr>
<tr><td>地デジ対応・CATV 対応</td><td>有・無</td></tr>
<tr><td>インターネット対応</td><td>有・無</td></tr>
<tr><td>メールボックス<br>宅配ボックス<br>鍵</td><td>有・無<br>有・無　（鍵 No.　　　　・　　　本）<br>有・無<br>有・無</td></tr>
<tr><td rowspan="4"></td><td>使用可能電気容量</td><td>（　　　　　　　）アンペア</td></tr>
<tr><td>ガス</td><td>有（都市ガス・プロパンガス）・無</td></tr>
<tr><td>上水道</td><td>水道本管より直結・受水槽・井戸水</td></tr>
<tr><td>下水道</td><td>有（公共下水道・浄化槽）・無</td></tr>
</table>

<table>
<tr><td rowspan="7">附　属　施　設</td><td>駐車場</td><td>含む・含まない</td><td>＿＿＿台分（位置番号：＿＿＿＿＿＿）</td></tr>
<tr><td>バイク置場</td><td>含む・含まない</td><td>＿＿＿台分（位置番号：＿＿＿＿＿＿）</td></tr>
<tr><td>自転車置場</td><td>含む・含まない</td><td>＿＿＿台分（位置番号：＿＿＿＿＿＿）</td></tr>
<tr><td>物置</td><td>含む・含まない</td><td></td></tr>
<tr><td>専用庭</td><td>含む・含まない</td><td></td></tr>
<tr><td></td><td>含む・含まない</td><td></td></tr>
<tr><td></td><td>含む・含まない</td><td></td></tr>
</table>

### （2）契約期間

<table>
<tr><td>始　期</td><td>年　　　　月　　　　日から</td><td rowspan="2">年　　　月間</td></tr>
<tr><td>終　期</td><td>年　　　　月　　　　日まで</td></tr>
</table>

巻末資料 ● 231

平成 30 年 3 月版・家賃債務保証業者型

（３）賃料等

| 賃料・共益費 | | 支払期限 | 支払方法 | |
|---|---|---|---|---|
| 賃　料 | 円 | 当月分・翌月分を毎月　　日まで | 振込、口座振替又は持参 | 振込先金融機関名：<br>預金：普通・当座<br>口座番号：<br>口座名義人：<br>振込手数料負担者：貸主・借主 |
| 共益費 | 円 | 当月分・翌月分を毎月　　日まで | | 持参先： |
| 敷　金 | 賃料　　か月相当分　　円 | その他一時金 | | |
| 附属施設使用料 | | | | |
| その　他 | | | | |

（４）貸主及び管理業者

| 貸　主<br>（社名・代表者） | 住　所　〒<br>氏　名　　　　　　　　　　　　電話番号 |
|---|---|
| 管理業者<br>（社名・代表者） | 所在地　〒<br>商号（名称）　　　　　　　　　　電話番号<br>賃貸住宅管理業者登録番号　国土交通大臣（　）第　　　　　号 |

＊貸主と建物の所有者が異なる場合は、次の欄も記載すること。

| 建物の所有者 | 住　所　〒<br>氏　名　　　　　　　　　　　　電話番号 |
|---|---|

（５）借主及び同居人

| | 借　　主 | 同　居　人 | |
|---|---|---|---|
| 氏　名 | （氏名）<br>（年齢）　　　　歳<br>（電話番号） | （氏名）　　　　　　　　（年齢）　　歳<br>（氏名）　　　　　　　　（年齢）　　歳<br>（氏名）　　　　　　　　（年齢）　　歳 | |
| | | 合計　　　　人 | |
| 緊急時の連絡先 | 住　所　〒<br>氏　名　　　　　　　電話番号　　　　　　借主との関係 | | |

（６）家賃債務保証業者

| 家賃債務保証業者 | 所在地　〒<br>商号（名称）　　　　　　　　　　電話番号<br>家賃債務保証業者登録番号　国土交通大臣（　）第　　　　　号 |
|---|---|

232 ● 巻末資料

平成30年3月版・家賃債務保証業者型

（契約の締結）
第1条　貸主（以下「甲」という。）及び借主（以下「乙」という。）は、頭書（1）に記載する賃貸借の目的物（以下「本物件」という。）について、以下の条項により賃貸借契約（以下「本契約」という。）を締結した。

（契約期間及び更新）
第2条　契約期間は、頭書（2）に記載するとおりとする。
2　甲及び乙は、協議の上、本契約を更新することができる。

（使用目的）
第3条　乙は、居住のみを目的として本物件を使用しなければならない。

（賃料）
第4条　乙は、頭書（3）の記載に従い、賃料を甲に支払わなければならない。
2　1か月に満たない期間の賃料は、1か月を30日として日割計算した額とする。
3　甲及び乙は、次の各号の一に該当する場合には、協議の上、賃料を改定することができる。
　一　土地又は建物に対する租税その他の負担の増減により賃料が不相当となった場合
　二　土地又は建物の価格の上昇又は低下その他の経済事情の変動により賃料が不相当となった場合
　三　近傍同種の建物の賃料に比較して賃料が不相当となった場合

（共益費）
第5条　乙は、階段、廊下等の共用部分の維持管理に必要な光熱費、上下水道使用料、清掃費等（以下この条において「維持管理費」という。）に充てるため、共益費を甲に支払うものとする。
2　前項の共益費は、頭書（3）の記載に従い、支払わなければならない。
3　1か月に満たない期間の共益費は、1か月を30日として日割計算した額とする。
4　甲及び乙は、維持管理費の増減により共益費が不相当となったときは、協議の上、共益費を改定することができる。

（敷金）
第6条　乙は、本契約から生じる債務の担保として、頭書（3）に記載する敷金を甲に交付するものとする。
2　甲は、乙が本契約から生じる債務を履行しないときは、敷金をその債務の弁済に充てることができる。この場合において、乙は、本物件を明け渡すまでの間、敷金をもって当該債務の弁済に充てることを請求することができない。
3　甲は、本物件の明渡しがあったときは、遅滞なく、敷金の全額を乙に返還しなければならない。ただし、本物件の明渡し時に、賃料の滞納、第15条に規定する原状回復に要する費用の未払いその他の本契約から生じる乙の債務の不履行が存在する場合には、甲は、当該債務の額を敷金から差し引いた額を返還するものとする。
4　前項ただし書の場合には、甲は、敷金から差し引く債務の額の内訳を乙に明示しなければならない。

（反社会的勢力の排除）
第7条　甲及び乙は、それぞれ相手方に対し、次の各号の事項を確約する。
　一　自らが、暴力団、暴力団関係企業、総会屋若しくはこれらに準ずる者又はその構成員（以下総称して「反社会的勢力」という。）ではないこと。
　二　自らの役員（業務を執行する社員、取締役、執行役又はこれらに準ずる者をいう。）が反社会的勢力ではないこと。
　三　反社会的勢力に自己の名義を利用させ、この契約を締結するものでないこと。

巻末資料 ● 233

四　自ら又は第三者を利用して、次の行為をしないこと。
　　　ア　相手方に対する脅迫的な言動又は暴力を用いる行為
　　　イ　偽計又は威力を用いて相手方の業務を妨害し、又は信用を毀損する行為
2　乙は、甲の承諾の有無にかかわらず、本物件の全部又は一部につき、反社会的勢力に賃借権を譲渡し、又は転貸してはならない。

（禁止又は制限される行為）
第8条　乙は、甲の書面による承諾を得ることなく、本物件の全部又は一部につき、賃借権を譲渡し、又は転貸してはならない。
2　乙は、甲の書面による承諾を得ることなく、本物件の増築、改築、移転、改造若しくは模様替又は本物件の敷地内における工作物の設置を行ってはならない。
3　乙は、本物件の使用に当たり、別表第1に掲げる行為を行ってはならない。
4　乙は、本物件の使用に当たり、甲の書面による承諾を得ることなく、別表第2に掲げる行為を行ってはならない。
5　乙は、本物件の使用に当たり、別表第3に掲げる行為を行う場合には、甲に通知しなければならない。

（契約期間中の修繕）
第9条　甲は、乙が本物件を使用するために必要な修繕を行わなければならない。この場合の修繕に要する費用については、乙の責めに帰すべき事由により必要となったものは乙が負担し、その他のものは甲が負担するものとする。
2　前項の規定に基づき甲が修繕を行う場合は、甲は、あらかじめ、その旨を乙に通知しなければならない。この場合において、乙は、正当な理由がある場合を除き、当該修繕の実施を拒否することができない。
3　乙は、本物件内に修繕を要する箇所を発見したときは、甲にその旨を通知し修繕の必要について協議するものとする。
4　前項の規定による通知が行われた場合において、修繕の必要が認められるにもかかわらず、甲が正当な理由なく修繕を実施しないときは、乙は自ら修繕を行うことができる。この場合の修繕に要する費用については、第1項に準ずるものとする。
5　乙は、別表第4に掲げる修繕について、第1項に基づき甲に修繕を請求するほか、自ら行うことができる。乙が自ら修繕を行う場合においては、修繕に要する費用は乙が負担するものとし、甲への通知及び甲の承諾を要しない。

（契約の解除）
第10条　甲は、乙が次に掲げる義務に違反した場合において、甲が相当の期間を定めて当該義務の履行を催告したにもかかわらず、その期間内に当該義務が履行されないときは、本契約を解除することができる。
　　一　第4条第1項に規定する賃料支払義務
　　二　第5条第2項に規定する共益費支払義務
　　三　前条第1項後段に規定する乙の費用負担義務
2　甲は、乙が次に掲げる義務に違反した場合において、甲が相当の期間を定めて当該義務の履行を催告したにもかかわらず、その期間内に当該義務が履行されずに当該義務違反により本契約を継続することが困難であると認められるに至ったときは、本契約を解除することができる。
　　一　第3条に規定する本物件の使用目的遵守義務
　　二　第8条各項に規定する義務（同条第3項に規定する義務のうち、別表第1第六号から第八号に掲げる行為に係るものを除く。）
　　三　その他本契約書に規定する乙の義務
3　甲又は乙の一方について、次のいずれかに該当した場合には、その相手方は、何らの催告も要せずして、本契約を解除することができる。

平成 30 年 3 月版・家賃債務保証業者型

　一　第 7 条第 1 項各号の確約に反する事実が判明した場合
　二　契約締結後に自ら又は役員が反社会的勢力に該当した場合
　4　甲は、乙が第 7 条第 2 項に規定する義務に違反した場合又は別表第 1 第六号から第八号に
　　掲げる行為を行った場合には、何らの催告も要せずして、本契約を解除することができる。

（乙からの解約）
第 11 条　乙は、甲に対して少なくとも 30 日前に解約の申入れを行うことにより、本契約を解
　　約することができる。
　2　前項の規定にかかわらず、乙は、解約申入れの日から 30 日分の賃料（本契約の解約後の賃
　　料相当額を含む。）を甲に支払うことにより、解約申入れの日から起算して 30 日を経過する
　　日までの間、随時に本契約を解約することができる。

（一部滅失等による賃料の減額等）
第 12 条　本物件の一部が滅失その他の事由により使用できなくなった場合において、それが
　　乙の責めに帰することができない事由によるものであるときは、賃料は、その使用できなく
　　なった部分の割合に応じて、減額されるものとする。この場合において、甲及び乙は、減額
　　の程度、期間その他必要な事項について協議するものとする。
　2　本物件の一部が滅失その他の事由により使用できなくなった場合において、残存する部分
　　のみでは乙が賃借をした目的を達することができないときは、乙は、本契約を解除すること
　　ができる。

（契約の終了）
第 13 条　本契約は、本物件の全部が滅失その他の事由により使用できなくなった場合には、こ
　　れによって終了する。

（明渡し）
第 14 条　乙は、本契約が終了する日までに（第 10 条の規定に基づき本契約が解除された場合
　　にあっては、直ちに）、本物件を明け渡さなければならない。
　2　乙は、前項の明渡しをするときには、明渡し日を事前に甲に通知しなければならない。

（明渡し時の原状回復）
第 15 条　乙は、通常の使用に伴い生じた本物件の損耗及び本物件の経年変化を除き、本物件を
　　原状回復しなければならない。ただし、乙の責めに帰することができない事由により生じた
　　ものについては、原状回復を要しない。
　2　甲及び乙は、本物件の明渡し時において、契約時に特約を定めた場合は当該特約を含め、
　　別表第 5 の規定に基づき乙が行う原状回復の内容及び方法について協議するものとする。

（立入り）
第 16 条　甲は、本物件の防火、本物件の構造の保全その他の本物件の管理上特に必要があると
　　きは、あらかじめ乙の承諾を得て、本物件内に立ち入ることができる。
　2　乙は、正当な理由がある場合を除き、前項の規定に基づく甲の立入りを拒否することはで
　　きない。
　3　本契約終了後において本物件を賃借しようとする者又は本物件を譲り受けようとする者が
　　下見をするときは、甲及び下見をする者は、あらかじめ乙の承諾を得て、本物件内に立ち入
　　ることができる。
　4　甲は、火災による延焼を防止する必要がある場合その他の緊急の必要がある場合において
　　は、あらかじめ乙の承諾を得ることなく、本物件内に立ち入ることができる。この場合にお
　　いて、甲は、乙の不在時に立ち入ったときは、立入り後その旨を乙に通知しなければならな
　　い。

巻末資料● 235

平成 30 年 3 月版・家賃債務保証業者型

（家賃債務保証業者の提供する保証）
第 17 条　頭書（6）に記載する家賃債務保証業者の提供する保証を利用する場合には、家賃債
　　務保証業者が提供する保証の内容については別に定めるところによるものとし、甲及び乙は、
　　本契約と同時に当該保証を利用するために必要な手続を取らなければならない。

（協議）
第 18 条　甲及び乙は、本契約書に定めがない事項及び本契約書の条項の解釈について疑義が
　　生じた場合は、民法その他の法令及び慣行に従い、誠意をもって協議し、解決するものとす
　　る。

（特約条項）
第 19 条　第 18 条までの規定以外に、本契約の特約については、下記のとおりとする。

|  |
| --- |
| 甲：　　　　　　　　　　　印<br>乙：　　　　　　　　　　　印 |

236 ● 巻末資料

平成 30 年 3 月版・家賃債務保証業者型

別表第 1 （第 8 条第 3 項関係）

| | |
|---|---|
| 一 | 銃砲、刀剣類又は爆発性、発火性を有する危険な物品等を製造又は保管すること。 |
| 二 | 大型の金庫その他の重量の大きな物品等を搬入し、又は備え付けること。 |
| 三 | 排水管を腐食させるおそれのある液体を流すこと。 |
| 四 | 大音量でテレビ、ステレオ等の操作、ピアノ等の演奏を行うこと。 |
| 五 | 猛獣、毒蛇等の明らかに近隣に迷惑をかける動物を飼育すること。 |
| 六 | 本物件を、反社会的勢力の事務所その他の活動の拠点に供すること。 |
| 七 | 本物件又は本物件の周辺において、著しく粗野若しくは乱暴な言動を行い、又は威勢を示すことにより、付近の住民又は通行人に不安を覚えさせること。 |
| 八 | 本物件に反社会的勢力を居住させ、又は反復継続して反社会的勢力を出入りさせること。 |
| | |
| | |

別表第 2 （第 8 条第 4 項関係）

| | |
|---|---|
| 一 | 階段、廊下等の共用部分に物品を置くこと。 |
| 二 | 階段、廊下等の共用部分に看板、ポスター等の広告物を掲示すること。 |
| 三 | 観賞用の小鳥、魚等であって明らかに近隣に迷惑をかけるおそれのない動物以外の犬、猫等の動物（別表第 1 第五号に掲げる動物を除く。）を飼育すること。 |
| | |
| | |

別表第 3 （第 8 条第 5 項関係）

| | |
|---|---|
| 一 | 頭書（5）に記載する同居人に新たな同居人を追加（出生を除く。）すること。 |
| 二 | 1 か月以上継続して本物件を留守にすること。 |
| | |
| | |

別表第 4 （第 9 条第 5 項関係）

| | |
|---|---|
| ヒューズの取替え | 蛇口のパッキン、コマの取替え |
| 風呂場等のゴム栓、鎖の取替え | 電球、蛍光灯の取替え |
| その他費用が軽微な修繕 | |
| | |
| | |
| | |

巻末資料 ● 237

平成 30 年 3 月版・家賃債務保証業者型

別表第 5 （第 15 条関係）

【原状回復の条件について】

　本物件の原状回復条件は、下記Ⅱの「例外としての特約」による以外は、賃貸住宅の原状回復に関する費用負担の一般原則の考え方によります。すなわち、
・　借主の故意・過失、善管注意義務違反、その他通常の使用方法を超えるような使用による損耗等については、借主が負担すべき費用となる。なお、震災等の不可抗力による損耗、上階の居住者など借主と無関係な第三者がもたらした損耗等については、借主が負担すべきものではない。
・　建物・設備等の自然的な劣化・損耗等（経年変化）及び借主の通常の使用により生ずる損耗等（通常損耗）については、貸主が負担すべき費用となる
ものとします。
　その具体的内容は、国土交通省の「原状回復をめぐるトラブルとガイドライン（再改訂版）」において定められた別表 1 及び別表 2 のとおりですが、その概要は、下記Ⅰのとおりです。

## Ⅰ　本物件の原状回復条件

（ただし、民法第 90 条並びに消費者契約法第 8 条、第 8 条の 2 、第 9 条及び第 10 条に反しない内容に関して、下記Ⅱの「例外としての特約」の合意がある場合は、その内容によります。）

　1　貸主・借主の修繕分担表

| 貸主の負担となるもの | 借主の負担となるもの |
|---|---|
| 【床（畳・フローリング・カーペットなど）】 | |
| 1．畳の裏返し、表替え（特に破損してないが、次の入居者確保のために行うもの）<br>2．フローリングのワックスがけ<br>3．家具の設置による床、カーペットのへこみ、設置跡<br>4．畳の変色、フローリングの色落ち（日照、建物構造欠陥による雨漏りなどで発生したもの） | 1．カーペットに飲み物等をこぼしたことによるシミ、カビ（こぼした後の手入れ不足等の場合）<br>2．冷蔵庫下のサビ跡（サビを放置し、床に汚損等の損害を与えた場合）<br>3．引越作業等で生じた引っかきキズ<br>4．フローリングの色落ち（借主の不注意で雨が吹き込んだことなどによるもの） |
| 【壁、天井（クロスなど）】 | |
| 1．テレビ、冷蔵庫等の後部壁面の黒ずみ（いわゆる電気ヤケ）<br>2．壁に貼ったポスターや絵画の跡<br>3．壁等の画鋲、ピン等の穴（下地ボードの張替えは不要な程度のもの）<br>4．エアコン（借主所有）設置による壁のビス穴、跡<br>5．クロスの変色（日照などの自然現象によるもの） | 1．借主が日常の清掃を怠ったための台所の油汚れ（使用後の手入れが悪く、ススや油が付着している場合）<br>2．借主が結露を放置したことで拡大したカビ、シミ（貸主に通知せず、かつ、拭き取るなどの手入れを怠り、壁等を腐食させた場合）<br>3．クーラーから水漏れし、借主が放置したため壁が腐食<br>4．タバコ等のヤニ、臭い（喫煙等によりクロス等が変色したり、臭いが付着している場合）<br>5．壁等のくぎ穴、ネジ穴（重量物をかけるためにあけたもので、下地ボードの張替えが必要な程度のもの）<br>6．借主が天井に直接つけた照明器具の跡<br>7．落書き等の故意による毀損 |
| 【建具等、襖、柱等】 | |
| 1．網戸の張替え（特に破損はしてないが、次の入居者確保のために行うもの）<br>2．地震で破損したガラス<br>3．網入りガラスの亀裂（構造により自然に発生したもの） | 1．飼育ペットによる柱等のキズ、臭い（ペットによる柱、クロス等にキズが付いたり、臭いが付着している場合）<br>2．落書き等の故意による毀損 |
| 【設備、その他】 | |
| 1．専門業者による全体のハウスクリーニング（借主が通常の清掃を実施している場合）<br>2．エアコンの内部洗浄（喫煙等の臭いなどが付着していない場合）<br>3．消毒（台所・トイレ）<br>4．浴槽、風呂釜等の取替え（破損等はしていないが、次の入居者確保のために行うもの）<br>5．鍵の取替え（破損、鍵紛失のない場合）<br>6．設備機器の故障、使用不能（機器の寿命によるもの） | 1．ガスコンロ置き場、換気扇等の油汚れ、すす（借主が清掃・手入れを怠った結果汚損が生じた場合）<br>2．風呂、トイレ、洗面台の水垢、カビ等（借主が清掃・手入れを怠った結果汚損が生じた場合）<br>3．日常の不適切な手入れ又は用法違反による設備の毀損<br>4．鍵の紛失又は破損による取替え<br>5．戸建賃貸住宅の庭に生い茂った雑草 |

238 ● 巻末資料

平成30年3月版・家賃債務保証業者型

## 2 借主の負担単位

| 負担内容 | | | 借主の負担単位 | 経過年数等の考慮 |
|---|---|---|---|---|
| 床 | 毀損部分の補修 | 畳 | 原則一枚単位<br>毀損部分が複数枚の場合はその枚数分<br>（裏返しか表替えかは、毀損の程度による） | （畳表）<br>経過年数は考慮しない。 |
| | | カーペットクッションフロア | 毀損等が複数箇所の場合は、居室全体 | （畳床・カーペット・クッションフロア）<br>6年で残存価値1円となるような負担割合を算定する。 |
| | | フローリング | 原則㎡単位<br>毀損等が複数箇所の場合は、居室全体 | （フローリング）<br>補修は経過年数を考慮しない。<br>（フローリング全体にわたる毀損等があり、張り替える場合は、当該建物の耐用年数で残存価値1円となるような負担割合を算定する。） |
| 壁・天井（クロス） | 毀損部分の補修 | 壁（クロス） | ㎡単位が望ましいが、借主が毀損した箇所を含む一面分までは張替え費用を借主負担としてもやむをえないとする。 | （壁〔クロス〕）<br>6年で残存価値1円となるような負担割合を算定する。 |
| | | タバコ等のヤニ、臭い | 喫煙等により当該居室全体においてクロス等がヤニで変色したり臭いが付着した場合のみ、居室全体のクリーニング又は張替え費用を借主負担とすることが妥当と考えられる。 | |
| 建具・柱 | 毀損部分の補修 | 襖 | 1枚単位 | （襖紙、障子紙）<br>経過年数は考慮しない。 |
| | | 柱 | 1本単位 | （襖、障子等の建具部分、柱）<br>経過年数は考慮しない。 |
| 設備・その他 | 設備の補修 | 設備機器 | 補修部分、交換相当費用 | （設備機器）<br>耐用年数経過時点で残存価値1円となるような直線（又は曲線）を想定し、負担割合を算定する。 |
| | 鍵の返却 | 鍵 | 補修部分<br>紛失の場合は、シリンダーの交換も含む。 | 鍵の紛失の場合は、経過年数は考慮しない。交換費用相当分を借主負担とする。 |
| | 清掃※通常の清掃や退去時の清掃を怠った場合のみ | クリーニング | 部位ごと、又は住戸全体 | 経過年数は考慮しない。借主負担となるのは、通常の清掃を実施していない場合で、部位又は住戸全体の清掃費用相当分を借主負担とする。 |

設備等の経過年数と借主負担割合（耐用年数6年及び8年、定額法の場合）
借主負担割合（原状回復義務がある場合）

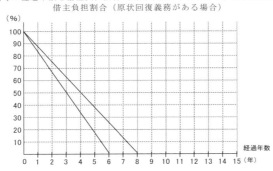

平成 30 年 3 月版・家賃債務保証業者型

3　原状回復工事施工目安単価
　　（物件に応じて、空欄に「対象箇所」、「単位」、「単価（円）」を記入して使用してください。）

| 対象箇所 | | 単位 | 単価（円） |
|---|---|---|---|
| 床 | | | |
| 天井・壁 | | | |
| 建具・柱 | | | |
| 設備・その他 | 共通 | | |
| | 玄関・廊下 | | |
| | 台所・キッチン | | |
| | 浴室・洗面所・トイレ | | |
| | その他 | | |

※この単価は、あくまでも目安であり、入居時における借主・貸主双方で負担の概算額を認識するための
　ものです。
※従って、退去時においては、資材の価格や在庫状況の変動、毀損の程度や原状回復施工方法等を考慮し
　て、借主・貸主双方で協議した施工単価で原状回復工事を実施することとなります。

## Ⅱ　例外としての特約

　原状回復に関する費用の一般原則は上記のとおりですが、借主は、例外として、下記の費用については、
借主の負担とすることに合意します（ただし、民法第 90 条並びに消費者契約法第 8 条、第 8 条の 2 、第 9 条
及び第 10 条に反しない内容に限ります）。
（括弧内は、本来が貸主が負担すべきものである費用を、特別に借主が負担することとする理由。）

| ・ |
|---|
| 甲：　　　　　　　　　　印<br>乙：　　　　　　　　　　印 |

240 ● 巻末資料

平成 30 年 3 月版・家賃債務保証業者型

## 記名押印欄

　　　下記貸主（甲）と借主（乙）は、本物件について上記のとおり賃貸借契約を締結したことを証するため、本契約書2通を作成し、甲乙記名押印の上、各自その1通を保有する。



平成　　　　　年　　　　　月　　　　　日


貸主（甲）　住所 〒
　　　　　　　氏名　　　　　　　　　　　　　　　　　　　　　　　　印
　　　　　　　電話番号


借主（乙）　住所 〒
　　　　　　　氏名　　　　　　　　　　　　　　　　　　　　　　　　印
　　　　　　　電話番号



媒介　　　　免許証番号〔　　　　　〕　知事・国土交通大臣（　　　　　）　第　　　　　号
　　業者
代理　　　　事務所所在地

　　　　　　商号（名称）

　　　　　　代表者氏名　　　　　　　　　　　　印

　　　　　　宅地建物取引士　　　　　登録番号〔　　　　〕知事　第　　　　　号

　　　　　　　　　　　　　　　　　　　　氏名　　　　　　　　　　　印


巻末資料 ● 241

平成 30 年 3 月版・家賃債務保証業者型

## 《賃貸住宅標準契約書　作成にあたっての注意点》

**頭書関係**
　以下の事項に注意して記入してください。なお、該当する事項のない欄には「－」を記入してください。
（１）関係
　①「名　　称」：建物の名称（○○マンション、○○荘など）を記入してください。
　②「所在地」：住居表示を記入してください。
　③「建て方」：該当するものに○をつけてください。
　〔用語の説明〕
　　イ　　共同建……１棟の中に２戸以上の住宅があり廊下・階段等を共用しているものや、
　　　　　　　　　　２戸以上の住宅を重ねて建てたもの。階下が商店で、２階以上に２戸以上の
　　　　　　　　　　住宅がある、いわゆる「げたばき住宅」も含まれます。
　　ロ　　長屋建……２戸以上の住宅を１棟に建て連ねたもので、各住宅が壁を共通にし、
　　　　　　　　　　それぞれ別々に外部への出入口を有しているもの。いわゆる「テラスハウス」
　　　　　　　　　　も含まれます。
　　ハ　　一戸建……１つの建物が１住宅であるもの
　　ニ　　その他……イ～ハのどれにも当てはまらないもので、例えば、工場や事業所の一部が
　　　　　　　　　　住宅となっているような場合をいいます。
　④「構造」：木造、非木造の該当する方に○をつけ、建物の階数（住戸が何階にあるかではなく、建物自体が何階建てか。）を記入してください。
　〔用語の説明〕
　　イ　木　造……主要構造部（壁、柱、床、はり、屋根又は階段をいう。）が木造のもの
　　ロ　非木造……カッコ内に、当該建物に該当する構造（建築基準法施行令等で規定されている構造）を記載してください。
　⑤「戸　　数」：建物内にある住戸の数を記入してください。
　⑥「工事完了年」：（記載例）

平成 10 年建築、
大規模修繕の工事は未実施　　　　　→

平成 10 年
大規模修繕を
（－－）年
実　施

昭和 60 年建築、平成 20 年に
大規模修繕の工事を実施　　　　　→

昭和 60 年
大規模修繕を
（平成 20）年
実　施

　〔用語の説明〕
　　・　　大規模修繕……建築基準法第２条第 14 号に規定する「大規模の修繕」であり、建築物の「主要構造部」の一種以上について行う過半の修繕。主要構造部としては、「壁、柱、床、梁、屋根、階段（建物の構造上重要でない間仕切り壁、間柱、つけ柱、揚げ床、最下階の床、小梁、ひさし、局部的な小階段、屋外階段その他これらに類する建築物の部分を除く。）」が対象となります。
　⑦「間取り」：（記載例）
　　　　　　　　　 ３ DK　　　　→　（ ３ ）LDK・DK ・K ／ワンルーム／
　　　　　　　　　 ワンルーム　 →　（　 ）LDK・DK・K ／ ワンルーム
　　　　　　　　　 ２ LDKS　　　→　（ ２ ）LDK ・DK・K ／ワンルーム／ サービスルーム有り
　〔用語の説明〕
　　イ　K……台所
　　ロ　DK……１つの部屋が食事室と台所を兼ねているもの
　　ハ　LDK……１つの部屋が居間と食事室と台所を兼ねているもの

242 ● 巻末資料

平成 30 年 3 月版・家賃債務保証業者型

⑧ 「面　積」：バルコニーを除いた専用部分の面積を記入してください。バルコニーがある
　　　　　　　場合には、次の記載例のようにカッコを設けてその中にバルコニー面積を記入
　　　　　　　してください。

（記載例）　⎡ バルコニーを除いた専用面積　　50 ㎡ ⎤
　　　　　　⎣ バルコニーの面積　　　10 ㎡ ⎦
　　　　　→　50 ㎡（それ以外に、バルコニー10 ㎡）

⑨ 「設備等」：各設備などの選択肢の該当するものに○をつけ、特に書いておくべき事項
　　　　　　　（設備の性能、損耗状況、貸出数量など）があれば右の空欄に記入してください。
　　　「トイレ」：「専用・共用」の該当する方に○をつけ、「水洗・非水洗」のどちらかにも○を
　　　　　　　つけてください。
　　　「浴　室」：浴室乾燥機や追焚機能がある場合はその旨を記入してください。
　　　「洗濯機置場」：洗濯機置場の場所（室内又は室外）や洗濯機防水パンの有無などを記入
　　　　　　　してください。
　　　「備え付け照明設備」：照明が備え付けてある場合、電球の種類や交換日などを記入して
　　　　　　　ください。
　　　「オートロック」：オートロックの解錠方法を記入してください。
　　　「地デジ対応・CATV 対応」：該当する方法に○をつけ、その他注意書きがある場合は記入
　　　　　　　してください。
　　　「インターネット対応」：回線種類（CATV、光回線、ADSL 回線等）や回線容量等の契約内容
　　　　　　　を記入してください。
　　　「メールボックス」：メールボックスの解錠方法等を記入してください。
　　　「宅配ボックス」：番号又はカードの貸出枚数を記入してください。
　　　「　鍵　」：鍵番号と貸出本数をカッコの中に記入してください。
　　　「使用可能電気容量」の数字をカッコの中に記入してください。
　　　　選択肢を設けていない設備などで書いておくことが適当なもの（例：電話）があれば、
　　　「鍵」の下の余白を利用してください。
⑩ 「附属施設」：各附属施設につき、本契約の対象となっている場合は「含む」に○をつけ、
　　　　　　　本契約の対象となっていない場合は「含まない」に○をつけてください。また、
　　　　　　　特に書いておくべき事項（施設の概要、庭の利用可能面積など）があれば右の
　　　　　　　空欄に記入してください。
　　　「駐車場」には契約台数と駐車位置番号を下線部に記入してください。
　　　「バイク置場」には契約台数と駐車位置番号を下線部に記入してください。
　　　「自転車置場」には契約台数と駐車位置番号を下線部に記入してください。
　　　　各附属施設につき、本契約とは別に契約をする場合には、選択肢の「含まない」に○を
　　　つけ、右の空欄に「別途契約」と記入してください。
　　　　選択肢を設けていない附属施設で書いておくことが適当なものがあれば、「専用庭」の
　　　下の余白を利用してください。

（２）関係
　　　「始　期」：契約を締結する日と入居が可能となる日とが異なる場合には、入居が可能と
　　　　　　　なる日を記入してください。

（３）関係
① 「支払期限」：当月分・翌月分の該当する方に○をつけてください。
② 「支払方法」：振込又は自動口座振替の場合は、貸主側の振込先金融機関名等を記入して
　　　　　　　ください。「預金」の欄の普通預金・当座預金の該当する方に○をつけてください。
　　　　　　　併せて、「振込手数料負担者」の欄の貸主・借主の該当する方に○をつけて
　　　　　　　ください。
③ 「その他一時金」：敷金以外のその他一時金について特約をする場合は、第 19 条の特約
　　　　　　　条項の欄に所定の特約事項を記入するとともに、この欄に、その一時金の名称、

巻末資料 ● 243

平成 30 年 3 月版・家賃債務保証業者型

　　　　金額などを記入してください。
　④「附属施設使用料」：賃料とは別に附属施設の使用料を徴収する場合は、この欄にその施設
　　　の名称、使用料額などを記入してください。
　⑤「その他」：「賃料」、「共益費」、「敷金」、「その他一時金」、「附属施設使用料」の欄に記入
　　　する金銭以外の金銭の授受を行う場合（例：専用部分の光熱費を貸主が徴収して
　　　一括して事業者に支払う場合）は、この欄にその内容、金額などを記入して
　　　ください。

（４）関係
　①「管理業者」：物件の管理を管理業者に委託している場合、管理業者の「所在地」、「商号
　　　（名称)」、「電話番号」を記入してください。管理業者が「賃貸住宅管理業者登録
　　　制度」の登録を行っている場合はその番号を記入してください。
　　　　　また、個人が「管理人」として、物件の管理を行っている場合は、管理人の
　　　「住所」、「氏名」、「電話番号」を記入してください。
　〔用語の説明〕
　　　・賃貸住宅管理業者登録制度……賃貸住宅の管理業務に関して一定のルールを設けること
　　　　　で、その業務の適正な運営を確保し、借主と貸主の利益の保護を図るための
　　　　　国土交通省告示による任意の登録制度です。（平成 23 年 12 月施行）
　②「建物の所有者」：貸主と建物の所有者が異なる場合、建物所有者の「住所」、「氏名（社名・
　　　代表者)」、「電話番号」を記入してください。

（５）関係
　①「借主」：本人確認の観点から、氏名と年齢を記入してください。
　②「同居人」：同居する人の氏名と年齢、合計人数を記入してください。
　③「緊急時の連絡先」：勤務先、親戚の住所など、貸主や管理業者が緊急時に借主に連絡を
　　　取れるところを記入してください。なお、緊急時の連絡先には、借主に連絡を
　　　取ることのほか、借主の急病・急変、安否確認や漏水等への対応を依頼すること
　　　も想定されるため、契約時に連絡をして、緊急時の連絡先になってもらうことや
　　　これらの対応を依頼する場合もある旨を伝えておくことが望ましいと考えられ
　　　ます。

（６）関係
　　　家賃債務保証業者の「所在地」、「商号（名称)」、「電話番号」を記入してください。家賃
　　債務保証業者が「家賃債務保証業者登録制度」の登録を行っている場合にはその番号を
　　記入してください。
　〔用語の説明〕
　　　・家賃債務保証業者登録制度……家賃債務保証業務に関して一定のルールを設けることで、
　　　　　その業務の適正な運営を確保し、借主と貸主の利益の保護を図るための国土交通
　　　　　省告示による任意の登録制度です。（平成 29 年 10 月施行）

244 ● 巻末資料

平成 30 年 3 月版・家賃債務保証業者型

## 条文関係

**【第 8 条（禁止又は制限される行為）関係】**

別表第 1 （ただし、第六号から第八号に掲げる行為は除く）、別表第 2 及び別表第 3 は、個別事情に応じて、適宜、変更、追加及び削除をすることができます。

変更する場合には、変更する部分を二重線等で抹消して新たな文言を記載し、その上に貸主と借主とが押印してください。

追加する場合には、既に記入されている例示事項の下の空欄に記入し、追加した項目ごとに、記載事項の上に貸主と借主とが押印してください。

削除する場合には、削除する部分を二重線等で抹消し、その上に貸主と借主とが押印してください。

**【第 9 条（契約期間中の修繕）関係】**

別表第 4 は、個別事情に応じて、適宜、変更、追加及び削除をすることができます。

変更する場合には、変更する部分を二重線等で抹消して新たな文言を記載し、その上に貸主と借主とが押印してください。

追加する場合には、既に記入されている例示事項の下の空欄に記入し、追加した項目ごとに、記載事項の上に貸主と借主とが押印してください。

削除する場合には、削除する部分を二重線等で抹消し、その上に貸主と借主とが押印してください。

**【第 15 条（明渡し時の原状回復）関係】**

別表第 5 「Ⅰ－3　原状回復工事施工目安単価」は、賃貸借の目的物に応じて、適宜、記入してください。

貸主と借主は、原状回復をめぐるトラブルを未然に防止するため、あくまでも目安として、把握可能な「原状回復工事施工目安単価」について、可能な限り記述することが望ましいと考えられます。

対象箇所には、修繕が発生すると思われる箇所、あるいは、あらかじめ単価を示しておきたい、知っておきたい箇所について、「原状回復工事施工目安単価」に記入してください。具体的な対象箇所については、次に示す「原状回復をめぐるトラブルとガイドライン（再改訂版）」別表 3 「契約書に添付する原状回復の条件に関する様式」のⅠ－3 「原状回復工事施工目安単価」を参照してください。

なお、下記で例示している以外の箇所を記載することも可能です。

対象箇所を記入した場合は、その単位と単価を記入してください。

原状回復の特約として定める事項がある場合には、別表第 5 「Ⅱ　例外としての特約」欄に記入し、項目ごとに、記載事項の上に貸主と借主が押印し、最後に確認的に貸主と借主が記名押印することが望ましいと考えられます。

特約項目の例として、次の事項を挙げることができます。

・居室内でのペット飼育を認める代わりに、壁クロスの張替費用全額を借主の負担とする場合

巻末資料 ● 245

平成30年3月版・家賃債務保証業者型

(参考)「原状回復をめぐるトラブルとガイドライン（再改訂版）」
　　　　別表3 「契約書に添付する原状回復の条件に関する様式」
　　　　Ⅰ－3 「原状回復工事施工目安単価」

| 対象箇所 | | 単位 | 単価<br>（円） | | 対象箇所 | | 単位 | 単価<br>（円） |
|---|---|---|---|---|---|---|---|---|
| 室内クリーニング | | 一式 | | | チャイム・<br>インターホン | | 台 | |
| | | | | 玄関・廊下 | 玄関ドアの鍵 | | 個 | |
| 床 | クッションフロア | m² | | | 下駄箱 | | 箇所 | |
| | フローリング | m² | | | 郵便受け | | 個 | |
| | 畳 | 枚 | | | | | | |
| | カーペット類 | m² | | | | | | |
| | | | | 台所・キッチン | 電気・ガスコンロ | | 一式 | |
| 天井・壁 | 壁（クロス） | m² | | | 給湯器類 | | 一式 | |
| | 天井（クロス） | m² | | | 戸棚類 | | 箇所 | |
| | 押入れ・天袋 | 箇所 | | | 流し台 | | 一式 | |
| | | | | | 給排水設備 | | 一式 | |
| 建具 | 窓（ガラス・枠） | 枚 | | | | | | |
| | 網戸（網・枠） | 枚 | | 浴室・洗面所・トイレ | 鏡 | | 台 | |
| | 襖 | 枚 | | | シャワー | | 一式 | |
| | 障子 | 枚 | | | 洗面台 | | 一式 | |
| | 室内ドア・扉 | 枚 | | | クサリ及びゴム栓 | | 個 | |
| | カーテンレール | 箇所 | | | 風呂釜 | | 一式 | |
| | シャッター（雨戸） | 箇所 | | | 給湯器類 | | 一式 | |
| | 柱 | 箇所 | | | 浴槽 | | 一式 | |
| | 間仕切り | 箇所 | | | 蓋及び備品類 | | 一式 | |
| | 玄関ドア | 箇所 | | | 便器 | | 一式 | |
| 設備・その他 | 共通 | 照明器具 | 個 | | 給排水設備 | | 一式 | |
| | | 電球・電灯類 | 個 | | 洗濯機用防水パン | | 一式 | |
| | | スイッチ | 個 | | タオル掛け | | 個 | |
| | | コンセント | 個 | | ペーパーホルダー | | 個 | |
| | | エアコン | 台 | | | | | |
| | | テレビ用端子 | 個 | | | | | |
| | | 換気扇 | 個 | | | | | |
| | | バルコニー | 個 | | | | | |
| | | 物干し金具 | 個 | | | | | |

※この単価は、あくまでも目安であり、入居時における賃借人・賃貸人双方で負担の概算額を
　認識するためのものです。従って、退去時において、資材の価格や在庫状況の変動、毀損の
　程度や原状回復施工方法等を考慮して変更となる場合があります。

246●巻末資料

平成 30 年 3 月版・家賃債務保証業者型

【第 19 条（特約条項）関係】
　空欄に特約として定める事項を記入し、項目ごとに、記載事項の上に貸主と借主が押印し、最後に確認的に貸主と借主が記名押印してください。
　特約項目の例として、次の事項を挙げることができます。
　①居室内でのペット飼育を禁止している物件について、ペットの飼育を認める場合、その内容（第 8 条関係）
　②営業目的の併用使用を認める場合、その手続き（第 3 条関係）
　③保険の加入がある場合、その内容

巻末資料 ● 247

平成 30 年 3 月版・家賃債務保証業者型

〈承諾書（例）〉

（1）賃借権譲渡承諾書（例）　　（賃貸住宅標準契約書第 8 条第 1 項関係）

○年○月○日

賃借権譲渡の承諾についてのお願い

（貸主）　住所
　　　　　氏名　○　○　○　○　殿

　　　　　　　　　（借主）　住所
　　　　　　　　　　　　　　氏名　○　○　○　○　印

　私が賃借している下記（1）の住宅の賃借権の $\left\{\begin{array}{c}全部\\一部\end{array}\right\}$ を、下記（2）の者に譲渡したいので、承諾願います。

記

| （1）住　宅 | 名　　称 | |
|---|---|---|
| | 所 在 地 | |
| | 住戸番号 | |
| （2）譲 受 人 | 住　　所 | |
| | 氏　　名 | |

承　諾　書

　上記について、承諾いたします。
　敷金は、契約書第 6 条第 3 項ただし書に基づく精算の上、返還いたします。
　（なお、　　　　　　　　　　　　　　　　　　　　　　　　　　　）
　　　　　　　　　　○年○月○日
　　　　　　　　　　　　　　（貸主）　住所
　　　　　　　　　　　　　　　　　　　氏名　○　○　○　○　印

〔注〕
　1　借主は、本承諾書の点線から上の部分を記載し、貸主に 2 通提出してください。
　　貸主は、承諾する場合には本承諾書の点線から下の部分を記載し、1 通を借主に
　　返還し、1 通を保管してください。
　2　「全部」又は「一部」の該当する方に○を付けてください。
　3　（1）の欄は、契約書頭書（1）を参考にして記載してください。
　4　一部譲渡の場合は、譲渡部分を明確にするため、図面等を添付する必要が
　　あります。
　5　承諾に当たっての確認事項等があれば、「なお、」の後に記載してください。

248●巻末資料

平成 30 年 3 月版・家賃債務保証業者型

（２）転貸承諾書（例）　（賃貸住宅標準契約書第 8 条第 1 項関係）

○年○月○日

転貸の承諾についてのお願い

（貸主）　住所
　　　　　氏名　○○○○　殿

　　　　　　　　（借主）　住所
　　　　　　　　　　　　　氏名　○　○　○　○　印

　私が賃借している下記（1）の住宅の $\left\{\begin{array}{l}全部\\一部\end{array}\right\}$ を、下記（2）の者に転貸したいので、承諾願います。

記

| （1）住　　宅 | 名　　称 | |
| :-- | :-- | :-- |
| | 所 在 地 | |
| | 住 戸 番 号 | |
| （2）転 借 人 | 住　　所 | |
| | 氏　　名 | |

- - - - - - - - - - - - - - - - - - - - - - - - - - - - - - - - - - - - - - - - - - -

承　諾　書

　上記について、承諾いたします。
　（なお、　　　　　　　　　　　　　　　　　　　　　　　　　　　　　　　　）
　　　　　　　　○年○月○日
　　　　　　　　　　　　　（貸主）　住所
　　　　　　　　　　　　　　　　　　氏名　○　○　○　○　印

〔注〕
1　借主は、本承諾書の点線から上の部分を記載し、貸主に 2 通提出してください。
　　貸主は、承諾する場合には本承諾書の点線から下の部分を記載し、1 通を借主に返還し、1 通を保管してください。
2　「全部」又は「一部」の該当する方に○を付けてください。
3　（1）の欄は、契約書頭書（1）を参考にして記載してください。
4　一部転貸の場合は、転貸部分を明確にするため、図面等を添付する必要があります。
5　承諾に当たっての確認事項等があれば、「なお、」の後に記載してください。
6　借主が民泊（住宅に人を宿泊させるサービス）を行おうとする場合、あらかじめ転借人を記載することは困難と考えられるため、（2）の欄は記載せず、欄外に住宅宿泊事業法に基づく住宅宿泊事業又は国家戦略特区法に基づく外国人滞在施設経営事業を行いたい旨を記載してください。

巻末資料 ● 249

平成 30 年 3 月版・家賃債務保証業者型

（3）増改築等承諾書（例）　　（賃貸住宅標準契約書第 8 条第 2 項関係）

○年○月○日

増改築等の承諾についてのお願い

（貸主）　住所
　　　　　氏名　○○○○　殿

　　　　　　　　　　（借主）　住所
　　　　　　　　　　　　　　　氏名　○　○　○　○　印

　　私が賃借している下記（1）の住宅の増改築等を、下記（2）のとおり
行いたいので、承諾願います。

記

| （1）住　　　宅 | 名　　　称 | |
|---|---|---|
| | 所　在　地 | |
| | 住　戸　番　号 | |
| （2）増改築等の概要 | | 別紙のとおり |

- - - - - - - - - - - - - - - - - - - - - - - - - - - - - - - - - - - - - - -

承　諾　書

　　上記について、承諾いたします。
　　（なお、　　　　　　　　　　　　　　　　　　　　　　　　　　　　　　）
　　　　　　　　　○年○月○日
　　　　　　　　　　　　　　　（貸主）　住所
　　　　　　　　　　　　　　　　　　　　氏名　○　○　○　○　印

〔注〕
　1　借主は、本承諾書の点線から上の部分を記載し、貸主に 2 通提出してください。
　　貸主は、承諾する場合には本承諾書の点線から下の部分を記載し、1 通を借主に
　　返還し、1 通を保管してください。
　2　「増改築等」とは、契約書第 8 条第 2 項に規定する「増築、改築、移転、改造
　　若しくは模様替又は本物件の敷地内における工作物の設置」をいいます。
　3　（1）の欄は、契約書頭書（1）を参考にして記載してください。
　4　増改築等の概要を示した別紙を添付する必要があります。
　5　承諾に当たっての確認事項等があれば、「なお、」の後に記載してください。
　　例）収去等についての事項

250 ● 巻末資料

平成 30 年 3 月版・家賃債務保証業者型

**（４）賃貸住宅標準契約書別表第 2 に掲げる行為の実施承諾書（例）**
**（賃貸住宅標準契約書第 8 条第 4 項関係）**

○年○月○日

契約書別表第 2 に掲げる行為の実施の承諾についてのお願い

（貸主）　住所
　　　　　氏名　○　○　○　○　殿

　　　　　　　　　（借主）　住所
　　　　　　　　　　　　　　氏名　○　○　○　○　印

　　私が賃借している下記（1）の住宅において、契約書別表第 2 第○号に
　当たる下記（2）の行為を行いたいので、承諾願います。

記

| （1）住　　　宅 | 名　　称 | |
| | 所 在 地 | |
| | 住戸番号 | |
| （2）行為の内容 | | |

- - - - - - - - - - - - - - - - - - - - - - - - - - - - - - - - - - - - - - - -

承　諾　書

　　上記について、承諾いたします。
　　（なお、　　　　　　　　　　　　　　　　　　　　　　　　　　　　　）
　　　　　　　　　　　○年○月○日
　　　　　　　　　　　　　　　（貸主）　住所
　　　　　　　　　　　　　　　　　　　　氏名　○　○　○　○　印

〔注〕
1　借主は、本承諾書の点線から上の部分を記載し、貸主に 2 通提出してください。
　貸主は、承諾する場合には本承諾書の点線から下の部分を記載し、1 通を借主に
　返還し、1 通を保管してください。
2　「第○号」の○には、別表第 2 の該当する号を記載してください。
3　（1）の欄は、契約書頭書（1）を参考にして記載してください。
4　（2）の欄には、行為の内容を具体的に記載してください。
5　承諾に当たっての確認事項等があれば、「なお、」の後に記載してください。

巻末資料 ● 251

平成30年3月版・家賃債務保証業者型

《賃貸住宅標準契約書　解説コメント》

賃貸住宅標準契約書の本体は、「頭書部分」、「本条」、「別表」、「記名押印欄」から構成されている。

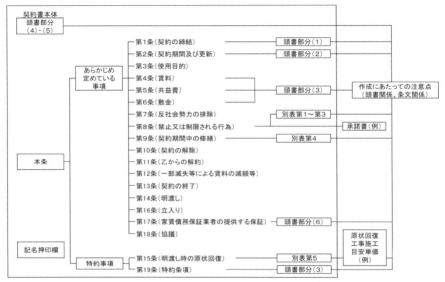

図　賃貸住宅標準契約書の構成

【頭書部分】
　　標準契約書においては、賃貸借の目的物の概要、契約期間及び賃料等の約定事項、貸主、借主、管理業者及び同居人の氏名並びに家賃債務保証業者の商号（名称）等を一覧できるように、頭書部分を設けている。これは、約定事項を当事者が一括して書き込むことにより、当事者の意思を明確にさせ、記載漏れを防ぐこととあわせて、契約の主要な内容の一覧を図れるようにする趣旨である。
　　頭書部分への具体的な記載方法等については、《作成にあたっての注意点》頭書関係を参照されたい。

平成 30 年 3 月版・家賃債務保証業者型

【本条】 ※以下に示す民法の条文は平成 29 年改正後のものである。
1 契約の締結（第1条）
　　　　　　　　本条項は、賃貸借契約の締結を宣言したものである。賃貸借契約は諾成契約であり、
　　　　　　申込みと承諾の意思表示の合致によって成立するが、各当事者は契約成立について疑義
　　　　　　が生じないよう書面による契約を行うことが重要である。その際、紛争防止の観点から、
　　　　　　貸主は媒介業者が存在する場合には媒介業者とも連携して十分な情報提供を行うこと、
　　　　　　借主は賃貸物件、契約内容を十分吟味した上で契約書に記名押印する等慎重な対応を
　　　　　　すること、媒介業者は重要事項説明を行った上で契約書の取次ぎを遅滞なく行うこと、
　　　　　　貸主は遅滞なく契約書に署名・押印することが望ましいと考えられる。

2 契約期間及び更新（第2条）
【第1項】　　契約期間を頭書（2）に定める始期から終期までの期間とすることとしており、原則
　　　　　　として両当事者は、この期間中は相手方に対して本契約に基づく債権を有し、債務を
　　　　　　負うこととなる。
【第2項】　　賃貸借契約は契約期間の満了により必ず終了するものではなく、当事者間の合意に
　　　　　　より契約が更新（合意更新）できることを確認的に記述している。

3 使用目的（第3条）
　　　　　　　　本契約書は「民間賃貸住宅（社宅を除く。）」の賃貸借に係る契約書であることから、
　　　　　　使用目的を「（自己の）居住」のみに限っている。
　　　　　　　　ただし、特約をすれば、居住しつつ、併せて居住以外の目的に使用することも可能で
　　　　　　ある。
　　　　　　　　→19　特約条項（第 19 条）参照
　　　　　　　　→《作成にあたっての注意点》条文関係【第 19 条（特約条項）関係】参照

4 賃料（第4条）
【第1項】　　借主は、頭書（3）に記載するとおりに賃料を支払うこととしている。
【第2項】　　日割計算により実際の契約期間に応じた賃料を支払う方法を記述している。なお、
　　　　　　日割計算の際の分母については、「各月の実際の日数とすること」と「一律に一定の日数
　　　　　　とすること」の2つの方法が考えられるが、計算がある程度簡便であることから、
　　　　　　「一律に一定の日数とすること（1か月 30 日）」としている。
【第3項】　　賃料は、契約期間中であっても第3項各号の条件のいずれかに該当する場合に、
　　　　　　当事者間で協議の上、改定できることとしている。

5 共益費（第5条）
【第1項】　　共益費は賃貸住宅の共用部分（階段、廊下等）の維持管理に必要な実費に相当する
　　　　　　費用（光熱費、上下水道使用料、清掃費等）として借主が貸主に支払うものである。
　　　　　　なお、戸建て賃貸住宅については、通常は、共益費は発生しない。
【第2項】　　借主は、頭書（3）に記載するとおりに共益費を支払うこととしている。
【第3項】　　→4　賃料（第4条）【第2項】参照
【第4項】　　共用部分の維持管理に必要な費用に変動が生じた場合（例えば電気料金等が改定
　　　　　　された場合）、当事者間の協議により改定できることとしている。

6 敷金（第6条）
【第1項】　　住宅の賃貸借契約から生じる借主の債務の担保として、借主は敷金を貸主に交付する
　　　　　　こととしている。平成 29 年民法改正で、敷金について「いかなる名目によるかを
　　　　　　問わず、賃料債務その他の賃貸借に基づいて生ずる賃借人の賃貸人に対する金銭の給付
　　　　　　を目的とする債務を担保する目的で、賃借人が賃貸人に交付する金銭をいう。」という
　　　　　　定義が規定された（民法第 622 条の2第1項）。
【第2項】　　敷金は、借主の債務の担保であることから、明け渡すまでの間、貸主からは借主の
　　　　　　債務の不履行について敷金を債務の弁済に充てることができるが、借主からは敷金を
　　　　　　賃料、共益費その他の支払い債務の弁済に充てることを請求できないこととしている。

巻末資料 ● 253

平成 30 年 3 月版・家賃債務保証業者型

【第 3 項】　本物件の明渡しがあったときは、貸主は敷金の全額を借主に返還しなければならないが、借主に債務の不履行（賃料の滞納、原状回復に要する費用の未払い等）がある場合は、貸主は債務不履行額を差し引いた額を返還することとしている。つまり、物件の明渡債務と敷金返還債務とは同時履行の関係に立つものではなく、敷金返還時期は、明渡しが完了したときである。

【第 4 項】　前項ただし書の場合（借主の債務を敷金から充当する場合）、貸主は差引額の内訳を借主に明示しなければならないこととしている。

## 7　反社会的勢力の排除（第 7 条）

【第 1 項】　暴力団等の反社会的勢力を排除するために、自ら又は自らの役員が反社会的勢力でないこと（第一号、第二号）、反社会的勢力に協力していないこと（第三号）をそれぞれ相手方に対して確約させることとしている。さらに、自ら又は第三者を利用して、相手方に対して暴力を用いる等の行為をしないことを確約させることとしている（第四号）。

【第 2 項】　反社会的勢力への賃借権譲渡や転貸を禁止している。譲受人や転借人が反社会的勢力であるとは知らずに、貸主が承諾した場合でも禁止されていることを明確にするため、貸主の承諾の有無にかかわらず禁止するものとして規定している。

## 8　禁止又は制限される行為（第 8 条）

【第 1 項】　賃借権の譲渡、転貸は、貸主の書面による承諾を条件とすることとしている。なお、賃借権の譲渡が行われた時は、貸主に敷金返還義務が生じる（民法第 622 条の 2 第 1 項）。
　　　　　→〈承諾書（例）〉（1）賃借権譲渡承諾書（例）（2）転貸承諾書（例）参照

【第 2 項】　本物件の増改築等の実施は、貸主の書面による承諾を条件とすることとしている。平成 29 年民法改正で、賃借物への附属物について、賃借物から分離することができない物又は分離するのに過分の費用を要する物については収去義務を負わないことが明文化されたことから（民法第 622 条、599 条第 1 項）、増改築等承諾書のなお書として、『なお、○○（附属物の名称）については、収去義務を負わないものとする。』等の記載が考えられる。また、紛争防止の観点から、増改築等の際には、原状回復の有無や有益費償還請求、造作買取請求の有無についての事項を増改築等承諾書において事前に合意しておくことが望ましいと考えられる。
　　　　　→〈承諾書（例）〉（3）増改築等承諾書（例）参照

【第 3 項】　禁止の行為を別表第 1 に記載している。なお、別表第 1 にあらかじめ記載している行為については、当事者の合意により、変更、追加又は削除できることとしている（ただし、第六号から第八号は除く）。
　　　　　→《作成にあたっての注意点》条文関係【第 8 条（禁止又は制限される行為）関係】参照

【第 4 項】　貸主の書面による承諾があれば可能な行為を別表第 2 に記載している。なお、別表第 2 にあらかじめ記載している行為については、当事者の合意により、変更、追加又は削除できることとしている。
　　　　　→《作成にあたっての注意点》条文関係【第 8 条（禁止又は制限される行為）関係】参照
　　　　　→〈承諾書（例）〉（4）賃貸住宅標準契約書別表第 2 に掲げる行為の実施承諾書（例）参照

【第 5 項】　貸主への通知を要件に認められる行為を別表第 3 に記載している。なお、別表第 3 にあらかじめ記載している行為については、当事者の合意により、変更、追加又は削除できることとしている。
　　　　　→《作成にあたっての注意点》条文関係【第 8 条（禁止又は制限される行為）関係】参照

※条文の変更について
- 貸主が第 5 項に規定する通知の受領を管理業者に委託しているときは、第 5 項の「甲に通知しなければならない。」を「甲又は管理業者に通知しなければならない。」又は「管理業者に通知しなければならない。」に変更することとなる。
- 一戸建の賃貸住宅に係る契約においては、別表第 2 第一号と第二号は、一般的に削除することとなる。
- 同居人に親族以外が加わる場合を承諾事項とするときには、別表第 3 第一号を「頭書（5）に記載する同居人に乙の親族の者を追加（出生を除く。）すること。」に変更し、別表第 2 に「頭書（5）に記載する同居人に乙の親族以外の者を追加すること。」を追加することとなる。

254 ● 巻末資料

平成 30 年 3 月版・家賃債務保証業者型

## 9　契約期間中の修繕（第 9 条）

【第 1 項】　賃貸借の目的物に係る修繕は、全て貸主が実施の義務を負うこととし、借主の帰責
事由による修繕については、費用負担を借主に求めることとしている。民法上は、
賃借人の帰責事由による修繕は、賃貸人の修繕義務の範囲から除いている（民法
第 606 条第 1 項ただし書）が、建物の管理を行う上では、修繕の実施主体を全て貸主と
し、借主の帰責事由による修繕について、費用負担を借主に求める方が合理的であると
考えられる。このため、修繕は原則として貸主が実施主体となり費用を負担することと
し、修繕の原因が借主の帰責事由によるものである場合には、貸主が修繕を実施し、
借主が費用を負担することとしている。この場合に借主が負担する費用は、借主の帰責
事由による債務不履行に基づく損害賠償の意味を持つものである。

【第 2 項】　修繕の実施に当たり貸主及び貸主の依頼による業者が専用部分に立ち入る必要がある
場合は、貸主からの通知を要するとともに、民法第 606 条第 2 項により借主は貸主の
修繕の実施を拒めないこととされているため、借主は正当な理由なく貸主の修繕の実施
を拒否することはできないこととしている。

【第 3 項】　要修繕箇所を発見した場合に借主が貸主に通知し、両者で修繕の必要性について協議
することとしている。紛争防止の観点から、修繕が必要である旨の通知は、書面又は
電子メール等の電磁的記録によって行うことが望ましいと考えられる。

【第 4 項】　修繕の必要が認められるにもかかわらず、貸主が正当な理由なく修繕を実施しない
場合に、借主が自ら修繕できることを定めるとともに、その場合の費用負担（第 1 項と
同様）について示している。
　　　　　　平成 29 年民法改正で、①賃借人が賃貸人に修繕が必要である旨を通知し、又は賃貸人が
その旨を知ったにもかかわらず、賃貸人が相当の期間内に必要な修繕をしないとき、
②急迫の事情があるとき、には、賃借人による修繕が可能であることが規定された（民法
第 607 条の 2）。この規定の趣旨を踏まえ、第 4 項を規定している。

【第 5 項】　修繕の中には、安価な費用で実施でき、建物の損傷を招くなどの不利益を貸主に
もたらすものではなく、借主にとっても貸主の修繕の実施を待っていてはかえって
不都合が生じるようなものもあると想定されることから、別表第 4 に掲げる費用が
軽微な修繕については、借主が自らの負担で行うことができることとしている。また、
別表第 4 に掲げる修繕は、第 1 項に基づき、貸主に修繕を求めることも可能である。
このため、第 5 項に基づき借主が自ら行った場合には、費用償還請求権は排除されると
考えられる。
　　　　　　なお、別表第 4 にあらかじめ記載している修繕については、当事者間での合意により、
変更、追加又は削除できることとしている。
　　　　　　→《作成にあたっての注意点》条文関係【第 9 条（契約期間中の修繕）関係】参照

## 10　契約の解除（第 10 条）

【第 1 項】　借主の「～しなければならない」という作為義務違反を規定しており、民法第 541 条
の趣旨を踏まえ「催告」を要件とし、催告にも係わらず借主が義務を履行しないときに
解除することとしている。

【第 2 項】　借主の「～してはならない」という不作為義務違反を規定しており、第 1 項と同様
「催告」を要件とし、催告にも係わらず借主が義務を履行せず、本契約を継続すること
が困難であると認められるときに解除することができるとしている。

【第 3 項】　第 7 条第 1 項各号の確約に反する事実が判明した場合、及び契約締結後に自ら又は
役員が反社会的勢力に該当した場合、催告なしで契約を解除することができるとして
いる。なお、平成 29 年民法改正で、契約総則において、債務者の履行拒絶の明確な意思
表示のある場合や、催告をしても契約目的達成に足りる履行の見込みがないことが
明らかな場合等に無催告解除ができることが規定された（民法第 542 条第 1 項）。
　　　　　　→ 7　反社会的勢力の排除（第 7 条）【第 1 項】参照

【第 4 項】　借主が第 7 条第 2 項に規定する義務に違反した場合、及び借主が第 8 条第 3 項に規定
する禁止行為のうち、別表第 1 第六号から第八号に掲げる行為を行った場合、催告なし
で契約を解除することができるとしている。
　　　　　　→ 7　反社会的勢力の排除（第 7 条）【第 2 項】参照
　　　　　　→ 8　禁止又は制限される行為（第 8 条）【第 3 項】参照

巻末資料 ● 255

平成 30 年 3 月版・家賃債務保証業者型

> ※賃貸借契約における無催告解除について
>   判例は、賃貸借契約において、賃料の長期不払、賃貸物の損壊等、賃借人の義務違反の程度が甚だしく、賃貸借契約の継続を著しく困難にするような背信行為があった場合には、無催告解除を認めている（最判昭和 47 年 2 月 18 日民集 26 巻 1 号 63 頁、最判昭和 49 年 4 月 26 日民集 28 巻 3 号 467 頁等。いわゆる信頼関係破壊の法理）。

## 11　乙からの解約（第 11 条）
【第 1 項】　借主が賃貸借契約を終了させるための期間（解約申入れ期間）が 30 日以上の場合について規定している。
　　　　　　なお、解約申入れ期間を 30 日としたのは、第 4 条及び第 5 条の賃料及び共益費の日割計算の分母を 30 日としていることにあわせるためである。
　　　　　　　　→ 4　賃料（第 4 条）【第 2 項】参照
【第 2 項】　解約申入れ期間が 30 日に満たない場合について規定しており、30 日分の賃料及び賃料相当額を支払えば、随時に解約できることとしている。

【例】9 月 30 日に契約を解除したい場合

※ 9 月 30 日に退去を予定している場合は、解約申入れを 8 月 31 日以前に行うこととしている。なお、賃料については、9 月分を前月末までに支払っている場合は、既に支払い済みの賃料でまかなわれることとなる。

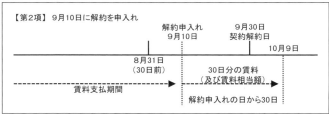

※ 9 月 30 日に退去を予定している場合で、9 月 10 日に解約申入れを行った場合は、解約申入れを行った日から 30 日分の賃料、つまり 10 月 9 日までの賃料（及び賃料相当額）が必要となる。なお、賃料については、9 月分を前月末までに支払っている場合は、10 月 1 日から 9 日までの賃料相当額が必要となる。また、共益費については、解約申入れ日（9 月 10 日）に関係なく、第 5 条第 3 項に従い、使用していた期間の共益費を支払う（9 月 30 日に解約した場合は 9 月分の共益費全額を支払う）こととなる。

## 12　一部滅失等による賃料の減額等（第 12 条）
【第 1 項】　本物件の一部が滅失等により使用できなくなった場合に、それが借主の帰責事由によるものでないときは、使用不可の部分の割合に応じて賃料が減額されるものとし、その内容は貸主と借主の間で協議することとしている。平成 29 年民法改正で、賃借物の一部が賃借人の帰責事由によらずに滅失等をした場合の賃料の減額について、従来は「請求することができる」とされていたところ、「（賃料は）減額される」と当然に減額

平成 30 年 3 月版・家賃債務保証業者型

するものとされた（民法第 611 条第 1 項）。
　　　　　ただし、一部滅失の程度や減額割合については、判例等の蓄積による明確な基準が
　　　　ないことから、紛争防止の観点からも、一部滅失があった場合は、借主が貸主に通知し、
　　　　賃料について協議し、適正な減額割合や減額期間、減額の方法（賃料設定は変えずに
　　　　一定の期間一部免除とするのか、賃料設定そのものの変更とするのか）等を合意の上、
　　　　決定することが望ましいと考えられる。
【第 2 項】　　本物件の一部が滅失等により使用できなくなった場合に、残存する部分のみでは賃借
　　　　の目的が達成できないときは、借主の解除権を認めるものである。借主に帰責事由が
　　　　ある場合でも解除は認められる（民法第 611 条第 2 項）。

## 13　契約の終了（第 13 条）
　　　　　本物件の全部が滅失等により使用できなくなった場合に契約が終了することとして
　　　　いる。平成 29 年民法改正で、賃貸物の全部が滅失その他の事由により使用及び収益を
　　　　することができなくなった場合には、賃貸借が終了することが規定された（民法
　　　　第 616 条の 2）。

## 14　明渡し（第 14 条）
【第 1 項】　　期間満了及び借主からの解約（第 11 条）のときは契約終了日までに、本物件を
　　　　明け渡さなければならないこととしている。
　　　　　契約の解除（第 10 条）のときは直ちに、本物件を明け渡さなければならないとして
　　　　いる。
【第 2 項】　　本物件の明渡しを行うにあたり、当事者の便宜の観点から、借主はあらかじめ明渡し
　　　　日を貸主に通知することとしている。

## 15　明渡し時の原状回復（第 15 条）
【第 1 項】　　借主は、通常の使用に伴い生じた損耗及び経年変化を除き、原則として原状回復を
　　　　行わなければならないこととするが、借主の帰責事由によらない損耗については、原状
　　　　回復は不要としている。平成 29 年民法改正において、賃借人の原状回復義務が規定
　　　　された（民法第 621 条）が判例法理を明文化したものであり、実質的な変更はない。
　　　　　なお、借主の故意・過失、善管注意義務違反等により生じた損耗については、借主に
　　　　原状回復義務が発生することとなるが、その際の借主が負担すべき費用については、
　　　　修繕等の費用の全額を借主が当然に負担することにはならず、経年変化・通常損耗が
　　　　必ず前提となっていることから、建物や設備等の経過年数を考慮し、年数が多いほど
　　　　負担割合を減少させることとするのが適当と考えられる（「原状回復をめぐるトラブル
　　　　とガイドライン（再改訂版）」（平成 23 年 8 月）12 ページ参照）。
【第 2 項】　　退去時の原状回復費用に関するトラブルを未然に防止するため、本物件を明け渡す時
　　　　には、別表第 5 に基づき、契約時に例外としての特約を定めた場合はその特約を含めて、
　　　　借主が実施する原状回復の内容及び方法について当事者間で協議することとしている。
　　　　　なお、契約時の特約については「協議に含める」としているは、特約には様々な
　　　　内容や種類が考えられ、特約に該当する部分の特定、物件の損耗等が通常損耗か否かの
　　　　判断等についての「原状回復をめぐるトラブルとガイドライン（再改訂版）」等における
　　　　考え方への当てはめにおいて、たとえ、特約があったとしても協議が必要なものである
　　　　と考えられるためである。
　　　　　また、明渡し時においては改めて原状回復工事を実施する際の評価や経過年数を考慮
　　　　し、負担割合を明記した精算明細書（「原状回復をめぐるトラブルとガイドライン
　　　　（再改訂版）」（平成 23 年 8 月）別表 4（28 ページ参照））を作成し、双方合意すること
　　　　が望ましい。
　　　　　→《作成にあたっての注意点》条文関係【第 15 条（明渡し時の原状回復）関係】参照
　　　　　→「原状回復をめぐるトラブルとガイドライン（再改訂版）」別表 3「契約書に添付
　　　　　する原状回復の条件に関する様式」Ⅰ－ 3「原状回復工事施工目安単価」参照

巻末資料　● 257

平成 30 年 3 月版・家賃債務保証業者型

□原状回復にかかるトラブルを未然に防止するためには、契約時に貸主と借主の双方が原状回復に関する条件について合意することが重要であるため、原状回復の条件を別表第 5 として掲げている。

□別表第 5 「Ⅰ－3 原状回復工事施工目安単価」への記載については、例えば、「入居者の過失等による修繕が発生することが多い箇所」について、貸主及び借主の両者が、退去時の原状回復費用に関するトラブルを未然に防止するため、目安単価を確認するということが想定される。

□別表第 5 「Ⅰ－3 原状回復工事施工目安単価」は、あくまでも目安として、把握可能な「原状回復工事施工目安単価」について、可能な限り記述することが望まれる。

□例外的に借主の負担とする特約を定めるためには、以下の 3 つが要件となる。
　・　特約の必要性があり、かつ、暴利的でないなどの客観的、合理的理由が存在すること
　・　借主が特約によって通常の原状回復義務を超えた修繕等の義務を負うことについて認識していること
　・　借主が特約による義務負担の意思表示をしていること
（「原状回復をめぐるトラブルとガイドライン（再改訂版）」（平成 23 年 8 月）7 ページを参照されたい。）

□原状回復に関する特約事項が有効と判断されるためには、「賃借人に通常損耗についての原状回復義務を負わせるのは、賃借人に予期しない特別の負担を課すことになるから、賃借人に同義務が認められるためには、少なくとも、**賃借人が補修費用を負担することになる通常損耗の範囲が賃貸借契約書の条項自体に具体的に明記されているか、仮に賃貸借契約書では明らかでない場合には、賃貸人が口頭により説明し、賃借人がその旨を明確に認識し、それを合意の内容としたものと認められるなど、その旨の特約（通常損耗補修特約）が明確に合意されていることが必要である**」という考え方が最高裁判所によって示されている（最判平成 17 年 12 月 16 日集民第 218 号 1239 頁）。

□参照条文
民法（明治 29 年 4 月 27 日法律第 89 号）
※平成 29 年法律第 44 号による改正後の条文（施行は平成 32 年（2020 年）4 月 1 日）
　（公序良俗）
　第九十条　公の秩序又は善良の風俗に反する法律行為は、無効とする。

消費者契約法（平成 12 年 5 月 12 日法律第 61 号）
※平成 29 年法律第 45 号による改正後の条文（施行は平成 32 年（2020 年）4 月 1 日）
　（事業者の損害賠償の責任を免除する条項の無効）
　第八条　次に掲げる消費者契約の条項は、無効とする。
　　一　事業者の債務不履行により消費者に生じた損害を賠償する責任の全部を免除する条項
　　二　事業者の債務不履行（当該事業者、その代表者又はその使用する者の故意又は重大な過失によるものに限る。）により消費者に生じた損害を賠償する責任の一部を免除する条項
　　三　消費者契約における事業者の債務の履行に際してされた当該事業者の不法行為により消費者に生じた損害を賠償する責任の全部を免除する条項
　　四　消費者契約における事業者の債務の履行に際してされた当該事業者の不法行為（当該事業者、その代表者又はその使用する者の故意又は重大な過失によるものに限る。）により消費者に生じた損害を賠償する責任の一部を免除する条項
　2　前項第一号又は第二号に掲げる条項のうち、消費者契約が有償契約である場合において、引き渡された目的物が種類又は品質に関して契約の内容に適合しないとき（当該消費者契約が請負契約である場合には、請負人が種類又は品質に関して契約の内容に適合しない仕事の目的物を注文者に引き渡したとき（その引渡しを要しな

258 ● 巻末資料

平成 30 年 3 月版・家賃債務保証業者型

　　い場合には、仕事が終了した時に仕事の目的物が種類又は品質に関して契約の内容
　　に適合しないとき。）に、これにより消費者に生じた損害を賠償する事業者の責任を免除するものについては、次に掲げる場合に該当す
　　るときは、同項の規定は、適用しない。
　　一　当該消費者契約において、引き渡された目的物が種類又は品質に関して契約の
　　　　内容に適合しないときに、当該事業者が履行の追完をする責任又は不適合の程度
　　　　に応じた代金若しくは報酬の減額をする責任を負うこととされている場合
　　二　当該消費者と当該事業者の委託を受けた他の事業者との間の契約又は当該事業
　　　　者と他の事業者との間の当該消費者のためにする契約で、当該消費者契約の締結
　　　　に先立って又はこれと同時に締結されたものにおいて、引き渡された目的物が種
　　　　類又は品質に関して契約の内容に適合しないときに、当該他の事業者が、その目的
　　　　物が種類又は品質に関して契約の内容に適合しないことにより当該消費者に生じ
　　　　た損害を賠償する責任の全部若しくは一部を負い、又は履行の追完をする責任を
　　　　負うこととされている場合

　（消費者の解除権を放棄させる条項の無効）
第八条の二　事業者の債務不履行により生じた消費者の解除権を放棄させる消費者契
　　約の条項は、無効とする。

　（消費者が支払う損害賠償の額を予定する条項等の無効）
第九条　次の各号に掲げる消費者契約の条項は、当該各号に定める部分について、無効
　　とする。
　　一　当該消費者契約の解除に伴う損害賠償の額を予定し、又は違約金を定める条項
　　　　であって、これらを合算した額が、当該条項において設定された解除の事由、時期
　　　　等の区分に応じ、当該消費者契約と同種の消費者契約の解除に伴い当該事業者に
　　　　生ずべき平均的な損害の額を超えるもの　当該超える部分
　　二　当該消費者契約に基づき支払うべき金銭の全部又は一部を消費者が支払期日
　　　　（支払回数が二以上である場合には、それぞれの支払期日。以下この号において同
　　　　じ。）までに支払わない場合における損害賠償の額を予定し、又は違約金を定める
　　　　条項であって、これらを合算した額が、支払期日の翌日からその支払をする日ま
　　　　での期間について、その日数に応じ、当該支払期日に支払うべき額から当該支払期日
　　　　に支払うべき額のうち既に支払われた額を控除した額に年十四・六パーセントの
　　　　割合を乗じて計算した額を超えるもの　当該超える部分

　（消費者の利益を一方的に害する条項の無効）
第十条　消費者の不作為をもって当該消費者が新たな消費者契約の申込み又はその承
　　諾の意思表示をしたものとみなす条項その他の法令中の公の秩序に関しない規定の
　　適用による場合に比して消費者の権利を制限し又は消費者の義務を加重する消費者
　　契約の条項であって、民法第一条第二項に規定する基本原則に反して消費者の利益
　　を一方的に害するものは、無効とする。

## 16　立入り（第 16 条）
【第 1 項】　借主は本物件を契約の範囲内で自由に使用する権利を有しており、貸主は原則として
　　　　　本物件内に立ち入ることはできないが、本物件の防火、本物件の構造の保全その他の
　　　　　本物件の管理上特に必要な場合は、あらかじめ借主の承諾を得て本物件内に立ち入る
　　　　　ことができることとしている。
【第 2 項】　前項の場合、借主は正当な理由がある場合を除き、立入りを拒否できないこととして
　　　　　いる。
【第 3 項】　本物件の次の入居（予定）者又は本物件を譲り受けようとする者が下見をする場合は、
　　　　　あらかじめ借主の承諾を得て本物件内に立ち入ることができるとしている。
【第 4 項】　火災による延焼の防止等緊急の必要がある場合は、貸主はあらかじめ借主の承諾を
　　　　　得ることなく、本物件内に立ち入ることができるとしている。なお、借主不在時に立ち
　　　　　入った場合には、貸主は立入り後にその旨を借主に通知しなければならないこととして

巻末資料 ● 259

いる。

## 17 家賃債務保証業者の提供する保証（第17条）

　　賃貸借契約上の借主の債務を担保するため、機関保証として家賃債務保証業者の提供する保証を利用することとしている。また、当該保証の内容については、本契約とは別途の契約等によることとし、貸主及び借主は、本契約における契約期間の始期から当該保証が利用できるようにするため、必要な手続を取らなければならないこととしている。

　　また、家賃債務保証業者の提供する保証を利用する場合、借主の安否確認等への対応については、頭書（5）に記載する「緊急時の連絡先」を活用することが考えられる。

## 18 協議（第18条）

　　貸主借主間の権利義務関係をあらかじめ全て契約書に規定しておくことが望ましいが、現実問題として不可能であり、また、条文解釈で疑義が生じる場合があることを想定し、その対処方法を定めている。

## 19 特約条項（第19条）

　　第18条までの規定以外に、個別の事情に応じて、当事者が合意の上で特約を定めることができることとしている。

　　なお、特約条項を定める場合、原状回復に関する特約と同様、借主がその内容を明確に理解し、それを契約内容とすることについて明確に合意していることが必要である（項目ごとに、記載事項の上に貸主と借主が押印し、最後に確認的に貸主と借主が記名押印することが望ましい）。

　　→15　明渡し時の原状回復（第15条）参照
　　→《作成にあたっての注意点》条文関係【第19条（特約条項）関係】参照

平成 30 年 3 月版・連帯保証人型

# 賃貸住宅標準契約書

## 頭書

### （1）賃貸借の目的物

<table>
<tr><td rowspan="11">建物の名称・所在地等</td><td colspan="2">名　　称</td><td colspan="6"></td></tr>
<tr><td colspan="2">所　在　地</td><td colspan="6"></td></tr>
<tr><td rowspan="2">建　て　方</td><td rowspan="2">共長一そ同屋戸の建建他<br>建建</td><td rowspan="2">構　造</td><td>木造</td><td colspan="3" rowspan="2">工事完了年<br><br>　　　　　　　　年<br>大規模修繕を<br>（　　　　）年<br>実　　　施</td></tr>
<tr><td>非木造（　　　　）</td></tr>
<tr><td></td><td></td><td></td><td>階建</td><td></td></tr>
<tr><td>戸　数</td><td></td><td></td><td>戸</td></tr>
<tr><td colspan="2">住戸番号</td><td>号室</td><td>間取り</td><td colspan="4">（　　　）LDK・DK・K／ワンルーム／</td></tr>
<tr><td colspan="2">面　　積</td><td colspan="6">㎡　（それ以外に、バルコニー＿＿＿＿＿＿㎡）</td></tr>
<tr><td rowspan="2"></td><td rowspan="13">設備等</td><td colspan="2">トイレ</td><td colspan="4">専用（水洗・非水洗）・共用（水洗・非水洗）</td></tr>
</table>

| 住戸部分 | 設備等 | トイレ | 専用（水洗・非水洗）・共用（水洗・非水洗） |
|---|---|---|---|
| | | 浴室 | 有・無 |
| | | シャワー | 有・無 |
| | | 洗面台 | 有・無 |
| | | 洗濯機置場 | 有・無 |
| | | 給湯設備 | 有・無 |
| | | ガスコンロ・電気コンロ・IH調理器 | 有・無 |
| | | 冷暖房設備 | 有・無 |
| | | 備え付け照明設備 | 有・無 |
| | | オートロック | 有・無 |
| | | 地デジ対応・CATV対応 | 有・無 |
| | | インターネット対応 | 有・無 |
| | | メールボックス | 有・無 |
| | | 宅配ボックス | 有・無 |
| | | 鍵 | 有・無　　（鍵 No.　　　　・　　　本） |
| | | | 有・無 |
| | | | 有・無 |
| | | 使用可能電気容量 | （　　　　　　）アンペア |
| | | ガス | 有（都市ガス・プロパンガス）・無 |
| | | 上水道 | 水道本管より直結・受水槽・井戸水 |
| | | 下水道 | 有（公共下水道・浄化槽）・無 |
| 附属施設 | | 駐車場 | 含む・含まない　　　＿＿＿＿台分（位置番号：＿＿＿＿＿＿＿＿） |
| | | バイク置場 | 含む・含まない　　　＿＿＿＿台分（位置番号：＿＿＿＿＿＿＿＿） |
| | | 自転車置場 | 含む・含まない　　　＿＿＿＿台分（位置番号：＿＿＿＿＿＿＿＿） |
| | | 物置 | 含む・含まない |
| | | 専用庭 | 含む・含まない |
| | | | 含む・含まない |
| | | | 含む・含まない |

### （2）契約期間

| 始　期 | 　　　年　　　　月　　　　日から | 　　　年　　　月間 |
|---|---|---|
| 終　期 | 　　　年　　　　月　　　　日まで | |

巻末資料 ● 261

平成 30 年 3 月版・連帯保証人型

（３）賃料等

| 賃料・共益費 | | 支払期限 | 支払方法 | |
|---|---|---|---|---|
| 賃　料 | 円 | 当月分・翌月分を毎月　　　日まで | 振込、口座振替又は持参 | 振込先金融機関名： |
| | | | | 預金：普通・当座 |
| 共益費 | 円 | 当月分・翌月分を毎月　　　日まで | | 口座番号： |
| | | | | 口座名義人： |
| | | | | 振込手数料負担者：貸主・借主 |
| | | | | 持参先： |
| 敷　金 | 賃料　　か月相当分　　　　　　　円 | | その他一時金 | |
| 附属施設使用料 | | | | |
| そ　の　他 | | | | |

（４）貸主及び管理業者

| 貸　主（社名・代表者） | 住　所　〒<br>氏　名　　　　　　　　　　　　電話番号 |
|---|---|
| 管理業者（社名・代表者） | 所在地　〒<br>商号（名称）　　　　　　　　　　電話番号<br>賃貸住宅管理業者登録番号　国土交通大臣（　　）第　　　　　号 |

＊貸主と建物の所有者が異なる場合は、次の欄も記載すること。

| 建物の所有者 | 住　所　〒<br>氏　名　　　　　　　　　　　　電話番号 |
|---|---|

（５）借主及び同居人

| | 借　　主 | 同　居　人 | | |
|---|---|---|---|---|
| 氏　名 | （氏名）<br>（年齢）　　　　　歳<br>（電話番号） | （氏名）<br>（氏名）<br>（氏名） | （年齢）　　　歳<br>（年齢）　　　歳<br>（年齢）　　　歳<br>合計　　　　人 | |
| 緊急時の連絡先 | 住　所　〒<br>氏　名　　　　　　　　電話番号　　　　　　借主との関係 | | | |

（６）連帯保証人及び極度額

| 連帯保証人 | 住　所　〒<br>氏　名　　　　　　　　　　　　電話番号 |
|---|---|
| 極　度　額 | |

262 ● 巻末資料

平成 30 年 3 月版・連帯保証人型

（契約の締結）
第1条　貸主（以下「甲」という。）及び借主（以下「乙」という。）は、頭書（1）に記載する賃貸借の目的物（以下「本物件」という。）について、以下の条項により賃貸借契約（以下「本契約」という。）を締結した。

（契約期間及び更新）
第2条　契約期間は、頭書（2）に記載するとおりとする。
2　甲及び乙は、協議の上、本契約を更新することができる。

（使用目的）
第3条　乙は、居住のみを目的として本物件を使用しなければならない。

（賃料）
第4条　乙は、頭書（3）の記載に従い、賃料を甲に支払わなければならない。
2　1か月に満たない期間の賃料は、1か月を 30 日として日割計算した額とする。
3　甲及び乙は、次の各号の一に該当する場合には、協議の上、賃料を改定することができる。
　一　土地又は建物に対する租税その他の負担の増減により賃料が不相当となった場合
　二　土地又は建物の価格の上昇又は低下その他の経済事情の変動により賃料が不相当となった場合
　三　近傍同種の建物の賃料に比較して賃料が不相当となった場合

（共益費）
第5条　乙は、階段、廊下等の共用部分の維持管理に必要な光熱費、上下水道使用料、清掃費等（以下この条において「維持管理費」という。）に充てるため、共益費を甲に支払うものとする。
2　前項の共益費は、頭書（3）の記載に従い、支払わなければならない。
3　1か月に満たない期間の共益費は、1か月を 30 日として日割計算した額とする。
4　甲及び乙は、維持管理費の増減により共益費が不相当となったときは、協議の上、共益費を改定することができる。

（敷金）
第6条　乙は、本契約から生じる債務の担保として、頭書（3）に記載する敷金を甲に交付するものとする。
2　甲は、乙が本契約から生じる債務を履行しないときは、敷金をその債務の弁済に充てることができる。この場合において、乙は、本物件を明け渡すまでの間、敷金をもって当該債務の弁済に充てることを請求することができない。
3　甲は、本物件の明渡しがあったときは、遅滞なく、敷金の全額を乙に返還しなければならない。ただし、本物件の明渡し時に、賃料の滞納、第 15 条に規定する原状回復に要する費用の未払いその他の本契約から生じる乙の債務の不履行が存在する場合には、甲は、当該債務の額を敷金から差し引いた額を返還するものとする。
4　前項ただし書の場合には、甲は、敷金から差し引く債務の額の内訳を乙に明示しなければならない。

（反社会的勢力の排除）
第7条　甲及び乙は、それぞれ相手方に対し、次の各号の事項を確約する。
　一　自らが、暴力団、暴力団関係企業、総会屋若しくはこれらに準ずる者又はその構成員（以下総称して「反社会的勢力」という。）ではないこと。
　二　自らの役員（業務を執行する社員、取締役、執行役又はこれらに準ずる者をいう。）が反社会的勢力ではないこと。
　三　反社会的勢力に自己の名義を利用させ、この契約を締結するものでないこと。

巻末資料 ● 263

四　自ら又は第三者を利用して、次の行為をしないこと。
　　　ア　相手方に対する脅迫的な言動又は暴力を用いる行為
　　　イ　偽計又は威力を用いて相手方の業務を妨害し、又は信用を毀損する行為
２　乙は、甲の承諾の有無にかかわらず、本物件の全部又は一部につき、反社会的勢力に賃借
　権を譲渡し、又は転貸してはならない。

（禁止又は制限される行為）
第８条　乙は、甲の書面による承諾を得ることなく、本物件の全部又は一部につき、賃借権を
　譲渡し、又は転貸してはならない。
２　乙は、甲の書面による承諾を得ることなく、本物件の増築、改築、移転、改造若しくは模
　様替又は本物件の敷地内における工作物の設置を行ってはならない。
３　乙は、本物件の使用に当たり、別表第１に掲げる行為を行ってはならない。
４　乙は、本物件の使用に当たり、甲の書面による承諾を得ることなく、別表第２に掲げる行
　為を行ってはならない。
５　乙は、本物件の使用に当たり、別表第３に掲げる行為を行う場合には、甲に通知しなけれ
　ばならない。

（契約期間中の修繕）
第９条　甲は、乙が本物件を使用するために必要な修繕を行わなければならない。この場合の
　修繕に要する費用については、乙の責めに帰すべき事由により必要となったものは乙が負担
　し、その他のものは甲が負担するものとする。
２　前項の規定に基づき甲が修繕を行う場合は、甲は、あらかじめ、その旨を乙に通知しなけ
　ればならない。この場合において、乙は、正当な理由がある場合を除き、当該修繕の実施を
　拒否することができない。
３　乙は、本物件内に修繕を要する箇所を発見したときは、甲にその旨を通知し修繕の必要に
　ついて協議するものとする。
４　前項の規定による通知が行われた場合において、修繕の必要が認められるにもかかわらず、
　甲が正当な理由なく修繕を実施しないときは、乙は自ら修繕を行うことができる。この場合
　の修繕に要する費用については、第１項に準ずるものとする。
５　乙は、別表第４に掲げる修繕について、第１項に基づき甲に修繕を請求するほか、自ら行
　うことができる。乙が自ら修繕を行う場合においては、修繕に要する費用は乙が負担するも
　のとし、甲への通知及び甲の承諾を要しない。

（契約の解除）
第10条　甲は、乙が次に掲げる義務に違反した場合において、甲が相当の期間を定めて当該義
　務の履行を催告したにもかかわらず、その期間内に当該義務が履行されないときは、本契約
　を解除することができる。
　　一　第４条第１項に規定する賃料支払義務
　　二　第５条第２項に規定する共益費支払義務
　　三　前条第１項後段に規定する乙の費用負担義務
２　甲は、乙が次に掲げる義務に違反した場合において、甲が相当の期間を定めて当該義務の
　履行を催告したにもかかわらず、その期間内に当該義務が履行されずに当該義務違反により
　本契約を継続することが困難であると認められるに至ったときは、本契約を解除することが
　できる。
　　一　第３条に規定する本物件の使用目的遵守義務
　　二　第８条各項に規定する義務（同条第３項に規定する義務のうち、別表第１第六号から第
　　　八号に掲げる行為に係るものを除く。）
　　三　その他本契約書に規定する乙の義務
３　甲又は乙の一方について、次のいずれかに該当した場合には、その相手方は、何らの催告
　も要せずして、本契約を解除することができる。

一　第7条第1項各号の確約に反する事実が判明した場合
　　二　契約締結後に自ら又は役員が反社会的勢力に該当した場合
4　甲は、乙が第7条第2項に規定する義務に違反した場合又は別表第1第六号から第八号に掲げる行為を行った場合には、何らの催告も要せずして、本契約を解除することができる。

（乙からの解約）
第11条　乙は、甲に対して少なくとも30日前に解約の申入れを行うことにより、本契約を解約することができる。
2　前項の規定にかかわらず、乙は、解約申入れの日から30日分の賃料（本契約の解約後の賃料相当額を含む。）を甲に支払うことにより、解約申入れの日から起算して30日を経過する日までの間、随時に本契約を解約することができる。

（一部滅失等による賃料の減額等）
第12条　本物件の一部が滅失その他の事由により使用できなくなった場合において、それが乙の責めに帰することができない事由によるものであるときは、賃料は、その使用できなくなった部分の割合に応じて、減額されるものとする。この場合において、甲及び乙は、減額の程度、期間その他必要な事項について協議するものとする。
2　本物件の一部が滅失その他の事由により使用できなくなった場合において、残存する部分のみでは乙が賃借をした目的を達することができないときは、乙は、本契約を解除することができる。

（契約の終了）
第13条　本契約は、本物件の全部が滅失その他の事由により使用できなくなった場合には、これによって終了する。

（明渡し）
第14条　乙は、本契約が終了する日までに（第10条の規定に基づき本契約が解除された場合にあっては、直ちに）、本物件を明け渡さなければならない。
2　乙は、前項の明渡しをするときには、明渡し日を事前に甲に通知しなければならない。

（明渡し時の原状回復）
第15条　乙は、通常の使用に伴い生じた本物件の損耗及び本物件の経年変化を除き、本物件を原状回復しなければならない。ただし、乙の責めに帰することができない事由により生じたものについては、原状回復を要しない。
2　甲及び乙は、本物件の明渡し時において、契約時に特約を定めた場合は当該特約を含め、別表第5の規定に基づき乙が行う原状回復の内容及び方法について協議するものとする。

（立入り）
第16条　甲は、本物件の防火、本物件の構造の保全その他の本物件の管理上特に必要があるときは、あらかじめ乙の承諾を得て、本物件内に立ち入ることができる。
2　乙は、正当な理由がある場合を除き、前項の規定に基づく甲の立入りを拒否することはできない。
3　本契約終了後において本物件を賃借しようとする者又は本物件を譲り受けようとする者が下見をするときは、甲及び下見をする者は、あらかじめ乙の承諾を得て、本物件内に立ち入ることができる。
4　甲は、火災による延焼を防止する必要がある場合その他の緊急の必要がある場合においては、あらかじめ乙の承諾を得ることなく、本物件内に立ち入ることができる。この場合において、甲は、乙の不在時に立ち入ったときは、立入り後その旨を乙に通知しなければならない。

平成 30 年 3 月版・連帯保証人型

（連帯保証人）
第 17 条　連帯保証人（以下「丙」という。）は、乙と連帯して、本契約から生じる乙の債務を
　　負担するものとする。本契約が更新された場合においても、同様とする。
2　前項の丙の負担は、頭書（6）及び記名押印欄に記載する極度額を限度とする。
3　丙が負担する債務の元本は、乙又は丙が死亡したときに、確定するものとする。
4　丙の請求があったときは、甲は、丙に対し、遅滞なく、賃料及び共益費等の支払状況や滞
　　納金の額、損害賠償の額等、乙の全ての債務の額等に関する情報を提供しなければならない。

（協議）
第 18 条　甲及び乙は、本契約書に定めがない事項及び本契約書の条項の解釈について疑義が
　　生じた場合は、民法その他の法令及び慣行に従い、誠意をもって協議し、解決するものとす
　　る。

（特約条項）
第 19 条　第 18 条までの規定以外に、本契約の特約については、下記のとおりとする。

|  |
|---|
| 甲：　　　　　　　　　印<br>乙：　　　　　　　　　印 |

266 ● 巻末資料

平成 30 年 3 月版・連帯保証人型

別表第 1 （第 8 条第 3 項関係）

| | |
|---|---|
| 一 | 銃砲、刀剣類又は爆発性、発火性を有する危険な物品等を製造又は保管すること。 |
| 二 | 大型の金庫その他の重量の大きな物品等を搬入し、又は備え付けること。 |
| 三 | 排水管を腐食させるおそれのある液体を流すこと。 |
| 四 | 大音量でテレビ、ステレオ等の操作、ピアノ等の演奏を行うこと。 |
| 五 | 猛獣、毒蛇等の明らかに近隣に迷惑をかける動物を飼育すること。 |
| 六 | 本物件を、反社会的勢力の事務所その他の活動の拠点に供すること。 |
| 七 | 本物件又は本物件の周辺において、著しく粗野若しくは乱暴な言動を行い、又は威勢を示すことにより、付近の住民又は通行人に不安を覚えさせること。 |
| 八 | 本物件に反社会的勢力を居住させ、又は反復継続して反社会的勢力を出入りさせること。 |
| | |
| | |

別表第 2 （第 8 条第 4 項関係）

| | |
|---|---|
| 一 | 階段、廊下等の共用部分に物品を置くこと。 |
| 二 | 階段、廊下等の共用部分に看板、ポスター等の広告物を掲示すること。 |
| 三 | 観賞用の小鳥、魚等であって明らかに近隣に迷惑をかけるおそれのない動物以外の犬、猫等の動物（別表第 1 第五号に掲げる動物を除く。）を飼育すること。 |
| | |
| | |

別表第 3 （第 8 条第 5 項関係）

| | |
|---|---|
| 一 | 頭書（5）に記載する同居人に新たな同居人を追加（出生を除く。）すること。 |
| 二 | 1 か月以上継続して本物件を留守にすること。 |
| | |
| | |

別表第 4 （第 9 条第 5 項関係）

| | |
|---|---|
| ヒューズの取替え | 蛇口のパッキン、コマの取替え |
| 風呂場等のゴム栓、鎖の取替え | 電球、蛍光灯の取替え |
| その他費用が軽微な修繕 | |
| | |
| | |
| | |

巻末資料 ● 267

平成 30 年 3 月版・連帯保証人型

別表第 5 （第 15 条関係）

【原状回復の条件について】
　本物件の原状回復条件は、下記Ⅱの「例外としての特約」による以外は、賃貸住宅の原状回復に関する費用負担の一般原則の考え方によります。すなわち、
・　借主の故意・過失、善管注意義務違反、その他通常の使用方法を超えるような使用による損耗等については、借主が負担すべき費用となる。なお、震災等の不可抗力による損耗、上階の居住者など借主と無関係な第三者がもたらした損耗等については、借主が負担すべきものではない。
・　建物・設備等の自然的な劣化・損耗等（経年変化）及び借主の通常の使用により生ずる損耗等（通常損耗）については、貸主が負担すべき費用となる
ものとします。
　その具体的内容は、国土交通省の「原状回復をめぐるトラブルとガイドライン（再改訂版）」において定められた別表 1 及び別表 2 のとおりですが、その概要は、下記 I のとおりです。

## I　本物件の原状回復条件
（ただし、民法第 90 条並びに消費者契約法第 8 条、第 8 条の 2 、第 9 条及び第 10 条に反しない内容に関して、下記Ⅱの「例外としての特約」の合意がある場合は、その内容によります。）

### 1　貸主・借主の修繕分担表

| 貸主の負担となるもの | 借主の負担となるもの |
|---|---|
| **【床（畳・フローリング・カーペットなど）】** | |
| 1．畳の裏返し、表替え（特に破損してないが、次の入居者確保のために行うもの）<br>2．フローリングのワックスがけ<br>3．家具の設置による床、カーペットのへこみ、設置跡<br>4．畳の変色、フローリングの色落ち（日照、建物構造欠陥による雨漏りなどで発生したもの） | 1．カーペットに飲み物等をこぼしたことによるシミ、カビ（こぼした後の手入れ不足等の場合）<br>2．冷蔵庫下のサビ跡（サビを放置し、床に汚損等の損害を与えた場合）<br>3．引越作業等で生じた引っかきキズ<br>4．フローリングの色落ち（借主の不注意で雨が吹き込んだことなどによるもの） |
| **【壁、天井（クロスなど）】** | |
| 1．テレビ、冷蔵庫等の後部壁面の黒ずみ（いわゆる電気ヤケ）<br>2．壁に貼ったポスターや絵画の跡<br>3．壁等の画鋲、ピン等の穴（下地ボードの張替えは不要な程度のもの）<br>4．エアコン（借主所有）設置による壁のビス穴、跡<br>5．クロスの変色（日照などの自然現象によるもの） | 1．借主が日常の清掃を怠ったための台所の油汚れ（使用後の手入れが悪く、ススや油が付着している場合）<br>2．借主が結露を放置したことで拡大したカビ、シミ（貸主に通知もせず、かつ、拭き取るなどの手入れを怠り、壁等を腐食させた場合）<br>3．クーラーから水漏れし、借主が放置したため壁が腐食<br>4．タバコ等のヤニ、臭い（喫煙等によりクロス等が変色したり、臭いが付着している場合）<br>5．壁等のくぎ穴、ネジ穴（重量物をかけるためにあけたもので、下地ボードの張替えが必要な程度のもの）<br>6．借主が天井に直接つけた照明器具の跡<br>7．落書き等の故意による毀損 |
| **【建具等、襖、柱等】** | |
| 1．網戸の張替え（特に破損はしてないが、次の入居者確保のために行うもの）<br>2．地震で破損したガラス<br>3．網入りガラスの亀裂（構造により自然に発生したもの） | 1．飼育ペットによる柱等のキズ、臭い（ペットによる柱、クロス等にキズが付いたり、臭いが付着している場合）<br>2．落書き等の故意による毀損 |
| **【設備、その他】** | |
| 1．専門業者による全体のハウスクリーニング（借主が通常の清掃を実施している場合）<br>2．エアコンの内部洗浄（喫煙等の臭いなどが付着していない場合）<br>3．消毒（台所・トイレ）<br>4．浴槽、風呂釜等の取替え（破損等はしていないが、次の入居者確保のために行うもの）<br>5．鍵の取替え（破損、鍵紛失のない場合）<br>6．設備機器の故障、使用不能（機器の寿命によるもの） | 1．ガスコンロ置き場、換気扇等の油汚れ、すす（借主が清掃・手入れを怠った結果汚損が生じた場合）<br>2．風呂、トイレ、洗面台の水垢、カビ等（借主が清掃・手入れを怠った結果汚損が生じた場合）<br>3．日常の不適切な手入れ又は用法違反による設備の毀損<br>4．鍵の紛失又は破損による取替え<br>5．戸建賃貸住宅の庭に生い茂った雑草 |

268 ● 巻末資料

平成 30 年 3 月版・連帯保証人型

2　借主の負担単位

| 負担内容 | | 借主の負担単位 | 経過年数等の考慮 |
|---|---|---|---|
| 床 | 毀損部分の補修 畳 | 原則一枚単位<br>毀損部分が複数枚の場合はその枚数分<br>（裏返しか表替えかは、毀損の程度による） | （畳表）<br>経過年数は考慮しない。 |
| | カーペットクッションフロア | 毀損等が複数箇所の場合は、居室全体 | （畳床・カーペット・クッションフロア）<br>6年で残存価値1円となるような負担割合を算定する。 |
| | フローリング | 原則㎡単位<br>毀損等が複数箇所の場合は、居室全体 | （フローリング）<br>補修は経過年数を考慮しない。<br>（フローリング全体にわたる毀損等があり、張り替える場合は、当該建物の耐用年数で残存価値1円となるような負担割合を算定する。） |
| 壁・天井（クロス） | 毀損部分の補修 壁（クロス） | ㎡単位が望ましいが、借主が毀損した箇所を含む一面分までは張替え費用を借主負担としてもやむをえないとする。 | （壁〔クロス〕）<br>6年で残存価値1円となるような負担割合を算定する。 |
| | タバコ等のヤニ、臭い | 喫煙等により当該居室全体においてクロス等がヤニで変色したり臭いが付着した場合のみ、居室全体のクリーニング又は張替え費用を借主負担とすることが妥当と考えられる。 | |
| 建具・柱 | 毀損部分の補修 襖 | 1枚単位 | （襖紙、障子紙）<br>経過年数は考慮しない。 |
| | 柱 | 1本単位 | （襖、障子等の建具部分、柱）<br>経過年数は考慮しない。 |
| 設備・その他 | 設備の補修 設備機器 | 補修部分、交換相当費用 | （設備機器）<br>耐用年数経過時点で残存価値1円となるような直線（又は曲線）を想定し、負担割合を算定する。 |
| | 返鍵却の 鍵 | 補修部分<br>紛失の場合は、シリンダーの交換も含む。 | 鍵の紛失の場合は、経過年数は考慮しない。交換費用相当分を借主負担とする。 |
| | 清掃※の クリーニング<br>※通常の清掃や退去時の清掃を怠った場合のみ | 部位ごと、又は住戸全体 | 経過年数は考慮しない。借主負担となるのは、通常の清掃を実施していない場合で、部位又は住戸全体の清掃費用相当分を借主負担とする。 |

設備等の経過年数と借主負担割合（耐用年数6年及び8年、定額法の場合）
借主負担割合（原状回復義務がある場合）

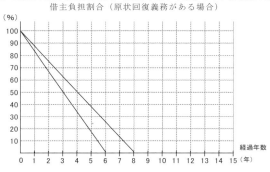

巻末資料 ● 269

平成 30 年 3 月版・連帯保証人型

3　原状回復工事施工目安単価
　　（物件に応じて、空欄に「対象箇所」、「単位」、「単価（円）」を記入して使用してください。）

| 対象箇所 | | | 単位 | 単価（円） |
|---|---|---|---|---|
| | 床 | | | |
| | 天井・壁 | | | |
| | 建具・柱 | | | |
| 設備・その他 | | 共通 | | |
| | | 玄関・廊下 | | |
| | | 台所・キッチン | | |
| | | 浴室・洗面所・トイレ | | |
| | その他 | | | |

※この単価は、あくまでも目安であり、入居時における借主・貸主双方で負担の概算額を認識するための
　ものです。
※従って、退去時においては、資材の価格や在庫状況の変動、毀損の程度や原状回復施工方法等を考慮し
　て、借主・貸主双方で協議した施工単価で原状回復工事を実施することとなります。

## Ⅱ　例外としての特約

　原状回復に関する費用の一般原則は上記のとおりですが、借主は、例外として、下記の費用については、
借主の負担とすることに合意します（ただし、民法第 90 条並びに消費者契約法第 8 条、第 8 条の 2、第 9 条
及び第 10 条に反しない内容に限ります。）。
（括弧内は、本来は貸主が負担すべきものである費用を、特別に借主が負担することとする理由。）

　・

　　　　　　甲：　　　　　　　　　　印
　　　　　　乙：　　　　　　　　　　印

270 ● 巻末資料

平成 30 年 3 月版・連帯保証人型

## 記名押印欄

下記貸主（甲）と借主（乙）は、本物件について上記のとおり賃貸借契約を締結し、また甲と連帯保証人（丙）は、上記のとおり乙の債務について保証契約を締結したことを証するため、本契約書 3 通を作成し、甲乙丙記名押印の上、各自その 1 通を保有する。

平成　　　　年　　　　月　　　　日

貸主（甲）　住所 〒
　　　　　　氏名　　　　　　　　　　　　　　　　　　　印
　　　　　　電話番号

借主（乙）　住所 〒
　　　　　　氏名　　　　　　　　　　　　　　　　　　　印
　　　　　　電話番号

連帯保証人　住所 〒
（丙）　　　氏名　　　　　　　　　　　　　　　　　　　印
　　　　　　電話番号
　　　　　　極度額

媒介　　　　免許証番号〔　　　　〕知事・国土交通大臣（　　　　）第　　　　号
業者
代理　　　　事務所所在地

　　　　　　商号（名称）

　　　　　　代表者氏名　　　　　　　　　　　印

　　　　　　宅地建物取引士　　　登録番号〔　　　〕知事　第　　　　号

　　　　　　　　　　　　　　　　　氏名　　　　　　　　　　印

巻末資料 ● 271

平成 30 年 3 月版・連帯保証人型

## 《賃貸住宅標準契約書　作成にあたっての注意点》

**頭書関係**

以下の事項に注意して記入してください。なお、該当する事項のない欄には「—」を記入してください。

（１）関係

① 「名　称」：建物の名称（〇〇マンション、〇〇荘など）を記入してください。
② 「所在地」：住居表示を記入してください。
③ 「建て方」：該当するものに〇をつけてください。

〔用語の説明〕

　イ　共同建……１棟の中に２戸以上の住宅があり廊下・階段等を共用しているものや、２戸以上の住宅を重ねて建てたもの。階下が商店で、２階以上に２戸以上の住宅がある、いわゆる「げたばき住宅」も含まれます。
　ロ　長屋建……２戸以上の住宅を１棟に建て連ねたもので、各住宅が壁を共通にし、それぞれ別々に外部への出入口を有しているもの。いわゆる「テラスハウス」も含まれます。
　ハ　一戸建……１つの建物が１住宅であるもの
　ニ　その他……イ〜ハのどれにも当てはまらないもので、例えば、工場や事業所の一部が住宅となっているような場合をいいます。

④ 「構造」：木造、非木造の該当する方に〇をつけ、建物の階数（住戸が何階にあるかではなく、建物自体が何階建てか。）を記入してください。

〔用語の説明〕

　イ　木　造……主要構造部（壁、柱、床、はり、屋根又は階段をいう。）が木造のもの
　ロ　非木造……カッコ内に、当該建物に該当する構造（建築基準法施行令等で規定されている構造）を記載してください。

⑤ 「戸　数」：建物内にある住戸の数を記入してください。

⑥ 「工事完了年」：（記載例）

平成 10 年建築、
大規模修繕の工事は未実施　━━▶

┌─────────────┐
│　　平成 10 年　　│
│ 大規模修繕を │
│　（——）年　│
│　実　施　│
└─────────────┘

昭和 60 年建築、平成 20 年に
大規模修繕の工事を実施　━━▶

┌─────────────┐
│　昭和 60 年　│
│ 大規模修繕を │
│（平成 20）年│
│　実　施　│
└─────────────┘

〔用語の説明〕

　・　大規模修繕……建築基準法第２条第 14 号に規定する「大規模の修繕」であり、建築物の「主要構造部」の一種以上について行う過半の修繕。主要構造部としては、「壁、柱、床、梁、屋根、階段（建物の構造上重要でない間仕切り壁、間柱、つけ柱、揚げ床、最下階の床、小梁、ひさし、局部的な小階段、屋外階段その他これらに類する建築物の部分を除く。）」が対象となります。

⑦ 「間取り」：（記載例）

　　　　３DK　　　　　→　（３）LDK・DK・K／ワンルーム／
　　　　ワンルーム　　→　（　）LDK・DK・K／ワンルーム／
　　　　２LDKS　　　→　（２）LDK・DK・K／ワンルーム／サービスルーム有り

〔用語の説明〕

　イ　K……台所
　ロ　DK……１つの部屋が食事室と台所を兼ねているもの
　ハ　LDK……１つの部屋が居間と食事室と台所を兼ねているもの

平成 30 年 3 月版・連帯保証人型

⑧「面　積」：バルコニーを除いた専用部分の面積を記入してください。バルコニーがある
　　　　　　場合には、次の記載例のようにカッコを設けてその中にバルコニー面積を記入
　　　　　　してください。

　　　　　（記載例）　　┌ バルコニーを除いた専用面積　　50 ㎡ ┐
　　　　　　　　　　　　└ バルコニーの面積　　　　　　　10 ㎡ ┘
　　　　　　　　　　→　50 ㎡（それ以外に、バルコニー10 ㎡）

⑨「設備等」：各設備などの選択肢の該当するものに〇をつけ、特に書いておくべき事項
　　　　　　（設備の性能、損耗状況、貸出数量など）があれば右の空欄に記入してください。
　　「トイレ」：「専用・共用」の該当する方に〇をつけ、「水洗・非水洗」のどちらかにも〇を
　　　　　　つけてください。
　　「浴　室」：浴室乾燥機や追焚機能がある場合はその旨を記入してください。
　　「洗濯機置場」：洗濯機置場の場所（室内又は室外）や洗濯機防水パンの有無などを記入
　　　　　　してください。
　　「備え付け照明設備」：照明が備え付けてある場合、電球の種類や交換日などを記入して
　　　　　　ください。
　　「オートロック」：オートロックの解錠方法を記入してください。
　　「地デジ対応・CATV 対応」：該当する方法に〇をつけ、その他注意書きがある場合は記入
　　　　　　してください。
　　「インターネット対応」：回線種類（CATV、光回線、ADSL 回線等）や回線容量等の契約内容
　　　　　　を記入してください。
　　「メールボックス」：メールボックスの解錠方法等を記入してください。
　　「宅配ボックス」：番号又はカードの貸出枚数を記入してください。
　　「　鍵　」：鍵番号と貸出本数をカッコの中に記入してください。
　　「使用可能電気容量」の数字をカッコの中に記入してください。
　　　選択肢を設けていない備などで書いておくことが適当なもの（例：電話）があれば、
　　「鍵」の下の余白を利用してください。
⑩「附属施設」：各附属施設につき、本契約の対象となっている場合は「含む」に〇をつけ、
　　　　　　本契約の対象となっていない場合は「含まない」に〇をつけてください。また、
　　　　　　特に書いておくべき事項（施設の概要、庭の利用可能面積など）があれば右の
　　　　　　空欄に記入してください。
　　「駐車場」には契約台数と駐車位置番号を下線部に記入してください。
　　「バイク置場」には契約台数と駐車位置番号を下線部に記入してください。
　　「自転車置場」には契約台数と駐車位置番号を下線部に記入してください。
　　　各附属施設につき、本契約とは別に契約をする場合には、選択肢の「含まない」に〇を
　　つけ、右の空欄に「別途契約」と記入してください。
　　　選択肢を設けていない附属施設で書いておくことが適当なものがあれば、「専用庭」の
　　下の余白を利用してください。

（２）関係
　　「始　期」：契約を締結する日と入居が可能となる日とが異なる場合には、入居が可能と
　　　　　　なる日を記入してください。

（３）関係
①「支払期限」：当月分・翌月分の該当する方に〇をつけてください。
②「支払方法」：振込又は自動口座振替の場合は、貸主側の振込先金融機関名等を記入して
　　　　　　ください。「預金」の欄の普通預金・当座預金の該当する方に〇をつけてください。
　　　　　　併せて、「振込手数料負担者」の欄の貸主・借主の該当する方に〇をつけて
　　　　　　ください。
③「その他一時金」：敷金以外のその他一時金について特約をする場合は、第 19 条の特約
　　　　　　条項の欄に所定の特約事項を記入するとともに、この欄に、その一時金の名称、

巻末資料 ● 273

平成 30 年 3 月版・連帯保証人型

金額などを記入してください。
④「附属施設使用料」：賃料とは別に附属施設の使用料を徴収する場合は、この欄にその施設の名称、使用料額などを記入してください。
⑤「その他」：「賃料」、「共益費」、「敷金」、「その他一時金」、「附属施設使用料」の欄に記入する金銭以外の金銭の授受を行う場合（例：専用部分の光熱費を貸主が徴収して一括して事業者に支払う場合）は、この欄にその内容、金額などを記入してください。

（4）関係
①「管理業者」：物件の管理を管理業者に委託している場合、管理業者の「所在地」、「商号（名称）」、「電話番号」を記入してください。管理業者が「賃貸住宅管理業者登録制度」の登録を行っている場合はその番号を記入してください。
　　また、個人が「管理人」として、物件の管理を行っている場合は、管理人の「住所」、「氏名」、「電話番号」を記入してください。
〔用語の説明〕
　・賃貸住宅管理業者登録制度……賃貸住宅の管理業務に関して一定のルールを設けることで、その業務の適正な運営を確保し、借主と貸主の利益の保護を図るための国土交通省告示による任意の登録制度です。（平成 23 年 12 月施行）
②「建物の所有者」：貸主と建物の所有者が異なる場合、建物所有者の「住所」、「氏名（社名・代表者）」、「電話番号」を記入してください。

（5）関係
①「借主」：本人確認の観点から、氏名と年齢を記入してください。
②「同居人」：同居する人の氏名と年齢、合計人数を記入してください。
③「緊急時の連絡先」：勤務先、親戚の住所など、貸主や管理業者が緊急時に借主に連絡を取れるところを記入してください。なお、緊急時の連絡先には、借主に連絡を取ることのほか、借主の急病・急変、安否確認や漏水等への対応を依頼することも想定されるため、契約時に連絡をして、緊急時の連絡先になってもらうことやこれらの対応を依頼する場合もある旨を伝えておくことが望ましいと考えられます。

（6）関係
①「連帯保証人」：連帯保証人の住所、氏名、電話番号を記入してください。
②「極度額」：連帯保証人が負担する、借主の債務の限度額を記入してください。極度額の記載方法については、「〜円（契約時の月額賃料の〜か月相当分）」、「契約時の月額賃料の〜か月分」、「〜円」等が考えられます。なお、極度額は賃料の増減があっても変わるものではなく、契約時の額が適用されます。

平成 30 年 3 月版・連帯保証人型

条文関係

【第 8 条（禁止又は制限される行為）関係】
　別表第 1（ただし、第六号から第八号に掲げる行為は除く）、別表第 2 及び別表第 3 は、個別事情に応じて、適宜、変更、追加及び削除をすることができます。
　変更する場合には、変更する部分を二重線等で抹消して新たな文言を記載し、その上に貸主と借主とが押印してください。
　追加する場合には、既に記入されている例示事項の下の空欄に記入し、追加した項目ごとに、記載事項の上に貸主と借主とが押印してください。
　削除する場合には、削除する部分を二重線等で抹消し、その上に貸主と借主とが押印してください。

【第 9 条（契約期間中の修繕）関係】
　別表第 4 は、個別事情に応じて、適宜、変更、追加及び削除をすることができます。
　変更する場合には、変更する部分を二重線等で抹消して新たな文言を記載し、その上に貸主と借主とが押印してください。
　追加する場合には、既に記入されている例示事項の下の空欄に記入し、追加した項目ごとに、記載事項の上に貸主と借主とが押印してください。
　削除する場合には、削除する部分を二重線等で抹消し、その上に貸主と借主とが押印してください。

【第 15 条（明渡し時の原状回復）関係】
　別表第 5「Ⅰ－3　原状回復工事施工目安単価」は、賃貸借の目的物に応じて、適宜、記入してください。
　貸主と借主は、原状回復をめぐるトラブルを未然に防止するため、あくまでも目安として、把握可能な「原状回復工事施工目安単価」について、可能な限り記述することが望ましいと考えられます。
　対象箇所には、修繕が発生すると思われる箇所、あるいは、あらかじめ単価を示しておきたい、知っておきたい箇所について、「原状回復工事施工目安単価」に記入してください。
　具体的な対象箇所については、次に示す「原状回復をめぐるトラブルとガイドライン（再改訂版）」別表 3「契約書に添付する原状回復の条件に関する様式」のⅠ－3「原状回復工事施工目安単価」を参照してください。
　なお、下記で例示している以外の箇所を記載することも可能です。
　対象箇所を記入した場合は、その単位と単価を記入してください。
　原状回復の特約として定める事項がある場合には、別表第 5「Ⅱ　例外としての特約」欄に記入し、項目ごとに、記載事項の上に貸主と借主が押印し、最後に確認的に貸主と借主が記名押印することが望ましいと考えられます。
　特約項目の例として、次の事項を挙げることができます。
　・居室内でのペット飼育を認める代わりに、壁クロスの張替費用全額を借主の負担とする場合

巻末資料 ● 275

（参考）「原状回復をめぐるトラブルとガイドライン（再改訂版）」
　　　　別表3「契約書に添付する原状回復の条件に関する様式」
　　　　Ⅰ－3「原状回復工事施工目安単価」

平成30年3月版・連帯保証人型

| 対象箇所 | | 単位 | 単価（円） | | 対象箇所 | | 単位 | 単価（円） |
|---|---|---|---|---|---|---|---|---|
| 室内クリーニング | | 一式 | | | | チャイム・インターホン | 台 | |
| | | | | | 玄関・廊下 | 玄関ドアの鍵 | 個 | |
| | | | | | | 下駄箱 | 箇所 | |
| 床 | クッションフロア | ㎡ | | | | 郵便受け | 個 | |
| | フローリング | ㎡ | | | | | | |
| | 畳 | 枚 | | | | | | |
| | カーペット類 | ㎡ | | | | | | |
| | | | | | 台所・キッチン | 電気・ガスコンロ | 一式 | |
| 天井・壁 | 壁（クロス） | ㎡ | | | | 給湯器類 | 一式 | |
| | 天井（クロス） | ㎡ | | | | 戸棚類 | 箇所 | |
| | 押入れ・天袋 | 箇所 | | | | 流し台 | 一式 | |
| | | | | | | 給排水設備 | 一式 | |
| 建具 | 窓（ガラス・枠） | 枚 | | | | | | |
| | 網戸（網・枠） | 枚 | | | | | | |
| | 襖 | 枚 | | | | 鏡 | 台 | |
| | 障子 | 枚 | | | | シャワー | 一式 | |
| | 室内ドア・扉 | 枚 | | | | 洗面台 | 一式 | |
| | カーテンレール | 箇所 | | | 浴室・洗面所・トイレ | クサリ及びゴム栓 | 個 | |
| | シャッター（雨戸） | 箇所 | | | | 風呂釜 | 一式 | |
| | 柱 | 箇所 | | | | 給湯器類 | 一式 | |
| | 間仕切り | 箇所 | | | | 浴槽 | 一式 | |
| | 玄関ドア | 箇所 | | | | 蓋及び備品類 | 一式 | |
| 設備・その他 | 照明器具 | 個 | | | | 便器 | 一式 | |
| | 電球・電灯類 | 個 | | | | 給排水設備 | 一式 | |
| | スイッチ | 個 | | | | 洗濯機用防水パン | 一式 | |
| | コンセント | 個 | | | | タオル掛け | 個 | |
| | エアコン | 台 | | | | ペーパーホルダー | 個 | |
| | テレビ用端子 | 個 | | | | | | |
| | 換気扇 | 個 | | | | | | |
| | バルコニー | 個 | | | | | | |
| | 物干し金具 | 個 | | | | | | |

※この単価は、あくまでも目安であり、入居時における賃借人・賃貸人双方で負担の概算額を認識するためのものです。従って、退去時において、資材の価格や在庫状況の変動、毀損の程度や原状回復施工方法等を考慮して変更となる場合があります。

平成 30 年 3 月版・連帯保証人型

【第 17 条（連帯保証人）関係】
　頭書（6）記名押印欄に極度額を記載の上で、連帯保証人が記名押印欄に記名押印し、最後に貸主と借主が記名押印してください。極度額の記載方法については、「〜円（契約時の月額賃料の〜か月相当分）」、「契約時の月額賃料の〜か月分」、「〜円」等が考えられます。なお、極度額は賃料の増減があっても変わるものではなく、契約時の額が適用されます。

【第 19 条（特約条項）関係】
　空欄に特約として定める事項を記入し、項目ごとに、記載事項の上に貸主と借主が押印し、最後に確認的に貸主と借主が記名押印してください。
　特約項目の例として、次の事項を挙げることができます。
　①居室内でのペット飼育を禁止している物件について、ペットの飼育を認める場合、その内容（第 8 条関係）
　②営業目的の併用使用を認める場合、その手続き（第 3 条関係）
　③保険の加入がある場合、その内容

巻末資料 ● 277

平成 30 年 3 月版・連帯保証人型

〈承諾書（例）〉

（1）賃借権譲渡承諾書（例）　（賃貸住宅標準契約書第 8 条第 1 項関係）

○年○月○日

賃借権譲渡の承諾についてのお願い

（貸主）　住所
　　　　　氏名　○○○○　殿

　　　　　　　　　　　（借主）　住所
　　　　　　　　　　　　　　　　氏名　○　○　○　○　印

　私が賃借している下記（1）の住宅の賃借権の $\left\{ \begin{array}{c} \text{全部} \\ \text{一部} \end{array} \right\}$ を、下記（2）
の者に譲渡したいので、承諾願います。

記

| （1）住　宅 | 名　　称 | |
| --- | --- | --- |
| | 所 在 地 | |
| | 住戸番号 | |
| （2）譲 受 人 | 住　　所 | |
| | 氏　　名 | |

承　諾　書

　上記について、承諾いたします。
　敷金は、契約書第 6 条第 3 項ただし書に基づく精算の上、返還いたします。
　（なお、　　　　　　　　　　　　　　　　　　　　　　　　　　　　　　）
　　　　　　　　　　○年○月○日
　　　　　　　　　　　　　（貸主）　住所
　　　　　　　　　　　　　　　　　　氏名　○　○　○　○　印

〔注〕
　1　借主は、本承諾書の点線から上の部分を記載し、貸主に 2 通提出してください。
　　　貸主は、承諾する場合には本承諾書の点線から下の部分を記載し、1 通を借主に
　　返還し、1 通を保管してください。
　2　「全部」又は「一部」の該当する方に○を付けてください。
　3　（1）の欄は、契約書頭書（1）を参考にして記載してください。
　4　一部譲渡の場合は、譲渡部分を明確にするため、図面等を添付する必要が
　　あります。
　5　承諾に当たっての確認事項等があれば、「なお、」の後に記載してください。

278 ● 巻末資料

平成 30 年 3 月版・連帯保証人型

（２）転貸承諾書（例）　　（賃貸住宅標準契約書第８条第１項関係）

○年○月○日

転貸の承諾についてのお願い

（貸主）　住所
　　　　　氏名　○○○○　殿

　　　　　　　（借主）　　住所
　　　　　　　　　　　　　氏名　○　○　○　○　印

　私が賃借している下記（１）の住宅の $\left\{ \begin{array}{l} 全部 \\ 一部 \end{array} \right\}$ を、下記（２）の者に転貸したいので、承諾願います。

記

| （１）住　宅 | 名　　称 | |
|---|---|---|
| | 所　在　地 | |
| | 住戸番号 | |
| （２）転借人 | 住　　所 | |
| | 氏　　名 | |

- - - - - - - - - - - - - - - - - - - - - - - - - - - - - - - - - - - -

承　諾　書

　上記について、承諾いたします。
　（なお、　　　　　　　　　　　　　　　　　　　　　　　　　　　　）
　　　　　　　　○年○月○日　　（貸主）　　住所
　　　　　　　　　　　　　　　　　　　　　　氏名　○　○　○　○　印

〔注〕
1　借主は、本承諾書の点線から上の部分を記載し、貸主に２通提出してください。
　　貸主は、承諾する場合には本承諾書の点線から下の部分を記載し、１通を借主に
　　返還し、１通を保管してください。
2　「全部」又は「一部」の該当する方に○を付けてください。
3　（１）の欄は、契約書頭書（１）を参考にして記載してください。
4　一部転貸の場合は、転貸部分を明確にするため、図面等を添付する必要が
　　あります。
5　承諾に当たっての確認事項等があれば、「なお、」の後に記載してください。
6　借主が民泊（住宅に人を宿泊させるサービス）を行おうとする場合、あらかじめ
　　転借人を記載することは困難と考えられるため、（２）の欄は記載せず、欄外に住宅
　　宿泊事業法に基づく住宅宿泊事業又は国家戦略特区法に基づく外国人滞在施設経営
　　事業を行いたい旨を記載してください。

巻末資料 ● 279

平成 30 年 3 月版・連帯保証人型

（3）増改築等承諾書（例）　（賃貸住宅標準契約書第 8 条第 2 項関係）

○年○月○日

### 増改築等の承諾についてのお願い

（貸主）　住所
　　　　　氏名　○　○　○　○　殿

　　　　　　　　　　　　（借主）　　住所
　　　　　　　　　　　　　　　　　　氏名　○　○　○　○　印

　私が賃借している下記（1）の住宅の増改築等を、下記（2）のとおり
行いたいので、承諾願います。

記

| （1）住　　宅 | 名　　　称 | |
|---|---|---|
| | 所　在　地 | |
| | 住　戸　番　号 | |
| （2）増改築等の概要 | | 別紙のとおり |

- - - - - - - - - - - - - - - - - - - - - - - - - - - - - - - - - - - - - - - - - - -

### 承　諾　書

　上記について、承諾いたします。
　（なお、　　　　　　　　　　　　　　　　　　　　　　　　　　　　　　）
　　　　　　　○年○月○日
　　　　　　　　　　　　（貸主）　　住所
　　　　　　　　　　　　　　　　　　氏名　○　○　○　○　印

〔注〕
1　借主は、本承諾書の点線から上の部分を記載し、貸主に 2 通提出してください。
　　貸主は、承諾する場合には本承諾書の点線から下の部分を記載し、1 通を借主に
　　返還し、1 通を保管してください。
2　「増改築等」とは、契約書第 8 条第 2 項に規定する「増築、改築、移転、改造
　　若しくは模様替又は本物件の敷地内における工作物の設置」をいいます。
3　（1）の欄は、契約書頭書（1）を参考にして記載してください。
4　増改築等の概要を示した別紙を添付する必要があります。
5　承諾に当たっての確認事項等があれば、「なお、」の後に記載してください。
　　例）収去等についての事項

280 ● 巻末資料

平成 30 年 3 月版・連帯保証人型

**（4）賃貸住宅標準契約書別表第 2 に掲げる行為の実施承諾書（例）**
**（賃貸住宅標準契約書第 8 条第 4 項関係）**

〇年〇月〇日

契約書別表第 2 に掲げる行為の実施の承諾についてのお願い

（貸主）　住所
　　　　　氏名　〇〇〇〇殿

　　　　　　　　　　　（借主）　住所
　　　　　　　　　　　　　　　　氏名　〇　〇　〇　〇　印

　　私が賃借している下記（1）の住宅において、契約書別表第 2 第〇号に
当たる下記（2）の行為を行いたいので、承諾願います。

記

| （1）住　宅 | 名　称 | |
|---|---|---|
| | 所在地 | |
| | 住戸番号 | |
| （2）行為の内容 | | |

- - - - - - - - - - - - - - - - - - - - - - - - - - - - - - - - - - - - - - - - - - -

承　諾　書

　　上記について、承諾いたします。
　　（なお、　　　　　　　　　　　　　　　　　　　　　　　　　　　）
　　　　　　　　〇年〇月〇日
　　　　　　　　　　　（貸主）　住所
　　　　　　　　　　　　　　　　氏名　〇　〇　〇　〇　印

〔注〕
　1　借主は、本承諾書の点線から上の部分を記載し、貸主に 2 通提出してください。
　　　貸主は、承諾する場合には本承諾書の点線から下の部分を記載し、1 通を借主に
　　返還し、1 通を保管してください。
　2　「第〇号」の〇には、別表第 2 の該当する号を記載してください。
　3　（1）の欄は、契約書頭書（1）を参考にして記載してください。
　4　（2）の欄には、行為の内容を具体的に記載してください。
　5　承諾に当たっての確認事項等があれば、「なお、」の後に記載してください。

平成30年3月版・連帯保証人型

## 《賃貸住宅標準契約書　解説コメント》

賃貸住宅標準契約書の本体は、「頭書部分」、「本条」、「別表」、「記名押印欄」から構成されている。

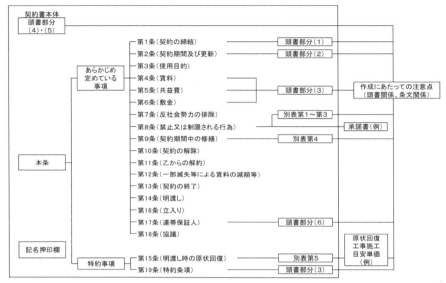

図　賃貸住宅標準契約書の構成

【頭書部分】
　標準契約書においては、賃貸借の目的物の概要、契約期間及び賃料等の約定事項、貸主、借主、管理業者及び同居人の氏名並びに連帯保証人の氏名及び極度額等を一覧できるように、頭書部分を設けている。これは、約定事項を当事者が一括して書き込むことにより、当事者の意思を明確にさせ、記載漏れを防ぐこととあわせて、契約の主要な内容の一覧を図れるようにする趣旨である。
　頭書部分への具体的な記載方法等については、《作成にあたっての注意点》頭書関係を参照されたい。

平成 30 年 3 月版・連帯保証人型

【本条】　　　　　　　　　　※以下に示す民法の条文は平成 29 年改正後のものである。
## 1　契約の締結（第 1 条）
　　　　　本条項は、賃貸借契約の締結を宣言したものである。賃貸借契約は諾成契約であり、申込みと承諾の意思表示の合致によって成立するが、各当事者は契約成立について疑義が生じないよう書面による契約を行うことが重要である。その際、紛争防止の観点から、貸主は媒介業者が存在する場合には媒介業者とも連携して十分な情報提供を行うこと、借主は賃貸物件、契約内容を十分吟味した上で契約書に記名押印する等慎重な対応をすること、媒介業者は重要事項説明を行った上で契約書の取次ぎを遅滞なく行うこと、貸主は遅滞なく契約書に署名・押印することが望ましいと考えられる。

## 2　契約期間及び更新（第 2 条）
【第 1 項】　　契約期間を頭書（2）に定める始期から終期までの期間とすることとしており、原則として両当事者は、この期間中は相手方に対して本契約に基づく債権を有し、債務を負うこととなる。
【第 2 項】　　賃貸借契約は契約期間の満了により必ず終了するものではなく、当事者間の合意により契約が更新（合意更新）できることを確認的に記述している。

## 3　使用目的（第 3 条）
　　　　　本契約書は「民間賃貸住宅（社宅を除く。）」の賃貸借に係る契約書であることから、使用目的を「（自己の）居住」のみに限っている。
　　　　　ただし、特約をすれば、居住しつつ、併せて居住以外の目的に使用することも可能である。
　　　　　→19　特約条項（第 19 条）参照
　　　　　→《作成にあたっての注意点》条文関係【第 19 条（特約条項）関係】参照

## 4　賃料（第 4 条）
【第 1 項】　　借主は、頭書（3）に記載するとおりに賃料を支払うこととしている。
【第 2 項】　　日割計算により実際の契約期間に応じた賃料を支払う方法を記述している。なお、日割計算の際の分母については、「各月の実際の日数とすること」と「一律に一定の日数とすること」の 2 つの方法が考えられるが、計算がある程度簡便であることから、「一律に一定の日数とすること（1 か月 30 日）」としている。
【第 3 項】　　賃料は、契約期間中であっても第 3 項各号の条件のいずれかに該当する場合に、当事者間で協議の上、改定できることとしている。

## 5　共益費（第 5 条）
【第 1 項】　　共益費は賃貸住宅の共用部分（階段、廊下等）の維持管理に必要な実費に相当する費用（光熱費、上下水道使用料、清掃費等）として借主が貸主に支払うものである。なお、戸建て賃貸住宅については、通常は、共益費は発生しない。
【第 2 項】　　借主は、頭書（3）に記載するとおりに共益費を支払うこととしている。
【第 3 項】　　→4　賃料（第 4 条）【第 2 項】参照
【第 4 項】　　共用部分の維持管理に必要な費用に変動が生じた場合（例えば電気料金等が改定された場合）、当事者間の協議により改定できることとしている。

## 6　敷金（第 6 条）
【第 1 項】　　住宅の賃貸借契約から生じる借主の債務の担保として、借主は敷金を貸主に交付することとしている。平成 29 年民法改正で、敷金について「いかなる名目によるかを問わず、賃料債務その他の賃貸借に基づいて生ずる賃借人の賃貸人に対する金銭の給付を目的とする債務を担保する目的で、賃借人が賃貸人に交付する金銭をいう。」という定義が規定された（民法第 622 条の 2 第 1 項）。
【第 2 項】　　敷金は、借主の債務の担保であることから、明け渡すまでの間、貸主からは借主の債務の不履行について敷金を債務の弁済に充てることができるが、借主からは敷金を賃料、共益費その他の支払い債務の弁済に充てることを請求できないこととしている。

巻末資料 ● 283

平成 30 年 3 月版・連帯保証人型

【第 3 項】　本物件の明渡しがあったときは、貸主は敷金の全額を借主に返還しなければならないが、借主に債務の不履行（賃料の滞納、原状回復に要する費用の未払い等）がある場合は、貸主は債務不履行額を差し引いた額を返還することとしている。つまり、物件の明渡債務と敷金返還債務とは同時履行の関係に立つものではなく、敷金返還時期は、明渡しが完了したときである。

【第 4 項】　前項ただし書の場合（借主の債務を敷金から充当する場合）、貸主は差引額の内訳を借主に明示しなければならないこととしている。

## 7　反社会的勢力の排除（第 7 条）

【第 1 項】　暴力団等の反社会的勢力を排除するために、自ら又は自らの役員が反社会的勢力でないこと（第一号、第二号）、反社会的勢力の不履行に協力していないこと（第三号）をそれぞれ相手方に対して確約させることとしている。さらに、自ら又は第三者を利用して、相手方に対して暴力を用いる等の行為をしないことを確約させることとしている（第四号）。

【第 2 項】　反社会的勢力への賃借権譲渡や転貸を禁止している。譲受人や転借人が反社会的勢力であるとは知らずに、貸主が承諾した場合でも禁止されていることを明確にするため、貸主の承諾の有無にかかわらず禁止するものとして規定している。

## 8　禁止又は制限される行為（第 8 条）

【第 1 項】　賃借権の譲渡、転貸は、貸主の書面による承諾を条件とすることとしている。なお、賃借権の譲渡が行われた時は、貸主に敷金返還義務が生じる（民法第 622 条の 2 第 1 項）。
　　　　　　→〈承諾書（例）〉（1）賃借権譲渡承諾書（例）（2）転貸承諾書（例）参照

【第 2 項】　本物件の増改築等の実施は、貸主の書面による承諾を条件とすることとしている。平成 29 年民法改正で、賃借物への附属物について、賃借物から分離することができない物又は分離するのに過分の費用を要する物については収去義務を負わないことが明文化されたことから（民法第 622 条、599 条第 1 項）、増改築等承諾書のなお書として、『なお、○○（附属物の名称）については、収去義務を負わないものとする。』等の記載が考えられる。また、紛争防止の観点から、増改築等の際には、原状回復の有無や有益費償還請求、造作買取請求の有無についての事項を増改築等承諾書において事前に合意しておくことが望ましいと考えられる。
　　　　　　→〈承諾書（例）〉（3）増改築等承諾書（例）参照

【第 3 項】　禁止の行為を別表第 1 に記載している。なお、別表第 1 にあらかじめ記載している行為については、当事者の合意により、変更、追加又は削除できることとしている（ただし、第六号から第八号は除く）。
　　　　　　→《作成にあたっての注意点》条文関係【第 8 条（禁止又は制限される行為）関係】参照

【第 4 項】　貸主の書面による承諾があれば可能な行為を別表第 2 に記載している。なお、別表第 2 にあらかじめ記載している行為については、当事者の合意により、変更、追加又は削除できることとしている。
　　　　　　→《作成にあたっての注意点》条文関係【第 8 条（禁止又は制限される行為）関係】参照
　　　　　　→〈承諾書（例）〉（4）賃貸住宅標準契約書別表第 2 に掲げる行為の実施承諾書（例）参照

【第 5 項】　貸主への通知を要件に認められる行為を別表第 3 に記載している。なお、別表第 3 にあらかじめ記載している行為については、当事者の合意により、変更、追加又は削除できることとしている。
　　　　　　→《作成にあたっての注意点》条文関係【第 8 条（禁止又は制限される行為）関係】参照

---

※条文の変更について
・　貸主が第 5 項に規定する通知の受領を管理業者に委託しているときは、第 5 項の「甲に通知しなければならない。」を「甲又は管理業者に通知しなければならない。」又は「管理業者に通知しなければならない。」に変更することとなる。
・　一戸建の賃貸住宅に係る契約においては、別表第 2 第一号と第二号は、一般的に削除することとなる。
・　同居人に親族以外が加わる場合を承諾事項とするときには、別表第 3 第一号を「頭書（5）に記載する同居人に乙の親族の者を追加（出生を除く。）すること。」に変更し、別表第 2 に「頭書（5）に記載する同居人に乙の親族以外の者を追加すること。」を追加することとなる。

---

284 ● 巻末資料

平成 30 年 3 月版・連帯保証人型

## 9　契約期間中の修繕（第 9 条）

【第 1 項】　賃貸借の目的物に係る修繕は、全て貸主が実施の義務を負うこととし、借主の帰責事由による修繕については、費用負担を借主に求めることとしている。民法上は、賃借人の帰責事由による修繕は、賃貸人の修繕義務の範囲から除いている（民法第 606 条第 1 項ただし書）が、建物の管理を行う上では、修繕の実施主体を全て貸主とし、借主の帰責事由による修繕について、費用負担を借主に求める方が合理的であると考えられる。このため、修繕は原則として貸主が実施主体となり費用を負担することとし、修繕の原因が借主の帰責事由によるものである場合には、貸主が修繕を実施し、借主が費用を負担することとしている。この場合に借主が負担する費用は、借主の帰責事由による債務不履行に基づく損害賠償の意味を持つものである。

【第 2 項】　修繕の実施に当たり貸主及び貸主の依頼による業者が専用部分に立ち入る必要がある場合は、貸主からの通知を要するとともに、民法第 606 条第 2 項により借主は貸主の修繕の実施を拒めないこととされているため、借主は正当な理由なく貸主の修繕の実施を拒否することはできないこととしている。

【第 3 項】　要修繕箇所を発見した場合に借主が貸主に通知し、両者で修繕の必要性について協議することとしている。紛争防止の観点から、修繕が必要である旨の通知は、書面又は電子メール等の電磁的記録によって行うことが望ましいと考えられる。

【第 4 項】　修繕の必要が認められるにもかかわらず、貸主が正当な理由なく修繕を実施しない場合に、借主が自ら修繕できることを定めるとともに、その場合の費用負担（第 1 項と同様）について示している。

　　　　　　平成 29 年民法改正で、①賃借人が賃貸人に修繕が必要である旨を通知し、又は賃貸人がその旨を知ったにもかかわらず、賃貸人が相当の期間内に必要な修繕をしないとき、②急迫の事情があるとき、には、賃借人による修繕が可能であることが規定された（民法第 607 条の 2）。この規定の趣旨を踏まえ、第 4 項を規定している。

【第 5 項】　修繕の中には、安価な費用で実施でき、建物の損傷を招くなどの不利益を貸主にもたらすものではなく、借主にとっても貸主の修繕の実施を待っていてはかえって不都合が生じるようなものもあると想定されることから、別表第 4 に掲げる費用が軽微な修繕については、借主が自らの負担で行うことができることとしている。また、別表第 4 に掲げる修繕は、第 1 項に基づき、貸主に修繕を求めることも可能である。このため、第 5 項に基づき借主が自ら行った場合には、費用償還請求権は排除されると考えられる。

　　　　　　なお、別表第 4 にあらかじめ記載している修繕については、当事者間での合意により、変更、追加又は削除できることとしている。

　　　　　　→《作成にあたっての注意点》条文関係【第 9 条（契約期間中の修繕）関係】参照

## 10　契約の解除（第 10 条）

【第 1 項】　借主の「〜しなければならない」という作為義務違反を規定しており、民法第 541 条の趣旨を踏まえ「催告」を要件とし、催告にも係わらず借主が義務を履行しないときに解除することができるとしている。

【第 2 項】　借主の「〜してはならない」という不作為義務違反を規定しており、第 1 項と同様「催告」を要件とし、催告にも係わらず借主が義務を履行せず、本契約を継続することが困難であると認められるときに解除することができるとしている。

【第 3 項】　第 7 条第 1 項各号の確約に反する事実が判明した場合、及び契約締結後に自ら又は役員が反社会的勢力に該当した場合、催告なしで契約を解除することができるとしている。なお、平成 29 年民法改正で、契約総則において、債務者の履行拒絶の明確な意思表示のある場合や、催告をしても契約目的達成に足りる履行の見込みがないことが明らかな場合等に無催告解除ができることが規定された（民法第 542 条第 1 項）。

　　　　　　→ 7　反社会的勢力の排除（第 7 条）【第 1 項】参照

【第 4 項】　借主が第 7 条第 2 項に規定する義務に違反した場合、及び借主が第 8 条第 3 項に規定する禁止行為のうち、別表第 1 第六号から第八号に掲げる行為を行った場合、催告なしで契約を解除することができるとしている。

　　　　　　→ 7　反社会的勢力の排除（第 7 条）【第 2 項】参照
　　　　　　→ 8　禁止又は制限される行為（第 8 条）【第 3 項】参照

巻末資料 • 285

平成30年3月版・連帯保証人型

> ※賃貸借契約における無催告解除について
> 　判例は、賃貸借契約において、賃料の長期不払、賃借物の損壊等、賃借人の義務違反の程度が甚だしく、賃貸借契約の継続を著しく困難にするような背信行為があった場合には、無催告解除を認めている（最判昭和47年2月18日民集26巻1号63頁、最判昭和49年4月26日民集28巻3号467頁等。いわゆる信頼関係破壊の法理）。

## 11　乙からの解約（第11条）

【第1項】　借主が賃貸借契約を終了させるための期間（解約申入れ期間）が30日以上の場合について規定している。
　　なお、解約申入れ期間を30日としたのは、第4条及び第5条の賃料及び共益費の日割計算の分母を30日としていることにあわせるためである。
　　→4　賃料（第4条）【第2項】参照

【第2項】　解約申入れ期間が30日に満たない場合について規定しており、30日分の賃料及び賃料相当額を支払えば、随時に解約できることとしている。

### 【例】9月30日に契約を解除したい場合

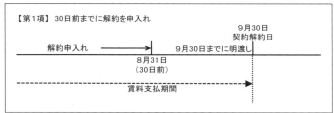

※9月30日に退去を予定している場合は、解約申入れを8月31日以前に行うこととしている。なお、賃料については、9月分を前月末までに支払っている場合は、既に支払い済みの賃料でまかなわれることとなる。

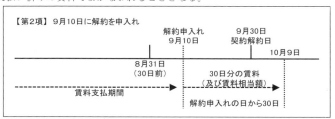

※9月30日に退去を予定している場合で、9月10日に解約申入れを行った場合は、解約申入れを行った日から30日分の賃料、つまり10月9日までの賃料（及び賃料相当額）が必要となる。なお、賃料については、9月分を前月末までに支払っている場合は、10月1日から9日までの賃料相当額が必要となる。また、共益費については、解約申入れ日（9月10日）に関係なく、第5条第3項に従い、使用していた期間の共益費を支払う（9月30日に解約した場合は9月分の共益費全額を支払う）こととなる。

## 12　一部滅失等による賃料の減額等（第12条）

【第1項】　本物件の一部が滅失等により使用できなくなった場合に、それが借主の帰責事由によるものでないときは、使用不可の部分の割合に応じて賃料が減額されるものとし、その内容は貸主と借主の間で協議することとしている。平成29年民法改正で、賃借物の一部が賃借人の帰責事由によらずに滅失等をした場合の賃料の減額について、従来は

平成 30 年 3 月版・連帯保証人型

「請求することができる」とされていたところ、「(賃料は) 減額される」と当然に減額
するものとされた (民法第 611 条第 1 項)。
　　　　ただし、一部滅失の程度や減額割合については、判例等の蓄積による明確な基準が
ないことから、紛争防止の観点からも、一部滅失があった場合は、借主が貸主に通知し、
賃料について協議し、適正な減額割合や減額期間、減額の方法 (賃料設定は変えずに
一定の期間一部免除とするのか、賃料設定そのものの変更とするのか) 等を合意の上、
決定することが望ましいと考えられる。
【第 2 項】　　　本物件の一部が滅失等により使用できなくなった場合に、残存する部分のみでは賃借
の目的が達成できないときは、借主の解除権を認めるものである。借主に帰責事由が
ある場合でも解除は認められる (民法第 611 条第 2 項)。

## 13　契約の終了 (第 13 条)

　　　　本物件の全部が滅失等により使用できなくなった場合に契約が終了することとして
いる。平成 29 年民法改正で、賃貸物の全部が滅失その他の事由により使用及び収益を
することができなくなった場合には、賃貸借が終了することが規定された (民法
第 616 条の 2)。

## 14　明渡し (第 14 条)

【第 1 項】　　　期間満了及び借主からの解約 (第 11 条) のときは契約終了日までに、本物件を
明け渡さなければならないこととしている。
　　　　契約の解除 (第 10 条) のときは直ちに、本物件を明け渡さなければならないこと
としている。
【第 2 項】　　　本物件の明渡しを行うにあたり、当事者の便宜の観点から、借主はあらかじめ明渡し
日を貸主に通知することとしている。

## 15　明渡し時の原状回復 (第 15 条)

【第 1 項】　　　借主は、通常の使用に伴い生じた損耗及び経年変化を除き、原則として原状回復を
行わなければならないとするが、借主の帰責事由によらない損耗については、原状
回復は不要としている。平成 29 年民法改正において、賃借人の原状回復義務が規定
された (民法第 621 条) が判例法理を明文化したものであり、実質的な変更はない。
　　　　なお、借主の故意・過失、善管注意義務違反等により生じた損耗については、借主に
原状回復義務が発生することとなるが、その際の借主が負担すべき費用については、
修繕等の費用の全額を借主が当然に負担することにはならず、経年変化・通常損耗が
必ず前提となっていることから、建物や設備等の経過年数を考慮し、年数が多いほど
負担割合を減少させることとするのが適当と考えられる (「原状回復をめぐるトラブル
とガイドライン (再改訂版)」(平成 23 年 8 月) 12 ページ参照)。
【第 2 項】　　　退去時の原状回復費用に関するトラブルを未然に防止するため、本物件を明け渡す時
には、別表第 5 に基づき、契約時に例外としての特約を定めた場合はその特約を含めて、
借主が実施する原状回復の内容及び方法について当事者間で協議することとしている。
　　　　なお、契約時の特約についても「協議に含める」としているのは、特約には様々な
内容や種類が考えられ、特約に該当する部分の特定、物件の損耗等が通常損耗か否かの
判断等についての「原状回復をめぐるトラブルとガイドライン (再改訂版)」等における
考え方への当てはめにおいて、たとえ、特約があったとしても協議が必要なものである
と考えられるためである。
　　　　また、明渡し時においては改めて原状回復工事を実施する際の評価や経過年数を考慮
し、負担割合を明記した精算明細書 (「原状回復をめぐるトラブルとガイドライン
(再改訂版)」(平成 23 年 8 月) 別表 4 (28 ページ参照)) を作成し、双方合意すること
が望ましい。
　　　　→《作成にあたっての注意点》条文関係【第 15 条 (明渡し時の原状回復) 関係】参照
　　　　→「原状回復をめぐるトラブルとガイドライン (再改訂版)」別表 3「契約書に添付
　　　　　する原状回復の条件に関する様式」Ⅰ－3「原状回復工事施工目安単価」参照

巻末資料 ● 287

平成 30 年 3 月版・連帯保証人型

□原状回復にかかるトラブルを未然に防止するためには、契約時に貸主と借主の双方が原状回復に関する条件について合意することが重要であるため、原状回復の条件を別表第 5 として掲げている。

□別表第 5 「Ⅰ－3 原状回復工事施工目安単価」への記載については、例えば、「入居者の過失等による修繕が発生することが多い箇所」について、貸主及び借主の両者が、退去時の原状回復費用に関するトラブルを未然に防止するため、目安単価を確認するということが想定される。

□別表第 5 「Ⅰ－3 原状回復工事施工目安単価」は、あくまでも目安として、把握可能な「原状回復工事施工目安単価」について、可能な限り記述することが望まれる。

□例外的に借主の負担とする特約を定めるためには、以下の 3 つが要件となる。
・　特約の必要性があり、かつ、暴利的でないなどの客観的、合理的理由が存在すること
・　借主が特約によって通常の原状回復義務を超えた修繕等の義務を負うことについて認識していること
・　借主が特約による義務負担の意思表示をしていること
（「原状回復をめぐるトラブルとガイドライン（再改訂版）」（平成 23 年 8 月）7 ページを参照されたい。）

□原状回復に関する特約事項が有効と判断されるためには、「賃借人に通常損耗についての原状回復義務を負わせるのは、賃借人に予期しない特別の負担を課すことになるから、賃借人に同義務が認められるためには、少なくとも、**賃借人が補修費用を負担することになる通常損耗の範囲が賃貸借契約書の条項自体に具体的に明記されているか、仮に賃貸借契約書では明らかでない場合には、賃貸人が口頭により説明し、賃借人がその旨を明確に認識し、それを合意の内容としたものと認められるなど、その旨の特約（通常損耗補修特約）**が明確に合意されていることが必要である」という考え方が最高裁判所によって示されている（最判平成 17 年 12 月 16 日集民第 218 号 1239 頁）。

□参照条文
民法（明治 29 年 4 月 27 日法律第 89 号）
※平成 29 年法律第 44 号による改正後の条文（施行は平成 32 年（2020 年）4 月 1 日）
　（公序良俗）
　第九十条　公の秩序又は善良の風俗に反する法律行為は、無効とする。

消費者契約法（平成 12 年 5 月 12 日法律第 61 号）
※平成 29 年法律第 45 号による改正後の条文（施行は平成 32 年（2020 年）4 月 1 日）
　（事業者の損害賠償の責任を免除する条項の無効）
　第八条　次に掲げる消費者契約の条項は、無効とする。
　　一　事業者の債務不履行により消費者に生じた損害を賠償する責任の全部を免除する条項
　　二　事業者の債務不履行（当該事業者、その代表者又はその使用する者の故意又は重大な過失によるものに限る。）により消費者に生じた損害を賠償する責任の一部を免除する条項
　　三　消費者契約における事業者の債務の履行に際してされた当該事業者の不法行為により消費者に生じた損害を賠償する責任の全部を免除する条項
　　四　消費者契約における事業者の債務の履行に際してされた当該事業者の不法行為（当該事業者、その代表者又はその使用する者の故意又は重大な過失によるものに限る。）により消費者に生じた損害を賠償する責任の一部を免除する条項
　　2　前項第一号又は第二号に掲げる条項のうち、消費者契約が有償契約である場合において、引き渡された目的物が種類又は品質に関して契約の内容に適合しないとき（当該消費者契約が請負契約である場合には、請負人が種類又は品質に関して契約の内容に適合しない仕事の目的物を注文者に引き渡したとき（その引渡しを要しな

平成 30 年 3 月版・連帯保証人型

い場合には、仕事が終了した時に仕事の目的物が種類又は品質に関して契約の内容
に適合しないとき。）。以下この項において同じ。）に、これにより消費者に生じた
損害を賠償する事業者の責任を免除するものについては、次に掲げる場合に該当す
るときは、同項の規定は、適用しない。
一　当該消費者契約において、当該消費者契約の目的物に隠れた瑕疵があるときに、
　　当該事業者が瑕疵のない物をもってこれに代える責任又は当該瑕疵を修補する責
　　任を負うこととされている場合
二　当該消費者と当該事業者の委託を受けた他の事業者との間の契約又は当該事業
　　者と他の事業者との間の当該消費者のためにする契約で、当該消費者契約の締結
　　に先立って又はこれと同時に締結されたものにおいて、当該消費者契約の目的物
　　に隠れた瑕疵があるときに、当該他の事業者が、当該瑕疵により当該消費者に生じ
　　た損害を賠償する責任の全部若しくは一部を負い、瑕疵のない物をもってこれに
　　代える責任を負い、又は当該瑕疵を修補する責任を負うこととされている場合

（消費者の解除権を放棄させる条項の無効）
第八条の二　事業者の債務不履行により生じた消費者の解除権を放棄させる消費者契
　約の条項は、無効とする。

（消費者が支払う損害賠償の額を予定する条項等の無効）
第九条　次の各号に掲げる消費者契約の条項は、当該各号に定める部分について、無効
　とする。
一　当該消費者契約の解除に伴う損害賠償の額を予定し、又は違約金を定める条項
　　であって、これらを合算した額が、当該条項において設定された解除の事由、時期
　　等の区分に応じ、当該消費者契約と同種の消費者契約の解除に伴い当該事業者に
　　生ずべき平均的な損害の額を超えるもの　当該超える部分
二　当該消費者契約に基づき支払うべき金銭の全部又は一部を消費者が支払期日
　　（支払回数が二以上である場合には、それぞれの支払期日。以下この号において同
　　じ。）までに支払わない場合における損害賠償の額を予定し、又は違約金を定める
　　条項であって、これらを合算した額が、支払期日の翌日からその支払をする日まで
　　の期間について、その日数に応じ、当該支払期日に支払うべき額から当該支払期日
　　に支払うべき額のうち既に支払われた額を控除した額に年十四・六パーセントの
　　割合を乗じて計算した額を超えるもの　当該超える部分

（消費者の利益を一方的に害する条項の無効）
第十条　消費者の不作為をもって当該消費者が新たな消費者契約の申込み又はその承
　諾の意思表示をしたものとみなす条項その他の法令中の公の秩序に関しない規定の
　適用による場合に比して消費者の権利を制限し又は消費者の義務を加重する消費者
　契約の条項であって、民法第一条第二項に規定する基本原則に反して消費者の利益
　を一方的に害するものは、無効とする。

## 16　立入り（第 16 条）

【第 1 項】　借主は本物件を契約の範囲内で自由に使用する権利を有しており、貸主は原則として
　　　　　　本物件内に立ち入ることはできないが、本物件の防火、本物件の構造の保全その他の本
　　　　　　物件の管理上特に必要な場合は、あらかじめ借主の承諾を得て本物件内に立ち入ること
　　　　　　ができることとしている。
【第 2 項】　前項の場合、借主は正当な理由がある場合を除き、立入りを拒否できないこととして
　　　　　　いる。
【第 3 項】　本物件の次の入居（予定）者又は本物件を譲り受けようとする者が下見をする場合は、
　　　　　　あらかじめ借主の承諾を得て本物件内に立ち入ることができるとしている。
【第 4 項】　火災による延焼の防止等緊急の必要がある場合は、貸主はあらかじめ借主の承諾を
　　　　　　得ることなく、本物件内に立ち入ることができるとしている。なお、借主不在時に立ち
　　　　　　入った場合には、貸主は立入り後にその旨を借主に通知しなければならないこととして
　　　　　　いる。

巻末資料 ● 289

平成 30 年 3 月版・連帯保証人型

## 17 連帯保証人（第 17 条）

**【第 1 項】** 　賃貸借契約上の借主の債務を担保するため、人的保証として連帯保証人を立てることとしている。また、賃貸借契約更新があった場合にも特段の事情が無い限り連帯保証契約の効力が及ぶと解されている（最判平成 9 年 11 月 13 日集民第 186 号 105 頁）ため、保証契約の効果は更新後も及ぶこととしている。この点に関して、紛争防止の観点から、賃貸借契約が更新された場合には、貸主は連帯保証人への通知に努めることが望ましいと考えられる。

**【第 2 項】** 　連帯保証人が負担する限度額を極度額として定め、頭書及び記名押印欄に記載することにより、契約の一覧性を確保しつつ、連帯保証人が極度額を契約時に認識できるようにしている。平成 29 年民法改正で、個人の保証人は極度額を限度として責任を負うこと（民法第 465 条の 2 第 1 項）、また極度額の定めのない保証契約は無効となること（民法第 465 条の 2 第 2 項）が規定された。極度額とは保証の限度額をいう。

**【第 3 項】** 　連帯保証人が負担する債務の元本は、借主又は連帯保証人が死亡したときに確定することとしている。平成 29 年民法改正で、①債権者が保証人の財産について金銭の支払を目的とする債権について強制執行又は担保権の実行を申し立て、かつ、強制執行又は担保権の実行の手続の開始があったとき、②保証人が破産手続開始の決定を受けたとき、③主たる債務者又は保証人が死亡したとき、が元本確定事由となることが規定された（民法第 465 条の 4 第 1 項）。契約書においても、元本確定事由及び記載を明確化するため、確認的に記載している。③のみ規定しているが、①、②の事由を排除する趣旨ではない。なお、主たる債務者が死亡したときに元本が確定するということは、基本的な考え方としては、保証人は、借主の死亡時までに生じている債務についてのみ（極度額を限度として）責任を負い、死亡後に生じた債務については責任を負わないということになり、例えば借主死亡後の賃料については、保証人の責任範囲（元本）に含まれないと考えられる。ただし、具体的な保証人の責任範囲は事案や解釈により異なり得るため、平成 29 年民法改正後の裁判例の蓄積が待たれる。

　また、連帯保証人の死亡や破産等があった場合には、借主は新たな連帯保証人に保証を委託するといった特約を結ぶことも考えられる。

**【第 4 項】** 　連帯保証人の請求があった場合、貸主は賃料等の支払状況や滞納額等に関する情報提供義務があることを定めている。平成 29 年民法改正で、保証人の請求があった場合に、債権者に対し債務の額や履行状況等についての情報提供義務が課されることが規定された（民法第 458 条の 2）。貸主からの情報提供は、書面又は電子メール等の電磁的記録によって行うことが望ましいと考えられる。なお、借主が継続的に支払いを怠っているにもかかわらず、貸主が保証人に通知せず、いたずらに契約を更新させている場合には保証債務の履行請求が信義則に反し否定されることがあり得るため（前掲：最判平成 9 年 11 月 13 日集民第 186 号 105 頁）、保証人の請求がない場合でも、保証人へ積極的に情報提供することが望ましいと考えられる。この点に関連し、保証契約締結時に借主の滞納が〇か月続いた場合には貸主は保証人に通知するといった特約を結ぶことも考えられる。

## 18 協議（第 18 条）

　貸主借主間の権利義務関係をあらかじめ全て契約書に規定しておくことが望ましいが、現実問題として不可能であり、また、条文解釈で疑義が生じる場合があることを想定し、その対処方法を定めている。

平成 30 年 3 月版・連帯保証人型

19　特約条項（第 19 条）

　　第 18 条までの規定以外に、個別の事情に応じて、当事者が合意の上で特約を定めることができることとしている。

　　なお、特約条項を定める場合、原状回復に関する特約と同様、借主がその内容を明確に理解し、それを契約内容とすることについて明確に合意していることが必要である（項目ごとに、記載事項の上に貸主と借主が押印し、最後に確認的に貸主と借主が記名押印することが望ましい）。

　　→15　明渡し時の原状回復（第 15 条）参照
　　→《作成にあたっての注意点》条文関係【第 19 条（特約条項）関係】参照

巻末資料 ● 291

平成 30 年 3 月 30 日
国 土 交 通 省　 住 宅 局
住 宅 総 合 整 備 課

## 極度額に関する参考資料

　平成 29 年民法改正（平成 32 年 4 月 1 日施行）において、個人の根保証は極度額を限度として責任を負うこと（改正民法第 465 条の 2 第 1 項）、また、極度額の定めのない保証契約は無効となること（同条の 2 第 2 項）が規定され、これらの規定は、住宅の賃貸借契約に基づく賃料や損害賠償債務等を保証する連帯保証人にも適用されることとなります。

　これを踏まえて、国土交通省の「賃貸住宅標準契約書（平成 30 年 3 月版・連帯保証人型）」には、極度額を記載する欄を設けることとしましたが、具体的な極度額の設定にあたっては、貸主及び連帯保証人等の関係当事者間で充分協議を行うことが必要です。

　国土交通省においては、具体的な極度額の設定に資するよう、下記調査を実施したところであり、その結果等について、別紙のとおり公表いたしますので、関係当事者間の協議にあたって参考としてください。

### （1）家賃債務保証業者の損害額に係る調査

　　　家賃債務保証業者が借主に代わって、貸主に支払った滞納家賃等のうち、借主に求償しても回収することができなかった損害額を調査したものです。

### （2）家賃滞納発生に係る調査

　　　賃貸住宅管理会社に対して、家賃滞納の発生から明渡訴訟等に至る 1,000 件あたりの件数や平均的な期間、最終的に借主から回収することができなかった家賃額等を調査したものです。

### （3）裁判所の判決における連帯保証人の負担額に係る調査

　　　裁判所の判決において、民間賃貸住宅における借主の未払い家賃等を連帯保証人の負担として確定した額を調査したものです。

## （1）家賃債務保証業者に対する損害額の調査結果

### 調査の概要

【調査対象】国土交通省の家賃債務保証業者登録制度に登録している家賃債務保証業者
13社

【対象期間】各事業者が保有する平成28年又は平成29年のデータのうち直近で集計可能
な過去1年分又は直近の1,000件
ただし、事業者によって集計可能なデータの保有状況が異なるため、具体的
な対象期間は異なります。

【調査期間】平成29年12月～平成30年2月

【調査内容】家賃、損害額
損害額については、家賃債務保証業者が借主に代わって貸主に支払った、
家賃、共益費、管理費、駐車場料金、更新料、残置物撤去費、修繕費、
違約金等の総額から、借主に求償して回収した金額を控除し、求償から
一定期間が経過し、損害額として判断された残額としました。
なお、家賃、共益費、管理費以外の費目や、損害額として判断するために
要する一定期間は、事業者ごとに異なります。

【調査方法】メールによる調査票（エクセルファイル）の送付

【集計件数】20,886件
※ 求償から一定期間が経過し、損害額とされた残額の調査であるため、
損害の発生していない件数は含まれません。

【集計方法】賃料帯を以下の8つに設定し、集計しています。
① 4万円未満　　　　　　　　⑤ 16万円～20万円未満
② 4万円～8万円未満　　　　⑥ 20万円～30万円未満
③ 8万円～12万円未満　　　　⑦ 30万円～40万円未満
④ 12万円～16万円未満　　　　⑧ 40万円以上

### 調査結果

294～301ページに掲載のとおり

巻末資料 ● 293

## ①賃料4万円未満の物件の損害額

・10万円未満が44.5%

・30万円未満が80.0%

・中央値は11.5万円、平均値は17.7万円、最高額は178.4万円

| 損害額 | 件数 | 割合 | 累計 |
|---|---|---|---|
| 1,000万円以上 | 0 | 0.0% | 100.0% |
| ～1,000万円 | 0 | 0.0% | 100.0% |
| ～900万円 | 0 | 0.0% | 100.0% |
| ～800万円 | 0 | 0.0% | 100.0% |
| ～700万円 | 0 | 0.0% | 100.0% |
| ～600万円 | 0 | 0.0% | 100.0% |
| ～500万円 | 0 | 0.0% | 100.0% |
| ～400万円 | 0 | 0.0% | 100.0% |
| ～300万円 | 0 | 0.0% | 100.0% |
| ～290万円 | 0 | 0.0% | 100.0% |
| ～280万円 | 0 | 0.0% | 100.0% |
| ～270万円 | 0 | 0.0% | 100.0% |
| ～260万円 | 0 | 0.0% | 100.0% |
| ～250万円 | 0 | 0.0% | 100.0% |
| ～240万円 | 0 | 0.0% | 100.0% |
| ～230万円 | 0 | 0.0% | 100.0% |
| ～220万円 | 0 | 0.0% | 100.0% |
| ～210万円 | 0 | 0.0% | 100.0% |
| ～200万円 | 0 | 0.0% | 100.0% |
| ～190万円 | 0 | 0.0% | 100.0% |
| ～180万円 | 2 | 0.1% | 100.0% |
| ～170万円 | 0 | 0.0% | 99.9% |
| ～160万円 | 1 | 0.0% | 99.9% |
| ～150万円 | 0 | 0.0% | 99.9% |
| ～140万円 | 2 | 0.1% | 99.9% |
| ～130万円 | 1 | 0.0% | 99.9% |
| ～120万円 | 1 | 0.0% | 99.8% |
| ～110万円 | 5 | 0.1% | 99.8% |
| ～100万円 | 8 | 0.2% | 99.7% |
| ～90万円 | 11 | 0.3% | 99.5% |
| ～80万円 | 46 | 1.2% | 99.2% |
| ～70万円 | 64 | 1.7% | 98.0% |
| ～60万円 | 113 | 3.0% | 96.3% |
| ～50万円 | 191 | 5.0% | 93.3% |
| ～40万円 | 314 | 8.3% | 88.3% |
| ～30万円 | 412 | 10.9% | 80.0% |
| ～20万円 | 936 | 24.7% | 69.2% |
| 10万円未満 | 1,690 | 44.5% | 44.5% |
| 合　計 | 3,797 | 100.0% | |

294 ● 巻末資料

## ②賃料4万円～8万円未満の物件の損害額

・20万円未満が51.9%

・40万円未満が75.7%

・中央値は19.0万円、平均値は28.2万円、最高額は346.0万円

| | | |
|---|---|---|
| 1,000万円以上 | 0.0% | |
| ～1,000万円 | 0.0% | |
| ～900万円 | 0.0% | |
| ～800万円 | 0.0% | |
| ～700万円 | 0.0% | |
| ～600万円 | 0.0% | |
| ～500万円 | 0.0% | |
| ～400万円 | 0.0% | |
| ～300万円 | 0.0% | |
| ～290万円 | 0.0% | |
| ～280万円 | 0.0% | |
| ～270万円 | 0.0% | |
| ～260万円 | 0.0% | |
| ～250万円 | 0.0% | |
| ～240万円 | 0.0% | |
| ～230万円 | 0.0% | |
| ～220万円 | 0.0% | |
| ～210万円 | 0.0% | |
| ～200万円 | 0.0% | |
| ～190万円 | 0.0% | |
| ～180万円 | 0.0% | |
| ～170万円 | 0.1% | |
| ～160万円 | 0.1% | |
| ～150万円 | 0.2% | |
| ～140万円 | 0.3% | |
| ～130万円 | 0.4% | |
| ～120万円 | 0.8% | |
| ～110万円 | 0.9% | |
| ～100万円 | 1.6% | |
| ～90万円 | 2.0% | |
| ～80万円 | 2.4% | |
| ～70万円 | 3.6% | |
| ～60万円 | 5.1% | |
| ～50万円 | 6.6% | |
| ～40万円 | 10.1% | |
| ～30万円 | 13.7% | |
| ～20万円 | 21.8% | |
| 10万円未満 | 30.1% | |

| 損害額 | 件数 | 割合 | 累計 |
|---|---|---|---|
| 1,000万円以上 | 0 | 0.0% | 100.0% |
| ～1,000万円 | 0 | 0.0% | 100.0% |
| ～900万円 | 0 | 0.0% | 100.0% |
| ～800万円 | 0 | 0.0% | 100.0% |
| ～700万円 | 0 | 0.0% | 100.0% |
| ～600万円 | 0 | 0.0% | 100.0% |
| ～500万円 | 0 | 0.0% | 100.0% |
| ～400万円 | 2 | 0.0% | 100.0% |
| ～300万円 | 0 | 0.0% | 100.0% |
| ～290万円 | 1 | 0.0% | 100.0% |
| ～280万円 | 0 | 0.0% | 100.0% |
| ～270万円 | 0 | 0.0% | 100.0% |
| ～260万円 | 1 | 0.0% | 100.0% |
| ～250万円 | 1 | 0.0% | 100.0% |
| ～240万円 | 0 | 0.0% | 100.0% |
| ～230万円 | 0 | 0.0% | 100.0% |
| ～220万円 | 2 | 0.0% | 100.0% |
| ～210万円 | 1 | 0.0% | 99.9% |
| ～200万円 | 2 | 0.0% | 99.9% |
| ～190万円 | 3 | 0.0% | 99.9% |
| ～180万円 | 4 | 0.0% | 99.9% |
| ～170万円 | 7 | 0.1% | 99.9% |
| ～160万円 | 17 | 0.1% | 99.8% |
| ～150万円 | 24 | 0.2% | 99.7% |
| ～140万円 | 40 | 0.3% | 99.5% |
| ～130万円 | 56 | 0.4% | 99.2% |
| ～120万円 | 103 | 0.8% | 98.7% |
| ～110万円 | 120 | 0.9% | 97.9% |
| ～100万円 | 202 | 1.6% | 97.0% |
| ～90万円 | 256 | 2.0% | 95.4% |
| ～80万円 | 311 | 2.4% | 93.4% |
| ～70万円 | 457 | 3.6% | 91.0% |
| ～60万円 | 656 | 5.1% | 87.4% |
| ～50万円 | 839 | 6.6% | 82.3% |
| ～40万円 | 1,291 | 10.1% | 75.7% |
| ～30万円 | 1,758 | 13.7% | 65.6% |
| ～20万円 | 2,791 | 21.8% | 51.9% |
| 10万円未満 | 3,844 | 30.1% | 30.1% |
| 合　計 | 12,789 | 100.0% | |

## ③賃料 8 万円～12 万円未満の物件の損害額

・30 万円未満が 43.3%

・70 万円未満が 74.6%

・中央値は 35.6 万円、平均値は 50.0 万円、最高額は 418.6 万円

| 損害額 | 件数 | 割合 | 累計 |
|---|---|---|---|
| 1,000万円以上 | 0 | 0.0% | 100.0% |
| ～1,000万円 | 0 | 0.0% | 100.0% |
| ～900万円 | 0 | 0.0% | 100.0% |
| ～800万円 | 0 | 0.0% | 100.0% |
| ～700万円 | 0 | 0.0% | 100.0% |
| ～600万円 | 0 | 0.0% | 100.0% |
| ～500万円 | 1 | 0.0% | 100.0% |
| ～400万円 | 1 | 0.0% | 100.0% |
| ～300万円 | 0 | 0.0% | 99.9% |
| ～290万円 | 3 | 0.1% | 99.9% |
| ～280万円 | 3 | 0.1% | 99.8% |
| ～270万円 | 1 | 0.0% | 99.7% |
| ～260万円 | 2 | 0.1% | 99.7% |
| ～250万円 | 0 | 0.0% | 99.6% |
| ～240万円 | 4 | 0.1% | 99.6% |
| ～230万円 | 9 | 0.3% | 99.5% |
| ～220万円 | 3 | 0.1% | 99.1% |
| ～210万円 | 7 | 0.3% | 99.0% |
| ～200万円 | 12 | 0.4% | 98.8% |
| ～190万円 | 10 | 0.4% | 98.3% |
| ～180万円 | 14 | 0.5% | 98.0% |
| ～170万円 | 22 | 0.8% | 97.5% |
| ～160万円 | 35 | 1.3% | 96.7% |
| ～150万円 | 32 | 1.1% | 95.4% |
| ～140万円 | 39 | 1.4% | 94.3% |
| ～130万円 | 57 | 2.0% | 92.9% |
| ～120万円 | 89 | 3.2% | 90.8% |
| ～110万円 | 74 | 2.7% | 87.6% |
| ～100万円 | 80 | 2.9% | 85.0% |
| ～90万円 | 89 | 3.2% | 82.1% |
| ～80万円 | 121 | 4.3% | 78.9% |
| ～70万円 | 147 | 5.3% | 74.6% |
| ～60万円 | 178 | 6.4% | 69.3% |
| ～50万円 | 244 | 8.8% | 62.9% |
| ～40万円 | 300 | 10.8% | 54.1% |
| ～30万円 | 282 | 10.1% | 43.3% |
| ～20万円 | 390 | 14.0% | 33.2% |
| 10万円未満 | 534 | 19.2% | 19.2% |
| 合　計 | 2,783 | 100.0% | |

## ④賃料 12 万円～16 万円未満の物件の損害額

・40 万円未満が 41.8%

・100 万円未満が 71.9%

・中央値は 49.9 万円、平均値は 71.2 万円、最高額は 369.3 万円

| 損害額 | 件数 | 割合 | 累計 |
|---|---|---|---|
| 1,000万円以上 | 0 | 0.0% | 100.0% |
| ～1,000万円 | 0 | 0.0% | 100.0% |
| ～900万円 | 0 | 0.0% | 100.0% |
| ～800万円 | 0 | 0.0% | 100.0% |
| ～700万円 | 0 | 0.0% | 100.0% |
| ～600万円 | 0 | 0.0% | 100.0% |
| ～500万円 | 0 | 0.0% | 100.0% |
| ～400万円 | 4 | 0.5% | 100.0% |
| ～300万円 | 0 | 0.0% | 99.5% |
| ～290万円 | 1 | 0.1% | 99.5% |
| ～280万円 | 1 | 0.1% | 99.4% |
| ～270万円 | 2 | 0.2% | 99.3% |
| ～260万円 | 1 | 0.1% | 99.0% |
| ～250万円 | 3 | 0.4% | 98.9% |
| ～240万円 | 4 | 0.5% | 98.6% |
| ～230万円 | 3 | 0.4% | 98.1% |
| ～220万円 | 8 | 1.0% | 97.7% |
| ～210万円 | 10 | 1.2% | 96.8% |
| ～200万円 | 11 | 1.3% | 95.6% |
| ～190万円 | 16 | 1.9% | 94.3% |
| ～180万円 | 12 | 1.4% | 92.4% |
| ～170万円 | 7 | 0.8% | 91.0% |
| ～160万円 | 16 | 1.9% | 90.1% |
| ～150万円 | 23 | 2.7% | 88.2% |
| ～140万円 | 19 | 2.3% | 85.5% |
| ～130万円 | 31 | 3.7% | 83.3% |
| ～120万円 | 24 | 2.9% | 79.6% |
| ～110万円 | 41 | 4.9% | 76.7% |
| ～100万円 | 36 | 4.3% | 71.9% |
| ～90万円 | 34 | 4.0% | 67.6% |
| ～80万円 | 34 | 4.0% | 63.5% |
| ～70万円 | 26 | 3.1% | 59.5% |
| ～60万円 | 54 | 6.4% | 56.4% |
| ～50万円 | 69 | 8.2% | 50.0% |
| ～40万円 | 72 | 8.6% | 41.8% |
| ～30万円 | 85 | 10.1% | 33.3% |
| ～20万円 | 116 | 13.8% | 23.2% |
| 10万円未満 | 79 | 9.4% | 9.4% |
| 合　　計 | 842 | 100.0% | |

### ⑤賃料 16 万円～20 万円未満の物件の損害額

・50 万円未満が 41.3%

・120 万円未満が 70.0%

・中央値は 64.8 万円、平均値は 97.3 万円、最高額は 478.5 万円

| 損害額 | 件数 | 割合 | 累計 |
|---|---|---|---|
| 1,000万円以上 | 0 | 0.0% | 100.0% |
| ～1,000万円 | 0 | 0.0% | 100.0% |
| ～900万円 | 0 | 0.0% | 100.0% |
| ～800万円 | 0 | 0.0% | 100.0% |
| ～700万円 | 0 | 0.0% | 100.0% |
| ～600万円 | 0 | 0.0% | 100.0% |
| ～500万円 | 3 | 0.9% | 100.0% |
| ～400万円 | 12 | 3.7% | 99.1% |
| ～300万円 | 2 | 0.6% | 95.4% |
| ～290万円 | 1 | 0.3% | 94.8% |
| ～280万円 | 2 | 0.6% | 94.5% |
| ～270万円 | 1 | 0.3% | 93.9% |
| ～260万円 | 5 | 1.5% | 93.6% |
| ～250万円 | 2 | 0.6% | 92.0% |
| ～240万円 | 2 | 0.6% | 91.4% |
| ～230万円 | 3 | 0.9% | 90.8% |
| ～220万円 | 7 | 2.1% | 89.9% |
| ～210万円 | 6 | 1.8% | 87.8% |
| ～200万円 | 7 | 2.1% | 85.9% |
| ～190万円 | 3 | 0.9% | 83.8% |
| ～180万円 | 11 | 3.4% | 82.9% |
| ～170万円 | 3 | 0.9% | 79.5% |
| ～160万円 | 6 | 1.8% | 78.6% |
| ～150万円 | 10 | 3.1% | 76.8% |
| ～140万円 | 6 | 1.8% | 73.7% |
| ～130万円 | 6 | 1.8% | 71.9% |
| ～120万円 | 5 | 1.5% | 70.0% |
| ～110万円 | 12 | 3.7% | 68.5% |
| ～100万円 | 11 | 3.4% | 64.8% |
| ～90万円 | 14 | 4.3% | 61.5% |
| ～80万円 | 15 | 4.6% | 57.2% |
| ～70万円 | 16 | 4.9% | 52.6% |
| ～60万円 | 21 | 6.4% | 47.7% |
| ～50万円 | 23 | 7.0% | 41.3% |
| ～40万円 | 34 | 10.4% | 34.3% |
| ～30万円 | 12 | 3.7% | 23.9% |
| ～20万円 | 40 | 12.2% | 20.2% |
| 10万円未満 | 26 | 8.0% | 8.0% |
| 合　計 | 327 | 100.0% | |

298 ● 巻末資料

## ⑥賃料 20 万円～30 万円未満の物件の損害額

・70 万円未満が 42.0%

・160 万円未満が 70.8%

・中央値は 85.8 万円、平均値は 126.2 万円、最高額は 606.8 万円

| 損害額 | 件数 | 割合 | 累計 |
|---|---|---|---|
| 1,000万円以上 | 0 | 0.0% | 100.0% |
| ～1,000万円 | 0 | 0.0% | 100.0% |
| ～900万円 | 0 | 0.0% | 100.0% |
| ～800万円 | 0 | 0.0% | 100.0% |
| ～700万円 | 1 | 0.4% | 100.0% |
| ～600万円 | 2 | 0.8% | 99.6% |
| ～500万円 | 9 | 3.6% | 98.8% |
| ～400万円 | 11 | 4.4% | 95.2% |
| ～300万円 | 1 | 0.4% | 90.8% |
| ～290万円 | 2 | 0.8% | 90.4% |
| ～280万円 | 4 | 1.6% | 89.6% |
| ～270万円 | 1 | 0.4% | 88.0% |
| ～260万円 | 3 | 1.2% | 87.6% |
| ～250万円 | 4 | 1.6% | 86.4% |
| ～240万円 | 4 | 1.6% | 84.8% |
| ～230万円 | 3 | 1.2% | 83.2% |
| ～220万円 | 0 | 0.0% | 82.0% |
| ～210万円 | 4 | 1.6% | 82.0% |
| ～200万円 | 3 | 1.2% | 80.4% |
| ～190万円 | 2 | 0.8% | 79.2% |
| ～180万円 | 8 | 3.2% | 78.4% |
| ～170万円 | 11 | 4.4% | 75.2% |
| ～160万円 | 7 | 2.8% | 70.8% |
| ～150万円 | 4 | 1.6% | 68.0% |
| ～140万円 | 3 | 1.2% | 66.4% |
| ～130万円 | 6 | 2.4% | 65.2% |
| ～120万円 | 5 | 2.0% | 62.8% |
| ～110万円 | 14 | 5.6% | 60.8% |
| ～100万円 | 10 | 4.0% | 55.2% |
| ～90万円 | 13 | 5.2% | 51.2% |
| ～80万円 | 10 | 4.0% | 46.0% |
| ～70万円 | 19 | 7.6% | 42.0% |
| ～60万円 | 13 | 5.2% | 34.4% |
| ～50万円 | 12 | 4.8% | 29.2% |
| ～40万円 | 17 | 6.8% | 24.4% |
| ～30万円 | 17 | 6.8% | 17.6% |
| ～20万円 | 9 | 3.6% | 10.8% |
| 10万円未満 | 18 | 7.2% | 7.2% |
| 合　計 | 250 | 100.0% | |

巻末資料 ● 299

## ⑦賃料 30 万円～40 万円未満の物件の損害額

・70 万円未満が 40.3%

・180 万円未満が 71.0%

・中央値は 104.5 万円、平均値は 156.8 万円、最高額は 887.4 万円

| 損害額 | 件数 | 割合 | 累計 |
|---|---|---|---|
| 1,000万円以上 | 0 | 0.0% | 100.0% |
| ～1,000万円 | 0 | 0.0% | 100.0% |
| ～900万円 | 1 | 1.6% | 100.0% |
| ～800万円 | 0 | 0.0% | 98.4% |
| ～700万円 | 1 | 1.6% | 98.4% |
| ～600万円 | 2 | 3.2% | 96.8% |
| ～500万円 | 2 | 3.2% | 93.5% |
| ～400万円 | 2 | 3.2% | 90.3% |
| ～300万円 | 0 | 0.0% | 87.1% |
| ～290万円 | 0 | 0.0% | 87.1% |
| ～280万円 | 1 | 1.6% | 87.1% |
| ～270万円 | 1 | 1.6% | 85.5% |
| ～260万円 | 2 | 3.2% | 83.9% |
| ～250万円 | 1 | 1.6% | 80.6% |
| ～240万円 | 0 | 0.0% | 79.0% |
| ～230万円 | 0 | 0.0% | 79.0% |
| ～220万円 | 2 | 3.2% | 79.0% |
| ～210万円 | 1 | 1.6% | 75.8% |
| ～200万円 | 0 | 0.0% | 74.2% |
| ～190万円 | 2 | 3.2% | 74.2% |
| ～180万円 | 1 | 1.6% | 71.0% |
| ～170万円 | 1 | 1.6% | 69.4% |
| ～160万円 | 0 | 0.0% | 67.7% |
| ～150万円 | 3 | 4.8% | 67.7% |
| ～140万円 | 0 | 0.0% | 62.9% |
| ～130万円 | 2 | 3.2% | 62.9% |
| ～120万円 | 5 | 8.1% | 59.7% |
| ～110万円 | 1 | 1.6% | 51.6% |
| ～100万円 | 1 | 1.6% | 50.0% |
| ～90万円 | 2 | 3.2% | 48.4% |
| ～80万円 | 3 | 4.8% | 45.2% |
| ～70万円 | 3 | 4.8% | 40.3% |
| ～60万円 | 5 | 8.1% | 35.5% |
| ～50万円 | 1 | 1.6% | 27.4% |
| ～40万円 | 6 | 9.7% | 25.8% |
| ～30万円 | 1 | 1.6% | 16.1% |
| ～20万円 | 3 | 4.8% | 14.5% |
| 10万円未満 | 6 | 9.7% | 9.7% |
| 合　計 | 62 | 100.0% |  |

### ⑧賃料40万円以上の物件の損害額

- 210万円未満が41.7%
- 500万円未満が72.2%
- 中央値は270.0万円、平均値は437.3万円、最高額は2,445.3万円

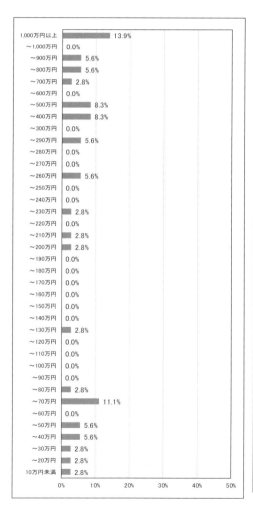

| 損害額 | 件数 | 割合 | 累計 |
|---|---|---|---|
| 1,000万円以上 | 5 | 13.9% | 100.0% |
| ～1,000万円 | 0 | 0.0% | 86.1% |
| ～900万円 | 2 | 5.6% | 86.1% |
| ～800万円 | 2 | 5.6% | 80.6% |
| ～700万円 | 1 | 2.8% | 75.0% |
| ～600万円 | 0 | 0.0% | 72.2% |
| ～500万円 | 3 | 8.3% | 72.2% |
| ～400万円 | 3 | 8.3% | 63.9% |
| ～300万円 | 0 | 0.0% | 55.6% |
| ～290万円 | 2 | 5.6% | 55.6% |
| ～280万円 | 0 | 0.0% | 50.0% |
| ～270万円 | 0 | 0.0% | 50.0% |
| ～260万円 | 2 | 5.6% | 50.0% |
| ～250万円 | 0 | 0.0% | 44.4% |
| ～240万円 | 0 | 0.0% | 44.4% |
| ～230万円 | 1 | 2.8% | 44.4% |
| ～220万円 | 0 | 0.0% | 41.7% |
| ～210万円 | 1 | 2.8% | 41.7% |
| ～200万円 | 1 | 2.8% | 38.9% |
| ～190万円 | 0 | 0.0% | 36.1% |
| ～180万円 | 0 | 0.0% | 36.1% |
| ～170万円 | 0 | 0.0% | 36.1% |
| ～160万円 | 0 | 0.0% | 36.1% |
| ～150万円 | 0 | 0.0% | 36.1% |
| ～140万円 | 0 | 0.0% | 36.1% |
| ～130万円 | 1 | 2.8% | 36.1% |
| ～120万円 | 0 | 0.0% | 33.3% |
| ～110万円 | 0 | 0.0% | 33.3% |
| ～100万円 | 0 | 0.0% | 33.3% |
| ～90万円 | 0 | 0.0% | 33.3% |
| ～80万円 | 1 | 2.8% | 33.3% |
| ～70万円 | 4 | 11.1% | 30.6% |
| ～60万円 | 0 | 0.0% | 19.4% |
| ～50万円 | 2 | 5.6% | 19.4% |
| ～40万円 | 2 | 5.6% | 13.9% |
| ～30万円 | 1 | 2.8% | 8.3% |
| ～20万円 | 1 | 2.8% | 5.6% |
| 10万円未満 | 1 | 2.8% | 2.8% |
| 合　計 | 36 | 100.0% | |

## （2）家賃滞納発生に係る調査結果

**調査の概要**

【調査対象】（公財）日本賃貸住宅管理協会　会員企業

【調査期間】平成 29 年 12 月～平成 30 年 1 月

【調査内容】家賃滞納が 1,000 件発生したと仮定した場合の
　　　　　　○家賃滞納から 1 か月経過時点の回収状況
　　　　　　○合意解約を提案する時期・件数、明渡し完了までの平均的な期間、未納
　　　　　　　家賃の回収状況
　　　　　　○訴訟を提起する時期・件数、判決確定までの状況
　　　　　・判決に基づく明け渡し（強制執行を除く）の件数、明渡し完了までの平均
　　　　　　的な期間、未納家賃の回収状況
　　　　　・強制執行の件数、明渡し完了までの平均的な期間、未納家賃の回収状況、
　　　　　　強制執行のために特別に支出することとなる経費の総額　　　など
　　　　※　本調査には、家賃滞納が発生していない件数は含まれていません。また、
　　　　　　各段階における件数や平均的な期間等については、各社の判断において、
　　　　　　未納家賃回収の取組等が行われた結果です。

【調査方法】インターネットフォームによるアンケート票の入力

【回答状況】120 社（管理戸数ベースでは、約 59 万戸）

【集計方法】各社の管理戸数を用いて、加重平均により集計

**（参考）家賃滞納の発生率**
　　（公財）日本賃貸住宅管理協会・日管協総合研究所による賃貸住宅市場景況感調査
『日管協短観』による家賃滞納の発生率は、2008 年下期から 2017 年上期までの平均で
7.5％となっています。

　　※　**2017 年上期調査の概要**
　　　　【調査対象】（公財）日本賃貸住宅管理協会　会員企業
　　　　【調査期間】平成 29 年 10 月～平成 29 年 11 月
　　　　【調査方法】インターネットによるアンケート調査
　　　　【回答状況】125 社

調査結果

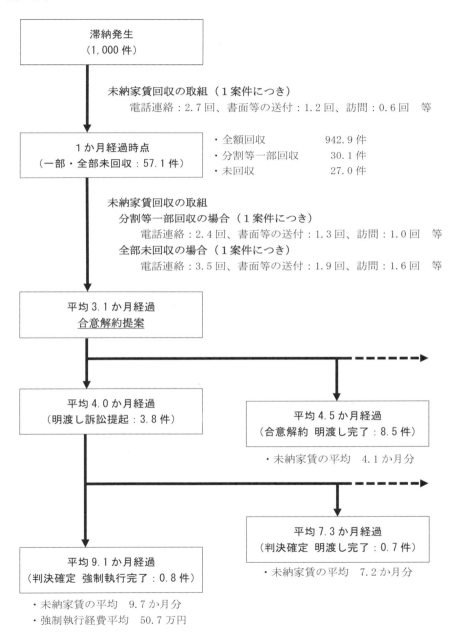

## （3）裁判所の判決における連帯保証人の負担額に係る調査

**調査の概要**

【調査対象】民間賃貸住宅の賃貸借契約における連帯保証人に負担を命じた裁判所の判決

【調査期間】平成 29 年 11 月～平成 29 年 12 月

【調査内容】裁判所、裁判年月日、賃料等、滞納月数、確定額、連帯保証人の負担額等
なお、負担額については、判決時点で支払いや明渡しが行われたものとして
負担総額を算出しています。

【対象期間】平成 9 年 11 月～平成 28 年 10 月（裁判年月）

【調査方法】民間の判例検索システムを用いたキーワード検索（「賃貸借」and「連帯保証」
and「住宅」）による調査。
なお、検索結果のうち、
① 民間賃貸住宅であること
② 使用目的が居住目的のみであること
③ 連帯保証人に負担を命じたものであること
を満たすものを抽出しました。

【対象件数】91 件
※ 91 件の内訳は、最高裁判所 1 件、東京地方裁判所 90 件。東京地方裁判
所の判決には、簡易裁判所の控訴審としての判決（1 件）を含みます。


**調査結果**

　裁判所の判決において、民間賃貸住宅における借主の未払い家賃等を連帯保証人の負担
として確定した額は、平均で家賃の約 13.2 か月分でした。

### ■ 裁判所の判決における連帯保証人の負担額

|  | 平均値 | 最小値 | 中央値 | 最大値 |
|---|---|---|---|---|
| 負担総額／月額家賃等（月） | 13.2 | 2 | 12 | 33 |

※ 負担総額には、未払い家賃のほか、原状回復費用、損害賠償費等が含まれます。

# 民間賃貸住宅に関する相談対応事例集

## ～賃借物の一部使用不能による賃料の減額等について～

## 平成 30 年 3 月

## 賃貸借トラブルに係る相談対応研究会

306 ● 巻末資料

# はじめに

　民法の債権関係の規定（契約等）については、明治 29 年の民法制定以来、ほとんど改正のない状況であったため、社会・経済の変化に対応し、国民一般に分かりやすいものとする観点から、平成 21 年 10 月以降、法務省法制審議会民法（債権関係）部会における 5 年余りの審議を経て、要綱案が決定されました。これを受けて、平成 27 年 3 月 31 日には民法の一部を改正する法律案が閣議決定され、同法律案は平成 29 年 5 月 26 日に成立（平成 32 年 4 月 1 日施行）したところです。

　また、改正民法第 611 条第 1 項の規定を受けて改定された国土交通省の賃貸住宅標準契約書では、第 12 条第 1 項において、物件の一部滅失等によってその一部が使用できなくなったときには、賃料もその使用できなくなった部分の割合に応じて、減額されることや、減額の程度、期間等について貸主と借主が協議することがあらたに規定されています。

　しかし、現状においては、物件の一部使用不能による賃料の減額等に関する明確な基準や判断にあたって参考となる事例の蓄積等がありません。

　民間賃貸住宅の貸主と借主が安心して貸し借りできるような環境を整備するためには、改正民法第 611 条第 1 項について貸主と借主の双方が認識している必要があり、民間賃貸住宅について相談を受ける関係各位においては、賃貸住宅標準契約書（平成 30 年 3 月版）第 12 条第 1 項についての相談対応や情報提供が求められることとなります。

　こうしたことから、本書は物件の一部使用不能による賃料の減額等について、近時の裁判例や実務の動向等をとりまとめたものとなっています。

　民間賃貸住宅の相談を受ける関係において、本書が役立てば幸いです。

　なお、本書は、国土交通省が実施した「重層的住宅セーフティネット構築支援事業（賃貸住宅関連・連携円滑化支援事業）」として作成されたものです。

平成 30 年 3 月
賃貸借トラブルに係る相談対応研究会

## 賃貸借トラブルに係る相談対応研究会
## 委員名簿

（５０音順　敬称略）

座長　　升田　純　　　　弁護士　升田純法律事務所
　　　　　　　　　　　　中央大学法科大学院法務研究科教授

委員　　伊藤　浩　　　　日本行政書士会連合会　専務理事

　　　　岩崎　直子　　　（独）国民生活センター相談情報部
　　　　　　　　　　　　相談第１課課長補佐

　　　　佐々木　正勝　　（一社）全国賃貸不動産管理業協会　会長

　　　　土岐　勝哉　　　（公財）日本賃貸住宅管理協会　副会長

　　　　三好　修　　　　（公社）全国賃貸住宅経営者協会連合会　会長


オブザーバー
　　　　立岩　里生太　　住宅局　住宅総合整備課　賃貸住宅対策室長
　　　　元島　時蔵　　　住宅局　住宅総合整備課　賃貸住宅対策室
　　　　　　　　　　　　課長補佐
　　　　宮下　浩平　　　住宅局　住宅総合整備課　賃貸住宅対策室
　　　　　　　　　　　　賃貸市場整備係長


事務局
　　　　山西　冬彦　　　株式会社社会空間研究所　代表取締役
　　　　斉藤　腰一　　　株式会社社会空間研究所　取締役
　　　　永野　聡司　　　株式会社社会空間研究所　研究員

　　　　　　　　　　　　　※　所属・役職等は、研究会開催当時

【本書の内容】

○　賃借物の一部が滅失等により使用不能になった場合、様々な対応が考えられ、本書では、使用不能の状態が受忍限度を超えて、通常の居住ができないときに改正民法第611条第1項により賃料が減額されるものと考えています。

○　ただし、個別のケースにおいては、あくまでも貸主と借主の協議によって、速やかな修繕、代替手段の提供や賃料減額等の具体的な対応が定まることとなります。

○　本書においては、使用不能が発生した際の借主からの通知等から賃料の減額等についての協議、貸主・借主からの相談にあたっての留意点等について扱っています。

○　なお、地域全体の賃貸借契約に影響を及ぼす大規模災害等の場合については、関係省庁による様々な支援の実績があること等特殊な事情が発生するため、本書の対象外としています。

【本書の構成】

・　第1章では、改正民法第611条第1項等の趣旨について述べてから、本書における同条の基本的な考え方を示しています。
・　第2章では、賃借物の一部使用不能が発生した場合の協議までの流れとともに、賃料減額等の協議にあたっての考慮事項を整理しています。
・　第3章では、相談対応にあたっての留意点等をまとめています。
・　第4章として賃料減額等に係る判例を、参考資料として関連業界の取組や実務の傾向に係るアンケート調査の結果を掲載していますので、適宜参考として下さい。

図　賃借物の一部使用不能に関するフロー

巻末資料 ● 309

310 ● 巻末資料

# 目　次

**第 1 章　賃借物の一部使用不能による賃料の減額について** . . . . . . . . . . . . . . . . . . . . . . . 313

　1　改正民法第 611 条第 1 項及び賃貸住宅標準契約書（平成 30 年 3 月版）について . . 313

　（1）改正民法第 611 条第 1 項と改正の趣旨 . . . . . . . . . . . . . . . . . . . . . . . . . . . . . . . . . 313

　（2）賃貸住宅標準契約書（平成 30 年 3 月版）第 12 条第 1 項と解説コメント . . . . . . 314

　2　本書における改正民法第 611 条第 1 項の基本的な考え方 . . . . . . . . . . . . . . . . . . . . 315

**第 2 章　賃料の減額等に係る貸主・借主の対応について** . . . . . . . . . . . . . . . . . . . . . . . . 317

　1　貸主・借主による協議・決定までの流れと確認事項 . . . . . . . . . . . . . . . . . . . . . . . . 317

　2　協議にあたっての留意点 . . . . . . . . . . . . . . . . . . . . . . . . . . . . . . . . . . . . . . . . . . . . . 318

　3　賃料減額等の対応を決定する際の考慮事由 . . . . . . . . . . . . . . . . . . . . . . . . . . . . . . 318

**第 3 章　相談対応における情報提供・留意点等** . . . . . . . . . . . . . . . . . . . . . . . . . . . . . . . 319

　1　賃料減額等の実態に関するポイント . . . . . . . . . . . . . . . . . . . . . . . . . . . . . . . . . . . . 319

　（1）判例の傾向【第 4 章参照】 . . . . . . . . . . . . . . . . . . . . . . . . . . . . . . . . . . . . . . . . . . 319

　（2）実務の動向【第 1 章、参考資料　資料 2 参照】 . . . . . . . . . . . . . . . . . . . . . . . . . . 319

　2　相談対応にあたっての留意点・確認事項 . . . . . . . . . . . . . . . . . . . . . . . . . . . . . . . . 320

　（1）留意点 . . . . . . . . . . . . . . . . . . . . . . . . . . . . . . . . . . . . . . . . . . . . . . . . . . . . . . . . . 320

　（2）確認事項

**第 4 章　賃借物の一部使用不能による賃料の減額等にかかる判例の動向** . . . . . . . . . . . . 323

　1　賃借物の一部使用不能等による賃料の減額等にかかる判例の概要 . . . . . . . . . . . . . 323

　2　事案及び使用不能等の態様及び判断 . . . . . . . . . . . . . . . . . . . . . . . . . . . . . . . . . . . 324

　3　事例紹介 . . . . . . . . . . . . . . . . . . . . . . . . . . . . . . . . . . . . . . . . . . . . . . . . . . . . . . . . . 329

**＜参考資料＞**

　賃借物の一部使用不能による賃料の減額等に関連した業界の取組 . . . . . . . . . . . . . . . . 344

　賃借物の一部使用不能による賃料の減額等に係る実務の傾向 . . . . . . . . . . . . . . . . . . . 345

312 ● 巻末資料

# 第1章　賃借物の一部使用不能による賃料の減額について

1　改正民法第611条第1項及び賃貸住宅標準契約書（平成30年3月版）について

## (1)　改正民法第611条第1項と改正の趣旨

> （賃借物の一部滅失等による賃料の減額等）
> 第 611 条　賃借物の一部が滅失その他の事由により使用及び収益をすることができなくなった場合において、それが賃借人の責めに帰することができない事由によるものであるときは、賃料は、その使用及び収益をすることができなくなった部分の割合に応じて、減額される。

本条の趣旨は以下の通りである（資料：民法部会資料６９Ａから一部要約）。

（第1項）

○　現行の民法では、賃借物の一部が「賃借人の過失によらないで」「滅失」したときは、その滅失した部分の割合に応じて賃借人が賃料の減額を「請求することができる」と規定している。もっとも、賃料は、賃借物が賃借人による使用収益の可能な状態に置かれたことの対価として日々発生するものであるから、賃借物の一部滅失によってその一部の使用収益が不可能になったときは、賃料もその一部の割合に応じて当然に発生しないと考えるべきであることから、賃借物の一部が滅失等をした場合に、その部分の賃料が当然減額することとしたものである。

○　また、賃借人に帰責事由がある場合にまで賃料の減額を認めるのは不相当である等の理由から、賃借人に帰責事由がある場合には、賃料減額を認めるべきでない。それゆえこの点については現行の内容を維持した。

○　賃借物は賃借人の支配下にあり、賃借人に帰責事由があるかどうかは賃貸人が把握できないといった意見などを考慮し、帰責事由の立証責任については、賃借人に負わせるという現状を維持することとしている。

【参考：旧民法（改正前）第 611 条第 1 項】

> （賃借物の一部滅失による賃料の減額請求等）
> 第 611 条　賃借物の一部が賃借人の過失によらないで滅失したときは、賃借人は、その滅失した部分の割合に応じて、賃料の減額を請求することができる。

※　以下、本書第1章から第3章において単に「民法」とある場合は、改正後の民法を指す。

(2) 賃貸住宅標準契約書（平成30年3月版）第12条第1項と解説コメント

> （一部滅失等による賃料の減額等）　　（注）甲：貸主　乙：借主
> 第 12 条　本物件の一部が滅失その他の事由により使用できなくなった場合に
> おいて、それが乙の責めに帰することができない事由によるものであるときは、
> 賃料は、その使用できなくなった部分の割合に応じて、減額されるものとする。
> この場合において、甲及び乙は、減額の程度、期間その他必要な事項について協議
> するものとする。

　本条の趣旨は以下の通りである（資料：賃貸住宅標準契約書（平成 30 年 3 月版）
解説コメントから抜粋）。

【第1項】

　本物件の一部が滅失等により使用できなくなった場合に、それが借主の帰責事由に
よるものでないときは、使用不可の部分の割合に応じて賃料が減額されるものとし、
その内容は貸主と借主の間で協議することとしている。平成 29 年民法改正で、
賃借物の一部が賃借人の帰責事由によらずに滅失等をした場合の賃料の減額について、
従来は「請求することができる」とされていたところ、「（賃料は）減額される」と
当然に減額するものとされた（民法第 611 条第 1 項）。

　ただし、一部滅失の程度や減額割合については、判例等の蓄積による明確な基準が
ないことから、紛争防止の観点からも、一部滅失があった場合は、借主が貸主に通知し、
賃料について協議し、適正な減額割合や減額期間、減額の方法（賃料設定は変えずに
一定の期間一部免除とするのか、賃料設定そのものの変更とするのか）等を合意の上、
決定することが望ましいと考えられる。

314 ● 巻末資料

## 2　本書における改正民法第611条第1項の基本的な考え方

○　本書では、民法第 611 条第1項における「賃借物の一部が滅失その他の事由により使用及び収益をすることができなくなった場合」として、賃貸住宅については、

○　物件の物理的な破損だけではなく、設備の機能的な不具合等による場合も含めて、物件の一部が使用できず、

○　その一部使用不能の程度が、社会通念上の受忍限度を超えており、通常の居住ができなくなった

場合と解釈している。

○　賃料は、借主が適切に居住できることの対価であることから、こうした場合には、物件を使用できない割合に応じた相当額の賃料に減額されることとなる。

○　一方、実務においては、貸主と借主の協議によって、賃料の減額に代えて、それに相当する代替手段や代替品の提供等の対応がとられることも多い。

○　円満な賃貸借関係を継続する観点からも、貸主と借主双方が誠意をもって協議し、解決することが、望ましい基本的な対応になるものと考えられる。

図　賃料減額の基本的な考え方

一部使用不能の原因
・　物理的滅失
・　機能的滅失　等

一部使用不能
発生

賃料が減額される要件
○　受忍限度を超えていること
　　（通常の居住ができないこと）
○　借主に帰責事由がないこと

○　本条に基づく賃料減額については、借主に帰責事由がないことが要件とされており、通常、貸主は、住戸内の設備の不具合等を知り得ないと考えられることから、借主は、入居時の物件状況等の確認リストや写真等を活用して、一部使用不能の原因を説明できるよう努めることに留意する必要がある。

○　また、借主は、修繕を要する箇所を発見した場合には、貸主に遅滞なく通知する義務（民法第 615 条）を負っており、通知が遅れたことにより貸主に損害が生じたときには賠償責任を負うことがあり得る（民法第 415 条第1項）。

○　一方、貸主は、修繕義務（民法第 606 条第1項）を履行しないことにより、借主に損害が生じた場合には賠償責任を負うことがあり得る（民法第 415 条第1項）。

巻末資料 ● 315

316 ● 巻末資料

## 第2章　賃料の減額等に係る貸主・借主の対応について

1　貸主・借主による協議・決定までの流れと確認事項

○　物件の一部使用不能による賃料減額等がトラブルとなる主な原因としては、以下の点についての判断が困難であることが挙げられる。

・　一部使用不能の程度が通常の居住ができない状態に達していること

・　一部使用不能の原因が借主の帰責事由によるものでないこと

○　このため、物件の破損や設備の不具合等による一部使用不能が発生した場合、まず借主は、遅滞なくその旨を貸主に通知することが必要であり、通知を受けた貸主にも、速やかに破損や不具合等の状況やその原因を確認することが求められる。

○　一部使用不能の程度が通常の居住ができない状態であって、借主に帰責事由がない場合、貸主と借主は賃料減額等の対応を協議・決定することとなる。

図　一部使用不能の際の協議までの流れ及び確認事項

| 通知 | ○　借主は、一部使用不能の状態を発見した際は、遅滞なく貸主に通知するとともに、その発生日時、経緯、日常の使用方法を文書で整理し、一部使用不能の状態を写真等で記録しておくよう努めること。<br><br>○　貸主は、通知を受けたら、現場確認のために入居時物件状況等リスト（国土交通省住宅局「原状回復をめぐるトラブルとガイドライン（再改訂版）」参照）等の資料を用意すること。 |
|---|---|
| 現場確認 | ○　借主は、用意した資料により、貸主等の理解を得られるよう十分な説明を行うこと。<br><br>○　貸主は、一部使用不能の程度が通常の居住をすることができない状態であるか否かを確認すること。<br><br>○　借主、貸主双方の資料を突き合わせて、借主に帰責事由がないことを確認すること。 |
| 協議・決定 | ○　貸主は、修繕完了の目安を可能な限り早く知らせること、また、代替手段や代替品の提供が容易な場合は、必要な対応を行うことを借主に説明すること。<br><br>○　貸主と借主は、通常の居住ができず、借主に帰責事由がない場合、賃料の減額を基本に双方の事情を話し合うこと。<br><br>○　貸主と借主は、円満な解決のために代替手段等の提供も含めた柔軟な対応について協議・決定すること。 |

## 2 協議にあたっての留意点

○ 照明器具の故障等設備の利用に不便が生じている状態や居住を妨げない程度の建具の不具合や隙間風を生じない程度の壁や窓の破損等については、原則として、賃料減額の対象とはならないと考えられる（p.336 事例8参照）。

○ 物件が老朽化している場合、その分家賃が低く設定されていることがある。借主もそのことを承知の上で賃貸借契約を締結しているのであれば、さらに賃料を減額することで、貸主の負担が過大となるおそれがあることを考慮すべきである。

○ 貸主は、物件の修繕にあたって、誠実に対応したとしても、部品調達や業者の手配等にある程度の時間を要する場合があるので、修繕の完了に向けたスケジュール等については、借主に対して具体的な説明を行うべきである。

## 3 賃料減額等の対応を決定する際の考慮事由

賃料減額等の協議・決定にあたっては、以下の点を考慮し総合的に判断する必要がある。

---

○ **使用不能な期間**

- 一部使用不能が発生した場合に、直ちに通常の居住ができないと判断されるわけではないこと

- 賃料減額の対象は、一部使用不能の程度が社会通念上の受忍限度を超えて、通常の居住ができなくなったときから修繕が完了するまでの期間であること

○ **使用不能の程度**

- 一部使用不能の程度が使用に不便があるという程度を超えていること

○ **使用不能な面積**

- 使用できない部分の面積が明らかな場合には、修繕が完了するまでの期間の日割家賃を面積按分した額を減額することが考えられること

- 判例においても、面積按分の考え方を取り入れているものがあること（p.19 事例3参照）

○ **代替手段・代替品の提供**

- 減額割合の算定等にかかる貸主・借主双方の負担が過大となる場合などには、代替手段の提供等柔軟な対応も必要であること

- 代替手段の提供等により、一部使用不能により不便は生じているものの、通常の居住ができない状態とまでは判断されない場合があること

---

## 第３章　相談対応における情報提供・留意点等

　賃借物の一部使用不能による賃料減額等についての相談を受ける際の情報提供の基本的な内容、留意点・確認事項については、以下のとおりである。

### １　賃料減額等の実態に関するポイント

　改正民法第 611 条第１項の内容については、管理業者に対するアンケートでもなかなか知られていない状況にあり（p. 345　参考資料　資料２参照）、借主である一般消費者は、さらに知らない状況にあることが想定される。

　情報提供にあたっては、以下が基本的な内容となる。

#### (1) 判例の傾向【第４章参照】

> ○　民間賃貸住宅に関して、物件の一部使用不能による賃料の減額等に関する判例は多くなく、また、賃料減額が認められたトラブル類型も多くないため、判例の蓄積が待たれる状況にある。
>
> ○　判例は賃料減額が認められるか否かにつき、一部使用不能が通常の居住を不可能にするほどの状態であるかを判断している傾向にある。
>
> ○　賃料減額の程度については、雨漏りの事例で面積按分による考え方、カビが問題となった事例で借主が被害を防止することができたかどうかという考え方を示しており、減額金額を決定する要因を示す判例は存在するが、客観的な判断基準が示されているとはいえない状況である。

#### (2) 実務の動向【第１章、参考資料　資料２参照】

> ○　物件の一部使用不能が発生した場合、貸主（又は管理会社等）と借主との話し合いによって、トラブルの解決が図られていることが一般的である。
>
> ○　修繕が完了するまでの期間が長い場合に賃料の減額が行われていることが多くなっている傾向が見られた。
>
> ○　物件の一部使用不能の際の貸主の対応方法としては、賃料の減額（修繕が完了するまでにかかった日数分程度の家賃の日割金額）のほか、相当額の金銭や代替品を提供するといった柔軟な対応が取られている。

巻末資料 ● 319

## 2 相談対応にあたっての留意点・確認事項

### (1) 留意点

#### ○ 貸主への対応

貸主からの相談においては、借主が賃借物の一部使用不能を理由に賃料の減額を求めてきているが払う必要があるのかといった相談や、悪質な借主がことあるごとに賃料減額を求めてきて困るといった相談が想定される。

このような相談では、以下の点に留意することが重要である。

> ○ 借主から修繕を要する箇所を発見した旨の通知を受けたときは、速やかに現場確認を行うことを勧めること。
>
> ○ 貸主は、借主に対し、借主に帰責事由がある場合を除き、物件の使用に必要な修繕をする義務を負っているため（民法第 606 条第 1 項）、借主が修繕の必要性を訴えているのであれば、誠実に対応する必要があることを理解してもらうこと。
>
> ○ 借主に帰責事由がなく、一部使用不能の状態が一般社会生活上受忍すべき程度を超えているのであれば、賃料が減額されることが基本であること。賃料減額に代えて、別の対応について協議する場合においても、誠意をもって交渉することを勧めること。
>
> ○ 貸主は、一部使用不能となった物件の修繕にあたって、誠実に対応したとしても、部品の調達や業者の手配等にある程度の時間を要することがあるので、修繕の完了に向けたスケジュールや状況等について、借主に対して具体的な説明を行うこと。

#### ○ 借主への対応

借主からの相談においては、賃借物の一部が使用不能であるのに、貸主が賃料減額に応じないといった相談や、貸主や管理業者等との交渉方法についての相談や、訴訟になれば勝てるのかといった相談が想定される。このような相談では、以下の点に留意することが重要である。

> ○ 借主の帰責事由によらずに賃借物の一部が使用不能となった場合には、賃料は当然に減額されることが基本ではあるが、実務上、多くの場合は話し合いによって、減額の程度や期間、対応方法等が決められているため、まずは、貸主や管理会社等と丁寧に交渉することを勧めること。

320 ● 巻末資料

○　貸主の理解を得るため、また、万が一訴訟に発展した場合の証拠とするために、交渉にあたっては事前に一部使用不能に至った経緯や修繕を希望する箇所の様子や、交渉の際の日時・やり取りの内容を文書や写真で記録しておくことを勧めること。

○　賃料が当然に減額されることを理由とする一方的な賃料の支払拒否は、貸主から契約を解除され、建物明渡訴訟を提起されるリスクがあること。

○　訴訟に敗訴すれば物件からの退去、及び未払賃料の支払義務（支払わなかった期間の利子や契約内容によっては違約金を含む）や損害賠償金の支払義務が発生する可能性があることを理解してもらうこと。

○　修繕義務の範囲は契約締結時に予定されていた目的物の性状の範囲内での使用に必要な限度において認められるため、当初予定されていた程度以上のものを借主が一部使用不能として修繕や賃料減額等を要求できるわけではないこと（p.330 事例2参照）。

○　双方共通の留意点

　貸主、借主双方から賃料減額の可否や減額内容、賃料減額を制限する特約の有効性についての相談が想定される。このような相談では、以下の点に留意することが重要である。

○　法的な判断が必要と思われる場合には、法律専門家に委ねること。

○　弁護士会や司法書士会、行政書士会が行政機関と連携して無料相談を行っている場合があることや、法テラスが相談を受けたり、相談先を紹介してくれることを伝えること。

(2) 確認事項

　相談対応にあたっては、紛争を未然に防止するために、以下の事項を確認することが重要である。

○　契約書の内容の確認

　民法では契約自由の原則が認められているため、強行規定に反しない限り、契約内容が尊重されることになる。そのため、賃貸借契約書内の一部使用不能に関する条項や免責規定、特約、修繕負担区分表の内容がどのようなものかを確認する必要がある。

　契約書の内容に疑義が生じた場合には、法律専門家への相談を勧めることになる。

巻末資料 ● 321

○ 一部使用不能の態様の確認

　一部使用不能は社会通念上一般的に通常の居住を不可能とするレベルにあることを必要とし、その相当性の判断においては、一般社会生活上受忍すべき程度を超えているか否かに着目することになる。

　一部使用不能による賃料減額を強く主張する場合には、法律専門家への相談を勧めることになる。

○ 借主の帰責事由についての確認

　借主に帰責事由がある場合には、一部使用不能状態にあっても賃料減額とはならないため、借主の故意、過失等について確認する必要がある。明らかに借主に帰責事由がある場合は、その点を踏まえた相談対応を行い、借主の帰責事由の有無に疑義が生じた場合には、法律専門家への相談を勧めることになる。

○ 借主に帰責事由がないことを証明する証拠の有無についての確認

　借主は自らに帰責事由がないことを立証する責任があるため、そのような証拠があるのかどうかを確認する必要がある。帰責事由がないことの証明は容易ではないと考えられるため、その点を踏まえた相談対応を行い、借主が訴訟提起の意向を示す場合には法律専門家への相談を勧めることになる。

○ 借主と貸主、管理会社等の交渉についての確認

　紛争の未然防止のためには、交渉による平和的解決が重要であるため、交渉が継続的になされているかどうか、また、その際の双方の対応や主張の内容はどのようなものかを確認する必要がある。その際、賃料減額と並行して修繕や保険についても交渉しているかどうか、保険がある場合には損害の填補の可能性について貸主に確認しているかどうかを把握することが有用である。交渉の継続、交渉内容の記録等を勧め、一方の交渉の態度が不誠実である場合には、法律専門家への相談を勧めることになる。

# 第4章　賃借物の一部使用不能による賃料の減額等にかかる判例の動向

## 1　賃借物の一部使用不能等による賃料の減額等にかかる判例の概要

　　賃借物の一部使用不能等による賃料の減額等に関するトラブルの未然防止に資すると思われる判例における主な争点、判示事項は以下の3点である。

> ①　使用不能等の内容がどれほどの程度である場合に、賃料減額が認められるのか。
> ②　賃料減額が認められる場合に、その減額金額はどのように定められているのか。
> ③　借主が賃料の支払いを拒絶ないし一部の支払いに止まる場合に、貸主からの賃貸借契約の解除が認められるか。

　　①について、判例は賃借物が一部滅失はしていないものの使用収益できなくなった場合に、賃貸借契約の目的を達成することができないほどに使用収益ができなくなっているか否かについて判断しており、雨漏り（事例1大阪地裁判決、事例3名古屋地裁判決）、漏水やカビ（事例4東京地裁判決、事例9東京地裁判決）、排水管の閉塞（事例5東京地裁判決）、窓の破損（事例10東京地裁判決）、換気扇の不具合や便器の故障による汚水の漏れ（事例11東京地裁判決）等の事例において賃料の減額が認められている。

　　一方、エアコンの不具合や備品の軽微な不具合、照明器具や換気扇の故障（事例7東京地裁判決、事例8東京地裁判決）の事例では、修繕費用が軽微であること、一部不能とまではいえないこと等を理由に賃料減額を否定している。また、他室の騒音（事例6東京地裁判決）については「（民法第611条第1項の）類推適用が許される場合があり得るとしても、少なくとも、相当期間にわたって一定時間客観的に受忍限度を超えた騒音が続く状態であるなど、物理的にも一部使用不能状態が明らかであることが必要と解する」と判示し賃料減額を否定している。

　　②については、雨漏りにより使用不能となった面積分の按分を考慮し減額幅を決めた判例（事例3名古屋地裁判決）や、「カビによる被害などは、賃借人においてもっと防止に努力すれば、より軽減された可能性のあること」といった被害防止可能性を考慮に入れた判例（事例4東京地裁判決）等、減額金額決定の一要因を示す判例も存在するが、多くの判例においては事案ごとの個別判断が行われており、客観的な判断基準は示されているとはいえないのが判例の動向である。

　　③については、貸主の契約解除の意思表示の効力を否定した判例（事例1大阪地裁判決、事例6東京地裁判決、事例10東京地裁判決、事例11東京地裁判決）とその効力を肯定した判例（事例2東京地裁判決、事例7東京地裁判決）に分かれているが、判例は賃料の不払いの要因となっている貸主の修繕義務不履行の態様や借主の賃料不払いにある程度の根拠が認められるか否かといった点を考慮して信頼関係破壊の有無を判断しているように思われる。

## 2 事案及び使用不能等の態様及び判断

| 事例 | 事案 | 一部使用不能等の態様及び判旨の概要 | |
|---|---|---|---|
| 事例1<br>(住宅) | 屋根の雨漏りを理由とする賃借人の賃料支払いの拒絶に対して、賃貸人が賃貸借契約の解除を主張したが否定された事案<br><br>【大阪地判昭和32年3月26日】<br>判例時報第130号22頁 | 一部使用不能等の態様 | |
| | | 屋根の雨漏り | |
| | | 一部使用不能等に関する判断 | |
| | | 屋根の損傷は住宅として使用する上に著しく支障のある状態にあったと認めるが相当。賃借人による賃料支払いの拒絶には適法と言い難い面もあるが、賃貸人の契約解除の意思表示は解除の効力を生じたと解する余地はない。 | |
| 事例2<br>(住宅) | 賃借人が、貸室の遮音構造が不完全であるので、賃貸人にはそれを相当な程度にまで改修すべき修繕義務があり、それを尽くさない場合には賃借人側に賃料減額請求権が発生すると主張したが否定された事案<br><br>【東京地判昭和55年8月26日】<br>判例タイムズ第992号76頁 | 一部使用不能等の態様 | |
| | | 界壁がベニヤ板一枚程度のものであったこと | |
| | | 一部使用不能等に関する判断 | |
| | | 修繕義務とは、当初予定された程度以上のものを賃借人において要求できる権利まで含むものではなく、修繕義務が無い以上、賃料減額請求権も認められない。 | |
| 事例3<br>（店舗<br>兼住宅） | 賃貸人の修繕義務不履行により賃貸建物の一部が使用収益できなくなった場合、賃借人は賃料減額請求権を有するとした事案<br><br>【名古屋地判昭和62年1月30日】<br>判例時報第1252号83頁 | 一部使用不能等の態様 | |
| | | 天井及び壁からの雨漏り | |
| | | 一部使用不能等に関する判断 | |
| | | 二階部分（住宅）の少なくとも三分の二が、原告の修繕義務の不履行により使用できない状態にあったことが認められるところ、民法第611条第1項の規定を類推して、賃借人は賃料減額請求権を有すると解すべきであるとし、賃料の25%を減額した。 | |

| 事例 | 事案 | 一部使用不能等の態様及び判旨の概要 |
|---|---|---|
| 事例4<br>(住宅) | 　ハイ・グレードを売り物とし、そのため高めに賃料額の設定された賃貸マンションに入居した者からの工事騒音や雨漏り、カビ発生等を理由とする賃料減額請求が認められた事案<br>【東京地判平成6年8月22日】<br>判例時報第1521号86頁 | 一部使用不能等の態様 |
| | | 工事中の騒音、雨漏り、カビ等 |
| | | 一部使用不能等に関する判断 |
| | | 　被告入居後の本件建物及びその周辺の住環境は、原告が宣伝したものとは程遠いものというべく、その特殊事情のため、その賃料は減額を免れない。減額の程度は、減額すべき要因が、住環境の快適さという点に関するものであり、その要因によって受ける影響には個人差のあること、カビによる被害などは、賃借人においてもっと防止に努力すれば、より軽減された可能性のあることを考慮し、賃料の約三分の一とした。 |
| 事例5<br>(住宅) | 　マンションの排水管の閉塞について賃借人に責任がある場合でも賃貸人において合理的な期間内に修繕すべきであるとして、賃料の三割相当額の支払い拒絶を認めた事案<br>【東京地判平成7年3月16日】<br>判例タイムズ第885号203頁 | 一部使用不能等の態様 |
| | | 排水管の閉塞 |
| | | 一部使用不能等に関する判断 |
| | | 　賃貸人は、賃貸建物の使用収益に必要な修繕を行う義務を負うから、賃借人の責任で修繕を必要とする状態に至った場合においても、合理的な期間内に修繕を行うべきである。右期間内に修繕が行われなかったときは、賃借人は信義則上、以後の賃料の支払いを建物の使用収益に支障を生じている限度において拒絶し、あるいは減額の請求をすることができると解すべきであるとし、賃料の30%の減額を認めた。 |

巻末資料 ● 325

| 事例 | 事案 | 一部使用不能等の態様及び判旨の概要 |
|------|------|--------------------------------|
| 事例6<br>(住宅) | マンションの賃借人が、騒音被害が改善されないことを理由に賃料及び共益費の半額を支払わなかったことに関し、賃貸人が債務不履行解除した場合につき、賃貸借契約解除の意思表示は無効であるとした事案（賃貸人による解除を否定しつつ、賃借人の一方的な賃料減額の効果も否定した）<br><br>【東京地判平成15年3月31日】 | **一部使用不能等の態様**<br>他室よりの騒音<br><br>**一部使用不能等に関する判断**<br>他室の居住者の騒音被害による生活妨害等に賃貸人が対応しないことは、通常目的物の一部滅失と同視されるものではなく、当然には民法第611条が類推適用されるとはいい難い。類推適用が許される場合がありうるとしても、少なくとも、相当期間にわたって一定時間客観的に受忍限度を超えた騒音が続く状態であるなど、物理的にも一部使用不能状態が明らかであることが必要と解する。 |
| 事例7<br>(住宅) | 賃貸人からの建物明渡及び未払賃料支払請求に対し、賃借人が賃料減額を主張したが否定された事案<br><br>【東京地判平成15年6月6日】 | **一部使用不能等の態様**<br>庭が使えない状態、冷暖房の未作動、電話配線の切断<br><br>**一部使用不能等に関する判断**<br>ルームエアコンの修理支払額は1,800円であり、電話工事の支払額は2,100円である。これら費用は、いずれも被告が本件建物を賃借した後に生じた軽微な修繕費用であって、借主である被告が負担すべきものである。また、広告は、本件建物について庭付一戸建風と表示してあるが、これは勧誘文言に過ぎず、庭の使用について特に定めはない。いずれも賃料を減じる理由にはならない。 |

| 事例 | 事案 | 一部使用不能等の態様及び判旨の概要 |
|---|---|---|
| 事例8<br>(住宅) | 　賃貸人が未払賃料の支払いを求めた本訴に対し、賃借人が民法第 611 条の類推適用による賃料の減額等を求めたが否定された事案（慰謝料として月 1 万円の支払いは認めた）<br><br>【東京地判平成 15 年 7 月 28 日】 | **一部使用不能等の態様**<br>照明器具・換気扇の故障<br>**一部使用不能等に関する判断**<br>原告に、その修繕義務の不履行（履行遅滞）はあったところ、その原因は故障した部品の交換に時間がかかったというのであって、そのことから原告の帰責事由が否定されるわけではないが、被告において、当該部品の交換まで、本件滞納賃料の支払いを拒絶し得るものであったとまで認めることはできないし、もとより賃料の減額を請求し得る場合でもない。 |
| 事例9<br>(住宅) | 　賃貸人である原告（反訴被告）が、被告らに対し、未払賃料等の支払い等を求め、賃借人である被告（反訴原告）が、原告の修繕義務の不履行により、建物内に保管していた被告制作の版画等がカビに汚染されたとして、損害賠償を求めた事案（賃料減額を肯定）<br><br>【東京地判平成 17 年 8 月 30 日】 | **一部使用不能等の態様**<br>トイレからの漏水及びカビの発生<br>**一部使用不能等に関する判断**<br>本件水漏れに加え、本件カビの発生、増殖により、本件建物を通常の用法にしたがって使用収益することは阻害されるに至ったとみられるから、本件建物につき通常の使用ができなかった割合に応じて被告Aは、賃料の減額請求をすることができるというべきである（民法第 611 条第 1 項類推適用）。減額されるべき賃料の割合は、本件建物の全部が本件カビに汚染されていたものではなかったこと、前記期間中、被告AのほかLも本件建物に居住し得たこと、被告Aには、本件カビの発生を知ったときから、これに対する防除の措置をとることが可能であり、またこれを期待し得たこと、本件カビの拡散には被告Aの対応の不備も与っていると思われることなど諸般の事情を併せ考慮すると、3 割と評価するのが相当である。 |

巻末資料 ● 327

| 事例 | 事案 | 一部使用不能等の態様及び判旨の概要 | |
|------|------|-----------------|---|
| 事例10<br>(住宅) | 賃料等の不払いを理由として賃貸借契約を解除した賃貸人が建物明渡と未払賃料及び賠償金の支払いを求めたが、賃借人には賃料減額を求めることができる事情があり、解除は許されないとして未払賃料の一部に限り請求を認容した事案<br><br>【東京地判平成18年9月29日】 | 一部使用不能等の態様 | |
| | | 窓の破損 | |
| | | 一部使用不能等に関する判断 | |
| | | 賃借人は、賃貸人が修繕義務を履行しないときは、民法第611条第1項の規定を類推して、賃料減額請求権を有すると解されるところ、上記修繕の対象は窓であり、本件建物の使用収益に及ぼす障害の程度、被告が中目黒の友人宅に居住せざるを得なかったことなど、諸般の事情にかんがみると、本件賃貸借契約においては、減額されるべき家賃等は50パーセントをもって相当とする。 | |
| 事例11<br>(住宅) | 賃貸人が修繕義務を履行しないことを理由に賃借人が賃料を減額して支払っていたところ、賃貸人からの契約解除が否定された事案<br><br>【東京地判平成23年12月15日】 | 一部使用不能等の態様 | |
| | | 台所及び風呂場の換気扇の不具合、備品冷蔵庫の故障、便器の取り付け部からの汚水の漏れ | |
| | | 一部使用不能等に関する判断 | |
| | | 本件建物の使用収益に及ぼす障害の程度その他諸般の事情に鑑みると、本件賃貸借契約においては、減額されるべき賃料額は1万円をもって相当とする（民法第611条第1項類推、賃料6万円）。 | |

## 3 事例紹介

### 【事例1】屋根の雨漏りを理由とする賃借人の賃料支払いの拒絶に対して、賃貸人が賃貸借契約の解除を主張したが否定された事例

大阪地方裁判所判決　昭和32年3月26日　判例時報第130号22頁

#### 1 事案の概要（原告：賃貸人X　被告：賃借人Y）

　　賃貸人Xは、昭和28年2月24日、本件家屋につき賃料1,707円、賃料の支払方法は毎月末日Xへの持参払いとする賃貸借契約を賃借人Yと締結した。賃借人Yは同年9月より家屋の雨漏りを理由に賃料の支払いを拒絶し始め、同年10月31日より複数回、大阪法務局において家賃を無条件、あるいは、賃貸人Xにおいて家屋の雨漏りを完全に修理した上でなくては供託金を受け取ることができない旨の条件を附けて供託した。

　　これに対し、賃貸人Xは、昭和29年2月1日までに9月分以降の家賃を持参払いにて支払うこと、支払いが無い場合には賃貸借契約を解除するとの催告及び賃料不払を条件とする賃貸借契約解除の意思表示を行ったが、賃借人Yが同一の条件で供託を続けたため、家屋の明渡を求めて提訴した。

#### 2 判決の要旨

　　これに対して裁判所は、賃料減額請求の有無及び賃貸借契約解除の効果につき、

(1) 本件家屋の雨漏りの程度は使用を全く不可能にするものではなかったことは明らかであるが、住宅として使用する上に著しく支障のある状態にあったと認めるのが相当であり、賃貸人Xは屋根の修理をする義務を負担していた。

(2) 賃貸人が賃借物について修繕義務がある場合にその義務を履行しないときは、賃借人は賃貸人が修繕義務の履行を提供するまでは、同時履行の抗弁権によって、賃借物の瑕疵によって生じた賃借人の損害賠償請求権及び賃料減額請求権の範囲内で賃料の支払いを拒絶することができる。

(3) 賃借人Yは賃貸家屋の修繕の必要を賃貸人Xに十分に告知していなかったし、その間現に右家屋に居住している以上、賃料全額の支払いを拒絶するのは度を過ぎた権利の行使には違いないが、本件家屋の屋根の損傷の程度に徴すれば、賃料の支払拒絶は一応違法ではないと認める。賃貸人は、賃貸人と賃借人間の信頼関係を著しく傷うような賃借人の義務違反があってはじめて契約解除権を持つに至るのであるから、前記の手落があつたからと云って、そのことのみで直ちに原告の契約解除権が生ずるとすることはできない。

(4) 以上から、賃貸人Xの契約解除の意思表示は解除の効力を生じたと解する余地はないとし、賃貸人Xの請求を棄却した。

**【事例2】** 賃借人が、貸室の遮音構造が不完全であるので、賃貸人にはそれを相当な
程度にまで改修すべき修繕義務があり、それを尽くさない場合には賃借人側
に賃料減額請求権が発生すると主張したが否定された事例

東京地方裁判所判決　昭和55年8月26日　判例タイムズ第992号76頁

### 1　事案の概要（原告：賃借人X　被告：賃貸人Y）

　　賃貸人Yは、賃借人Xと本件建物の賃貸借契約を締結し、更新もあったが、賃借人Xに
賃料不払いが生じたため、賃借人Xに対し、賃貸借契約の解除の意思表示をなし、家屋の
明渡を求め提訴した（原審）。

　　原審での敗訴を受けて、賃借人Xが本件貸室の遮音構造がベニヤ板一枚程度の物で
あって不完全であるので、賃貸人Yには改修すべき修繕義務があり、それを尽くさない
場合には賃借人X側に賃料減額請求権が発生すると主張し控訴、更に上告した。

### 2　判決の要旨

　　これに対して裁判所は、賃料減額請求の可否につき、

(1)　民法の定める「修繕義務」とは、賃貸借契約の締結時にもともと設備されているか、
あるいは設備されているべきものとして契約の内容に取り込まれていた目的物の
性状を基準として、その破損のために使用収益に著しい支障の生じた場合に、賃貸人が
賃貸借の目的物を使用収益に支障のない状態に回復すべき作為義務をいうのであって、
当初予定された程度以上のものを賃借人において要求できる権利まで含むものでは
ない。

(2)　本件貸室は鉄骨造陸屋根三階建共同住宅のうちの一室で、その各戸の界壁はベニヤ
板一枚程度のものであって遮音構造としては不完全なものであるといえるが、その
構造は賃貸借契約の当初からのものであって、契約の後に変更を生じたものではない
から、賃貸人に修繕義務が発生するものではなく、従って右義務の存在を前提とする
賃料減額請求権の発生を認めることはできない。

(3)　以上から、原審判示の賃貸人への賃料相当損害金の額を変更すること以外は、
賃借人Xの控訴を棄却した。上記修繕義務の解釈に誤りがあるとして上告したが、
上告審は賃借人Xの上告を棄却した（東京高等裁判所判決昭和56年2月12日　判例
タイムズ第442号123頁）。

330 ● 巻末資料

**【事例３】賃貸人の修繕義務不履行により賃貸建物の一部が使用収益できなくなった場合、賃借人は賃料減額請求権を有するとした事例**

名古屋地方裁判所判決　昭和 62 年 1 月 30 日　判例時報第 1252 号 83 頁

## 1　事案の概要（原告：賃貸人Ｘ　被告：賃借人Ｙ）

　　賃貸人Ｘは、昭和 55 年 6 月 1 日、本件建物（二階部分を居宅、一階部分を店舗）につき賃料 10 万円とする賃貸借契約を賃借人Ｙと締結した。昭和 56 年 9 月前から本件建物二階部分で雨漏りが発生した。特に、南側部屋の押入れ上部の天井及び真中の部屋と南側の部屋との境界付近の天井の雨漏りは、雨天の場合バケツで受け切れず、畳を上げて、洗面器等の容器を並べ、賃借人Ｙらが椅子の上に立って、シーツやタオルで天井の雨漏り部分を押さえざるをえない程であり、本件建物二階部分は、同年 9 月以前からその少なくとも 3 分の 2 以上が使用不能となった。賃借人Ｙは賃貸人Ｘに対し、修繕を求めたがこれに応じなかったため、賃借人Ｙは支払いを拒絶した。

　　これに対し、賃貸人Ｘは、賃貸借契約解除の意思表示をなし、賃貸借契約は解除されたところ、未払賃料の支払いを求めて提訴した。これに対し、賃借人Ｙは賃料減額請求を主張するとともに、保証金返還請求、費用償還請求を内容とする反訴を請求した。

## 2　判決の要旨

　　これに対して裁判所は、賃料減額請求の可否につき、

(1)　本件建物二階部分の少なくとも 3 分の 2 が、昭和 56 年 9 月 1 日以降同 58 年 7 月末日まで賃貸人の修繕義務の不履行により使用できない状態にあったことが認められるところ、修繕義務の不履行が賃借人の使用収益に及ぼす障害の程度が一部にとどまる場合には、賃借人は、当然には賃料支払義務を免れないものの、民法第 611 条第 1 項の規定を類推して、賃借人は賃料減額請求権を有すると解すべきである。

(2)　減額されるべき賃料額は、右使用できない状態の部分の面積の、本件建物全面積に対する割合、本件賃貸借契約は、一階店舗部分とその余の居宅部分の使用収益を目的としていたところ、被告の右店舗部分自体の使用収益にはさしたる障害は生じなかったこと及び右判示の雨漏りの情況等の諸般の事情に鑑み、本件賃料額全体の 25 パーセントをもって相当とする。

(3)　以上から、賃料減額請求を認め賃貸人Ｘの請求を棄却するとともに、賃借人Ｙの反訴請求を一部認容した（賃貸人Ｘによる賃借人Ｙへの保証金 60 万円、費用償還請求のうち未払い賃料との相殺後の残金 7 万 1,130 円及び昭和 59 年 9 月 22 日から支払済みまで年 5 分の割合による金員の支払い）。

**【事例4】ハイ・グレードを売り物とし、そのため高めに賃料額の設定された賃貸マンションに入居した者からの工事騒音や雨漏り、カビ発生等を理由とする賃料減額請求が認められた事例**

東京地方裁判所判決　平成6年8月22日　判例時報第1521号86頁

## 1　事案の概要（原告：賃貸人X　被告：賃借人Y）

　　賃貸人Xは、昭和63年6月30日、本件建物につき賃料21万7千円、共益費1万8千円、賃貸期間を2年とする賃貸借契約を賃借人Yと締結した。賃借人Yは賃貸人Xによる本件建物が高級賃貸マンションで、ハイ・グレードな生活を居住できるという触れ込みを信用して賃借したが、工事の遅れによる騒音、入居後の雨漏り、カビの発生等を理由に平成2年6月分以降の賃料及び共益費を支払わなかった。

　　これに対し、賃貸人Xは、賃貸借契約解除の意思表示を行い、賃借人Yは本件建物を退去した。賃貸人Xが未払い賃料の支払いを求めて提訴したところ、賃借人Yは賃料減額請求（旧借家法第7条）を主張した。

## 2　判決の要旨

　　これに対して裁判所は、賃料減額請求の可否につき、

(1)　このような宣伝は、ワコーレ玉川学園が比較的高額の賃料設定をしていることの理由を示すことを一つの目的としており、借り手は、賃料が高めであることをも一つの要素として、その宣伝内容の真実性を判断し、質の高い住環境が得られることを期待して入居するものであるから、その実体にその宣伝内容とかけ離れた点があり、当該賃貸マンションの提供する住環境に、それ程高額の賃料を支払う程の価値がないことが判明すれば、賃料額はその実体にみあった額に減額されるべきである。

(2)　その減額の程度は、減額すべき要因が、住環境の快適さという点に関するものであり、その要因によって受ける影響には個人差のあること、カビによる被害などは、賃借人においてもっと防止に努力すれば、より軽減された可能性のあることを考慮し、賃料の約3分の1に当たる7万3千円とするのが相当である。

(3)　以上から、賃借人Yによる賃料減額請求を肯定し、賃貸人Xの請求を一部認容した（賃借人Yによる減額分、その他損害賠償債権を相殺した残部にあたる487万5,732円及びこのうち326万6,752円に対する平成6年6月28日から支払済みまで日歩金10銭の割合による金銭及び、79万3,594円に対する平成4年8月1日から支払済みまで年5パーセントの割合による金員の支払い）。

**【事例５】** マンションの排水管の閉塞について賃借人に責任がある場合でも賃貸人に
　　　　　おいて合理的な期間内に修繕すべきであるとして、賃料の三割相当額の
　　　　　支払い拒絶を認めた事例

東京地方裁判所判決　平成７年３月16日　判例タイムズ第885号203頁

## 1　事案の概要（原告：転貸人Ｘ　被告：転借人Ｙ）

　　転貸人Ｘは、所有者である訴外Ａから本件建物を賃借し、平成２年９月、転借人Ｙに
転借した。転借人Ｙの同居人らが台所の流し台の排水口から調理に使用した食物の油の
廃油を多量に流したため、排水状態は悪化し洗濯や入浴に支障をきたすようになった。
転借人Ｙは平成３年９月７日に賃料の一部を支払って以降、賃料の支払いを拒絶した。
その後、転貸人Ｘと転借人Ｙは賃貸借契約を合意解除し、転借人Ｙは本件建物を退去した。
　　これに対し、転貸人Ｘは、未払賃料及び遅延損害金、退去後の工事費等の支払いを
求めて転借人Ｙを提訴した。

## 2　判決の要旨

　　これに対して裁判所は、賃料減額請求の可否につき、

(1)　本件建物の排水に支障を生じさせたことについては、転借人Ｙに責任があったもの
　　と認めることができるが、建物の賃貸人は、賃貸建物の使用収益に必要な修繕を行う
　　義務を負うから、賃借人の責任で修繕を必要とする状態に至った場合においても、
　　合理的な期間内に修繕を行うべきであり、したがって、右期間内に修繕が行われ
　　なかったときは、賃借人は信義則上、以後の賃料の支払を建物の使用収益に支障を
　　生じている限度において拒絶し、あるいは減額の請求をすることができると解すべき
　　である。

(2)　平成３年９月８日時点の排水状態は本件建物の使用収益に支障を生じる程度に
　　達しており、かつ、転借人Ｙは転貸人Ｘに対し、右状態にあることを指摘して修繕を
　　要求し、転貸人Ｘも調査をして右状況を認識するに至っていたのであるから、遅くとも
　　11月末までに修繕を行うべき義務があったものと認めるべきである。

(3)　したがって、転借人Ｙは、同年12月分以降の賃料について、本件建物の使用収益に
　　支障を生じていた程度に応じた部分の支払いを拒むことができるところ、前記認定の
　　排水状態からすれば、最大限賃料の30パーセント相当額の支払いを拒むことができる
　　ものと解すべきである。

(4)　以上から、転借人Ｙによる賃料減額請求を肯定し、転貸人Ｘの請求を一部認容した
　　（賃借人Ｙによる未払賃料等、損害賠償金及び原状回復費用の合計 339 万 7,752 円
　　から取得済みの敷金 29 万 7,680 円を控除した 310 万 72 円及びこれに対する平成７年
　　３月３日以降支払済みまで年５パーセントの割合による金員の支払い）。

巻末資料 ● 333

**【事例６】** 騒音被害が改善されないことを理由に賃料及び共益費の半額を支払わ
　　　　　なかったことに関し、賃貸人が債務不履行解除した場合につき、賃貸借契約
　　　　　解除の意思表示は無効であるとした事例

東京地方裁判所判決　判平成 15 年 3 月 31 日

## 1　事案の概要（原告：賃貸人Ｘ　被告：賃借人Ｙ１、Ｙ２）

　　賃貸人Ｘは、賃借人Ｙ１、Ｙ２に本件建物の各居室を賃借していたが、賃借人Ｙらが
別室の住人の騒音を理由に賃料、共益費を一部支払わなかったため、賃貸人Ｘは賃貸借
契約の解除の意思表示をなし、退去した賃借人Ｙ１に対し、未払賃料、約定使用損害金の
支払いを、賃借人Ｙ２に対し建物の明渡、未払賃料、約定使用損害金の支払いを求めて
提訴した。

　　これに対し、賃借人Ｙらは、騒音を理由に賃料減額請求権を行使したため未払いはない、
仮に未払いがあるとしても解除は無効である等を主張した。

## 2　判決の要旨

　　これに対して裁判所は、賃料減額請求の可否につき

(1)　民法第 611 条第 1 項は、賃貸人の過失によらず目的物の一部が物理的に滅失した
　　場合に、賃借人は、滅失部分の割合に応じた賃料の減額を請求できるとする規定と
　　解されるところ、他室の居住者の騒音被害による生活妨害等に対応しないことは
　　一定の場合に賃貸人の賃借人に対する債務不履行となりうる場合があるにせよ、
　　通常目的物の一部滅失と同視されるものではなく、当然には同条項が類推適用される
　　とはいい難い。類推適用が許される場合がありうるとしても、少なくとも、相当期間に
　　わたって一定時間客観的に受忍限度を超えた騒音が続く状態であるなど、物理的にも
　　一部使用不能状態が明らかであることが必要と解する。

(2)　集合住宅において許容される限度を超えた騒音が、客観的にどの程度の時間、頻度、
　　音量で生じていたかは明らかでないのであり、まして物理的にも一部使用不能と
　　いえる程度にまで達していたと認めるに足りる証拠はないことから、民法第 611 条
　　第 1 項類推による賃料減額請求は理由がない。

(3)　しかし、数か月に及ぶ一応の交渉等の後に減額請求という手段に及んだこと、不払い
　　賃料は 25 か月分に相当するものにとどまり、それ以前の 5 年間で不払いを生じたこと
　　がないこと、平成 13 年 11 月分以降は履行期に支払っていること、賃料支払能力及び
　　支払意思に特に問題ないことを考慮すれば、信頼関係を破壊しない特段の事由がある
　　と認めるのが相当である。

(4)　以上から、賃貸人Ｘの契約解除の意思表示は無効とし、未払い賃料の支払いを求める
　　部分のみを認容した（賃借人Ｙ１による 8 万 5 千円の支払い、賃借人Ｙ２による 27 万
　　9,300 円の支払い）。

**【事例７】賃貸人からの建物明渡及び未払賃料支払請求に対し、賃借人が賃料減額を主張したが否定された事例**

東京地方裁判所判決　平成 15 年 6 月 6 日

**1　事案の概要（原告：賃貸人Ｘ　被告：賃借人Ｙ）**

　　賃貸人Ｘは、平成 13 年 7 月 21 日、本件建物につき賃料 9 万円、共益費 3 千円とする賃貸借契約を賃借人Ｙと締結した。賃借人Ｙが賃料を支払わないため、平成 14 年 10 月、支払の催告と支払わない場合に解除する旨の意思表示を行った。賃借人Ｙは未払賃料の一部を支払うのみで、その後も占有を続けた。

　　これに対し、賃貸人Ｘは、建物の明渡と未払賃料の支払いを求めて提訴したところ、賃借人Ｙは賃料減額を主張した。

**2　判決の要旨**

　　これに対して裁判所は、賃料減額請求の可否につき、

(1)　ルームエアコンの修理日は、平成 13 年 11 月 29 日ころで支払額は 1,800 円であり、電話工事の工事日は、平成 13 年 12 月 18 日で支払額は 2,100 円である。これら費用は、いずれも賃借人Ｙが本件建物を賃借した後に生じた軽微な修繕費用であって、賃借人Ｙが負担すべきものである。

(2)　また、賃貸借契約の際の広告は、本件建物について庭付一戸建風と表示してあるが、これは勧誘文言に過ぎず、庭の使用について特に定めはない。そして、本件建物の共益費は 3,000 円であり、アパートの維持管理費として、不相当な額であるとは言い難い。

(3)　よって、これらの主張は賃料を減じる理由にはならない。

(4)　以上から、賃貸人Ｘの請求を認容した。

巻末資料 ● 335

**【事例 8】賃貸人が未払賃料の支払いを求めた本訴に対し、賃借人が民法第 611 条の類推適用による賃料の減額等を求めたが否定された事例**

東京地方裁判所判決　平成 15 年 7 月 28 日

### 1　事案の概要（原告：賃貸人Ｘ　被告：賃借人Ｙ）

　　賃貸人Ｘは、平成 14 年 4 月 3 日、本件居室につき賃料等 10 万円とする賃貸借契約を賃借人Ｙと締結した。賃借人Ｙが賃料を滞納し始めたため、賃貸人Ｘは、同年 10 月賃借人Ｙに対し滞納賃料を 1 週間以内に支払うよう催告し、その支払いがないときは、賃貸借契約を解除する旨の意思表示を行った。これに対し、賃借人Ｙは、本件居室には照明器具・換気扇の故障、カビ・臭気の発生といった欠陥があるため催告したにもかかわらず、賃貸人Ｘが修繕を行わないためであるとして滞納賃料を支払わなかった。

　　これに対し、賃貸人Ｘは、未払賃料及び遅延損害金の支払いを求めて提訴したところ、賃借人Ｙは賃料減額等を主張するとともに、賃貸人Ｘの債務不履行及び不法行為を理由とする損害賠償を求める反訴請求を行った。なお、係争中に賃貸人Ｘは訴外Ａらに本件居室を含む賃貸建物を譲渡し、賃借人ＹはＡとの間で賃貸借契約を合意解除し本件居室を退去している。

### 2　判決の要旨

　　これに対して裁判所は、賃料減額請求の可否につき、

(1)　照明器具・換気扇の故障については、その原因が賃借人Ｙの用法の過誤に起因するものではなく、本件居室の機能上・構造上の問題に起因するものであったこと、その修理が故障の申出があってから完了まで、照明器具については約 1 か月、換気扇については、約 10 日間を要し、賃貸人Ｘが賃借人Ｙに対し、居住の不便さを与えたことは否定できない。

(2)　しかしながら、賃借人Ｙにおいて、当該部品の交換まで、本件滞納賃料の支払いを拒絶し得るものであったとまで認めることはできないし、もとより賃料の減額を請求し得る場合でもない。

(3)　カビ・臭気については、賃借人Ｙがその原因であると主張する本件床下収納個所の存在は他の居室も同様であり、他の居室ではカビ・臭気の苦情はないこと、賃借人Ｙの飼育する犬に起因する臭気である可能性もあること等を総合すると、賃貸人Ｘの修繕義務の不履行の検討をすべき、カビ・臭気の発生を認めるに足りる証拠はない。

(4)　以上から、賃借人Ｙの反訴中、賃貸人Ｘによる 1 万円及びこれに対する平成 15 年3 月 13 日から完済に至るまで年 5 分の割合による金員の支払いを命じたほか、賃貸人Ｘの請求を認容した（賃借人Ｙによる未払賃料及び賃料相当損害金 90 万円の支払い）。

【事例9】賃貸人である原告が、被告らに対し、未払賃料等の支払い等を求めたところ、賃借人である被告による賃料減額の主張が肯定された事例（賃借人は損害賠償の反訴を提起した）

東京地方裁判所判決　平成 17 年 8 月 30 日

## 1　事案の概要（原告：賃貸人Ｘ　被告：賃借人Ｙ）

　　賃借人Ｙは、平成 6 年 11 月 1 日、本件建物につき賃料 55 万円とする賃貸借契約を訴外Ａと締結した。賃貸人の地位が変更される中、平成 13 年 1 月 30 日賃貸人Ｘが本件建物を買受け、賃貸人の地位を承継した。賃借人Ｙは平成 14 年 5 月頃、トイレの床に敷いたカーペットがひどく濡れていることから、水漏れの存在を発見し、賃貸人Ｘの代理人である管理業者に連絡し、原因の調査及び修繕を依頼した。同年 6 月、管理業者はトイレの便器を交換したが、水漏れは改善されず、台所及びアトリエにカビが発生するようになり、賃借人Ｙの所有品にもカビによる被害が発生した。最終的に同年 10 月 15 日に共用雑排水管からの漏水が原因と判明し修繕が完了したが、管理業者が水漏れを確認してから修繕を行うまで 4 か月以上の期間を要した。賃借人Ｙは同年 8 月から家賃の支払いを拒否し、平成 15 年 6 月 12 日、本件建物から退去した。

　　これに対し、賃貸人Ｘは、未払賃料や原状回復費用の支払いを求めて提訴したところ、賃借人Ｙは賃料減額等を主張するとともに、賃貸人Ｘの債務不履行を理由とする損害賠償を求める反訴請求を行った。

## 2　判決の要旨

　　これに対して裁判所は、賃料減額請求の可否につき、

(1)　賃貸人Ｘは、正当な理由なく本件水漏れ箇所の修繕を遅延させ、その結果、本件建物にカビを蔓延させたということができ、本件修繕義務不履行と本件カビの発生との間に相当因果関係が認められる。そして、本件カビによると思われる原因により賃借人Ｙらがその体調に不良を生じたこと、賃借人Ｙ及び本件建物の滞在者はカビの除去に時間を費やさざるを得なかったこと、カビにより本件建物の機器及び物品類が汚染され、使用が不可能または使用困難になったと思われることなどの事実が認められる。

(2)　そうすると、本件水漏れに加え、本件カビの発生、増殖により、本件建物を通常の用法にしたがって使用収益することは阻害されるに至ったとみられるから、本件建物につき通常の使用ができなかった割合に応じて賃借人Ｙは、賃料の減額請求をすることができるというべきである（民法第 611 条第 1 項類推適用）。

(3)　減額されるべき賃料の割合は、本件建物の全部が本件カビに汚染されていたものではなかったこと（本件建物 1 階のベッドルーム（約 6.6 畳）は本件カビに汚染されてはいなかった）、前記期間中、賃借人Ｙや他の滞在者も本件建物に

巻末資料 ● 337

居住し得たこと、賃借人Yには、本件カビの発生を知ったときから、これに対する防除の措置をとることが可能であり、またこれを期待し得たこと、本件カビの拡散には賃借人Yの対応の不備も与っていると思われることなど諸般の事情を併せ考慮すると、3割と評価するのが相当である。

(4) 以上から、賃借人Yによる賃料減額請求を肯定し、賃貸人Xの請求を一部認容した（賃借人Yによる未払賃料等 379 万 5,592 円から賃借人Yの賃貸人Xに対する物品類の損害及び慰謝料を相殺した残額 61 万 2,500 円及びこれに対する平成 15 年 6 月 23 日から支払済みまで年 6 分の割合による金員の支払い）。また、賃借人Yの賃貸人Xに対する反訴請求を一部認容した（賃貸人Xによる損害賠償金 340 万 4,408 円及びこれに対する平成 16 年 4 月 15 日から支払済みまで年 6 分の割合による金員の支払い）。

**【事例 10】賃料等の不払いを理由として賃貸借契約を解除した賃貸人が建物明渡と未払賃料及び賠償金の支払いを求めたが、賃借人には賃料減額を求めることができる事情があり、解除は許されないとして未払賃料の一部に限り請求を認容した事例**

東京地方裁判所判決　平成 18 年 9 月 29 日

### 1　事案の概要（原告：賃貸人X　被告：賃借人Y）

　賃貸人Xは、平成 17 年 7 月 29 日、本件建物につき賃料 21 万 6,100 円、共益費 7,000 円とする賃貸借契約を賃借人Yと締結した。賃借人Yは同年 12 月 1 日以降、寝室の窓の破損を理由に賃料の支払いを拒絶した。

　これに対し、賃貸人Xは、平成 18 年 4 月 7 日、賃料不払いを理由とする賃貸借契約解除の意思表示を行い、本件建物の明渡及び未払賃料の支払いを求めて提訴したところ、賃借人Yは賃料減額及び賃貸借契約解除の無効を主張した。

### 2　判決の要旨

　これに対して裁判所は、賃料減額請求の可否及び賃貸借契約解除の効果につき、

(1)　本件建物の寝室の窓が遅くとも平成 17 年 12 月 1 日以降壊れ、窓と部屋との隙間を埋めるパッキンがずれ落ちてしまったため、すきま風と本件建物の眼前の鉄道の騒音が部屋内に侵入したこと、賃借人Yは直ちに賃貸人Xに対し修繕を求め、対処するという返事を得たもののその後の連絡がなかったこと、部品がなく修理が完了したのは平成 18 年 6 月頃であったこと、賃借人Yは平成 17 年 12 月 1 日から修繕が完了する平成 18 年 6 月 30 まで、本件建物に居住することができず、友人宅に住んでいたことが認められる。

(2)　そうすると、賃借人Yは、平成 17 年 12 月 1 日から平成 18 年 6 月 30 日までの間、賃貸人Xの修繕義務の不履行により、少なくとも本件建物の一部が使用できない状態にあったことが認められる。

(3)　賃借人は、賃貸人が修繕義務を履行しないときは、民法第 611 条第 1 項の規定を類推して、賃料減額請求権を有すると解されるところ、上記修繕の対象は窓であり、本件建物の使用収益に及ぼす障害の程度、被告が中目黒の友人宅に居住せざるを得なかったことなど、諸般の事情にかんがみると、本件賃貸借契約においては、減額されるべき家賃等は 50 パーセントをもって相当とする。

(4)　以上から、賃貸人Xの契約解除の効力を否定した上で、減額された残りの未払賃料につき賃貸人Xの請求を一部認容した（賃借人Yによる平成 17 年 12 月 1 日から平成 18 年 4 月 7 日まで 1 か月につき 11 万 5,050 円の割合による金員及びこれに対する各支払期限の翌日から各支払済みまで年 14.56 パーセントの割合による金員の支払い）。

**【事例 11】賃貸人が修繕義務を履行しないことを理由に賃借人が賃料を減額して**
**支払っていたところ、賃貸人からの契約解除が否定された事例**

東京地方裁判所判決　平成 23 年 12 月 15 日

## 1　事案の概要（控訴人：賃借人Ｘ　被控訴人：賃貸人Ｙ）

　　賃貸人Ｙは、平成 21 年 12 月 21 日、本件建物につき賃料 6 万円とする賃貸借契約を賃借人Ｘと締結した。賃借人Ｘが賃貸人Ｙの修繕義務の不履行を理由に賃料を滞納したため、賃貸人Ｙは平成 22 年 10 月、支払督促の申立てを行った。その後、訴訟に移行し、前審において、賃貸人Ｙの請求が一部認容された（詳細不明）。

　　これに対し、賃借人Ｘは、原審敗訴部分の取消しを求めて控訴したところ、賃貸人Ｙも被控訴人敗訴部分の取消し及び建物の明渡、未払賃料等の支払いを求めて附帯控訴した。なお、控訴審係争中の平成 23 年 9 月 15 日、賃貸人Ｙは本件賃貸借契約を解除するとの意思表示をした。賃借人Ｘは賃料減額及び賃貸借契約解除の無効を主張した。

## 2　判決の要旨

　　これに対して裁判所は、賃料減額請求の可否及び賃貸借契約解除の効果につき、

(1) 現在、修繕されておらず、かつ、修繕義務の認められる不具合は、台所及び風呂場の換気扇の不具合（台所の換気扇は油がこびりつき、風呂場の換気扇は埃まみれであり、いずれもモーターの劣化により回転不足で機能しない状態であった。特に、台所の換気扇は、煙が充満して部屋がくもることもあるほどで、少し回しておくとゆっくりになり、止まることもあった。）、備品である冷蔵庫の故障（電源が入らない状態であった。）及び便器の取付け部分からの汚水の漏れ（取付け部から排水溝まで茶色ににじんでいた。）である。

(2)　賃貸人が修繕義務を履行しないときは、民法第 611 条第 1 項の規定を類推して、賃借人は賃料減額請求権を有すると解されるところ、本件建物の使用収益に及ぼす障害の程度その他諸般の事情に鑑みると、本件賃貸借契約においては、減額されるべき賃料額は 1 万円をもって相当とする。

(3) 解除については、賃借人Ｘは、平成 22 年 5 月分から 1 か月の賃料を 2 万 9,580 円に減額して支払っており、減額幅は大きすぎるといわざるを得ない。しかしながら、上記に判示のとおり 1 万円の賃料減額は認められるべきであること、賃借人Ｘは入居当初から不具合を主張しており、入居後から平成 22 年 5 月まで 4 か月以上が経過しても修繕がされなかったこと、賃借人Ｘは、同年 8 月になってからではあるが、賃貸人Ｙに対し、賃料を減額する理由及び減額する金額を明示した内容証明郵便を送付していること、賃借人Ｘが賃料を 1 か月 2 万 9,580 円しか支払っていなかったのは専ら賃貸人Ｙの修繕義務不履行を原因とするものであると認められること、その他紛争に至った経緯等本件に関する一切の事情に照らせば、本件における賃借人

340 ● 巻末資料

Xの賃料不払いについては背信性がなかったというべきである。

（4）以上から、賃貸人Yの契約解除の効力を否定した上で、原判決を次のとおり変更した（賃借人Xによる40万7,852円及びうち36万5,250円に対する平成23年9月16日から支払済みまで年14パーセントの割合による金員の支払い）。

342 ● 巻末資料

＜参考資料＞

(資料１)

### 賃借物の一部使用不能による賃料の減額等に関連した業界の取組

（公財）日本賃貸住宅管理協会のリスク・マネジメント研究会が取りまとめた「設備等の不具合による賃料減額のガイドライン」を以下に参考として示す。

【設備等の不具合による賃料減額のガイドライン】

| 状　況 | 賃料減額割合（月額）※ | 免責日数※ |
|---|---|---|
| トイレが使えない | 30% | 1日 |
| 風呂が使えない | 10% | 3日 |
| 水が出ない | 30% | 2日 |
| エアコンが作動しない | 5,000円 | 3日 |
| 電気が使えない | 30% | 2日 |
| テレビ等通信設備が使えない | 10% | 3日 |
| ガスが使えない | 10% | 3日 |
| 雨漏りによる利用制限 | 5～50%<br>結露・カビ等が発生した場合は50% | 7日 |

※賃料減額割合は月額表記です。実際に減額するのは修理完了までに掛かった日数分の家賃です。
※免責日数は、故障等の連絡から修理完了まで通常必要な日数です。この分は「修理完了までに掛かった日数」から差し引きます。
　なお、借主の帰責によって修理等が遅れたときは、当然その日数分も差し引くことになります。

出典：（公財）日本賃貸住宅管理協会「クレーム・トラブル対処法増補改訂版」(2009)

(資料2)

賃借物の一部使用不能による賃料の減額等に係る実務の傾向

　賃借物の一部使用不能による賃料の減額等に関する実務の傾向及び実態を把握するため、賃貸住宅の管理業者に対するアンケート調査※を実施した。
　ここでは実務の傾向及び賃借物の一部使用不能を原因とするトラブルについて、賃料減額等の対応を行った事例を紹介する。
　なお、紹介事例はあくまでも参考であり、賃料減額等の基準を決定するものではない。

　※　公益社団法人全国宅地建物取引業協会連合会のモニター登録業者及び公益財団法人日本賃貸住宅管理協会の会員管理業者を対象に郵送による調査を行った（平成28年9月9日～平成28年9月30日　配布件数2,064件　回収件数889件（無効12件を含む）有効回収率42.5％）。

## 1　一部使用不能による賃料の減額等に係る実務の傾向

### (1)　トラブル対応において賃料減額やそれに相当するお詫び金の提供等を行った者の割合

- 賃貸物件の一部使用不能を原因とするトラブルが発生したときの対応として、3～10割程度の事案で賃料の減額やそれに相当するお詫び金の提供等を行っている者は12.3％にとどまっており、トラブル対応の際に賃料減額等を行っているケースの割合は高くない。

図　トラブル対応において「賃料減額やそれに相当するお詫び金の提供等を行った」者の割合

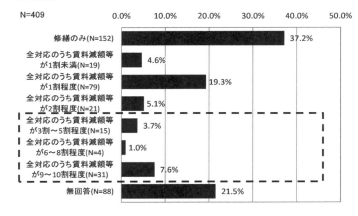

(2) トラブルの原因となった一部使用不能の内容
- トラブルの原因となった一部使用不能の内容としては、「風呂が使えない」が 56.2%と最も多く、次いで「上階からの漏水」が 53.8%、「エアコンが作動しない」が 53.1%と続いている。
- その他では、「窓ガラスの破損」「扉、サッシ、網戸の故障」「給湯器が使えない」が多くなっている。

図　賃借物の一部使用不能を原因とするトラブルの内容（複数回答）

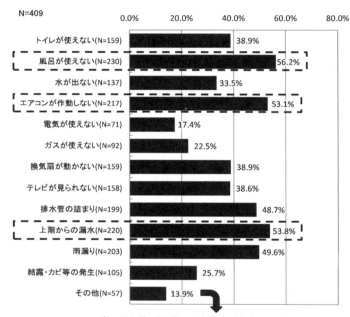

表　その他（57 件）の内訳及び内容

| 分類 | 件数 | 分類 | 件数 |
| --- | --- | --- | --- |
| 窓ガラスの破損 | 9 | 地盤沈下 | 2 |
| 扉、サッシ、網戸の故障 | 8 | 異音、騒音 | 2 |
| 給湯器が使えない | 7 | 電動ロフトベッドが動かない | 1 |
| 照明器具等の室内設備の不具合 | 5 | 洗濯物が干せない | 1 |
| 鍵の故障 | 4 | フローリングの汚れ | 1 |
| エレベーターの故障 | 4 | 火災（ボヤ） | 1 |
| 悪臭 | 3 | 建体不良 | 1 |
| 水漏れ、凍結 | 3 | 共用設備故障 | 1 |
| 災害による建物の破損 | 3 | 蜂の巣 | 1 |

(3) 一部使用不能の内容別のトラブル対応

> ・ 「賃料減額等」は「設備が使用できない期間のお詫び金の提供」「設備が使用できない期間のホテル等の宿泊代金の提供」「修繕が完了するまでの一時的な賃料の減額」を合わせたものを想定している。

・ 「修繕のみ」がどのトラブルにおいても、最も高い割合を占めている。
・ 「賃料減額等」に関しては、「風呂が使えない」が 39.1％と最も多く、次いで、「その他」の 28.1％、「上階からの漏水」の 24.5％、「雨漏り」の 23.2％と続いている。

図　一部使用不能の内容別のトラブル対応（クロス集計・複数回答）

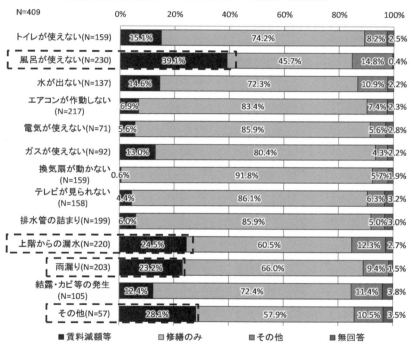

(4) 一部使用不能を原因とするトラブルの解決方法
- 「話し合い」が 71.6％と最も多く、次いで、「自発退去」が 7.2％となっている一方で、「調停」、「訴訟」は 1.0％に止まっている。

図　一部使用不能を原因とするトラブルの解決方法（複数回答）

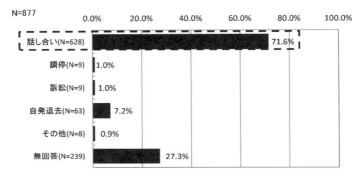

(5) 改正民法第 611 条第 1 項の周知状況
- 「知らなかった」が 56.8％と最も多くなっている一方、「よく知っている」は 6.3％に止まっている。

図　改正民法第 611 条第 1 項の周知状況

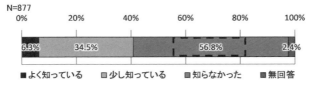

## 2　一部使用不能の内容別にみる賃料減額等の対応事例

　一部使用不能の内容別の賃料減額事例を紹介する。なお、事例の抽出条件は、以下のとおりである。

- ・　賃料減額の割合が明白であること（具体的な金額で示された事例は、当該物件の賃料に依る部分があると考えられるため除外）
- ・　修繕が完了するまでにかかった日数が明白であること
- ・　事例の得られた都道府県が明らかであること

　なお、紹介事例はあくまでもアンケート調査の結果であり、諸般の事情を考慮して当事者で円満に解決された事例を参考として紹介するものであるため、賃料減額等の基準を決定するものではない。賃料減額等に関する考え方については本編の通りであることに注意されたい。

①　トイレが使えない事例

| 都道府県 | 賃料減額等の態様 | 修繕完了までの日数 | 賃料減額割合（月額）等 |
|---|---|---|---|
| 大阪府 | 修繕が完了するまでの一時的な賃料の減額 | 30 日 | 100％ |
| 熊本県 | 修繕が完了するまでの一時的な賃料の減額 | 30 日 | 100％ |
| 東京都 | 設備が使用できない期間のお詫び金の提供 | 1 日 | 10％ |
| 東京都 | お詫び金の提供、ホテル等の宿泊代金の提供、一時的な賃料の減額 | 10 日 | 15％ |
| 東京都 | 修繕が完了するまでの一時的な賃料の減額 | 7 日 | 10〜20％ |
| 東京都 | 修繕が完了するまでの一時的な賃料の減額 | 1 日 | 日割分程度 |
| 広島県 | 設備が使用できない期間のお詫び金の提供 | 20 日 | 100％ |

②　風呂が使えない事例

| 都道府県 | 賃料減額等の態様 | 修繕完了までの日数 | 賃料減額割合（月額）等 |
|---|---|---|---|
| 神奈川県 | 修繕が完了するまでの一時的な賃料の減額 | 3 日 | 10％ |
| 京都府 | 設備が使用できない期間のお詫び金の提供 | 2〜3 日 | 銭湯代 |
| 京都府 | 修繕が完了するまでの一時的な賃料の減額 | 14 日 | 50％ |
| 京都府・大阪府・兵庫県 | お詫び金の提供、ホテル等の宿泊代金の提供 | 3 日 | 10％ |
| 熊本県 | 修繕が完了するまでの一時的な賃料の減額 | 30 日 | 100％ |
| 埼玉県 | 修繕が完了するまでの一時的な賃料の減額 | 30 日 | 50％ |
| 埼玉県 | 設備が使用できない期間のお詫び金の提供 | 10 日 | 50％ |
| 東京都 | 修繕が完了するまでの一時的な賃料の減額 | 10 日 | 50％ |
| 東京都 | 設備が使用できない期間のお詫び金の提供 | 1〜7 日 | 銭湯代 |

| 都道府県 | 賃料減額等の態様 | 修繕完了までの日数 | 賃料減額割合（月額）等 |
|---|---|---|---|
| 東京都 | 設備が使用できない期間のお詫び金の提供 | 3 日 | 銭湯代 |
| 東京都 | 修繕が完了するまでの一時的な賃料の減額 | 15 日 | 50% |
| 東京都 | 設備が使用できない期間のお詫び金の提供 | 2 日 | 10% |
| 東京都 | 設備が使用できない期間のお詫び金の提供 | 2〜3 日 | 10% |
| 東京都 | お詫び金の提供、ホテル等の宿泊代金の提供、一時的な賃料の減額 | 10 日 | 10% |
| 東京都 | 修繕が完了するまでの一時的な賃料の減額 | 3 日 | 10% |
| 東京都 | 修繕が完了するまでの一時的な賃料の減額 | 4〜5 日 | 20% |
| 東京都 | 修繕が完了するまでの一時的な賃料の減額 | 3〜7 日 | 日割分程度 |
| 東京都 | 修繕が完了するまでの一時的な賃料の減額 | 1 日 | 日割分程度 |
| 徳島県 | 修繕が完了するまでの一時的な賃料の減額 | 2 日 | 10% |
| 鳥取県 | 修繕が完了するまでの一時的な賃料の減額 | 15 日 | 50% |

③　水が出ない事例

| 都道府県 | 賃料減額等の態様 | 修繕完了までの日数 | 賃料減額割合（月額）等 |
|---|---|---|---|
| 熊本県 | 修繕が完了するまでの一時的な賃料の減額 | 30 日 | 100% |
| 群馬県 | 修繕が完了するまでの一時的な賃料の減額 | 1 日 | 日割分程度 |
| 埼玉県 | 設備が使用できない期間のお詫び金の提供 | 1〜3 日 | 0〜10% |
| 東京都 | 修繕が完了するまでの一時的な賃料の減額 | 1 日 | 日割分程度 |
| 広島県 | 設備が使用できない期間のお詫び金の提供 | 20 日 | 100% |

④　エアコンが作動しない事例

| 都道府県 | 賃料減額等の態様 | 修繕完了までの日数 | 賃料減額割合（月額）等 |
|---|---|---|---|
| 大阪府 | 設備が使用できない期間のお詫び金の提供 | 1 日 | 20% |
| 京都府 | 修繕が完了するまでの一時的な賃料の減額 | 5 日 | 日割分程度 |
| 東京都 | 修繕が完了するまでの一時的な賃料の減額 | 4〜5 日 | 5% |
| 東京都 | 設備が使用できない期間のお詫び金の提供 | 1〜3 日 | 日割分程度 |
| 東京都 | 設備が使用できない期間のお詫び金の提供 | 5 日 | 10% |
| 東京都 | 設備が使用できない期間のお詫び金の提供 | 5 日 | 10% |
| 宮城県 | 修繕が完了するまでの一時的な賃料の減額 | 30 日 | 50% |

⑤　電気が使えない事例

| 都道府県 | 賃料減額等の態様 | 修繕完了までの日数 | 賃料減額割合（月額）等 |
|---|---|---|---|
| 愛知県 | お詫び金の提供、ホテル等の宿泊代金の提供 | 1～2日 | ホテル代 |
| 東京都 | 修繕が完了するまでの一時的な賃料の減額 | 1日 | 日割分程度 |

⑥　ガスが使えない事例

| 都道府県 | 賃料減額等の態様 | 修繕完了までの日数 | 賃料減額割合（月額）等 |
|---|---|---|---|
| 東京都 | 修繕が完了するまでの一時的な賃料の減額 | 1日 | 10% |
| 東京都 | 修繕が完了するまでの一時的な賃料の減額 | 3日 | 10% |
| 山口県 | 修繕が完了するまでの一時的な賃料の減額 | 10日 | 30% |

⑦　換気扇が動かない事例

　換気扇が動かない事例で賃料減額等の割合が明らかな事例は見られなかった。

⑧　テレビが見られない事例

| 都道府県 | 賃料減額等の態様 | 修繕完了までの日数 | 賃料減額割合（月額）等 |
|---|---|---|---|
| 東京都 | 設備が使用できない期間のお詫び金の提供 | 7日 | ケーブルTV代 |
| 東京都 | 修繕が完了するまでの一時的な賃料の減額 | 30日 | 100% |

⑨　排水管の詰まりの事例

| 都道府県 | 賃料減額等の態様 | 修繕完了までの日数 | 賃料減額割合（月額）等 |
|---|---|---|---|
| 愛知県 | お詫び金の提供、ホテル等の宿泊代金の提供 | 1～2日 | ホテル代 |
| 大阪府 | 設備が使用できない期間のお詫び金の提供 | 1日 | 日割分程度 |
| 神奈川県 | 設備が使用できない期間のお詫び金の提供 | 90日 | 30% |
| 千葉県 | 修繕が完了するまでの一時的な賃料の減額 | 20日 | 50% |
| 東京都・神奈川県 | 修繕が完了するまでの一時的な賃料の減額 | 1日 | 日割分程度 |
| 三重県 | ホテル等の宿泊代金の提供、一時的な賃料の減額 | 30日 | 100% |

巻末資料 ● 351

⑩　上階からの漏水の事例

| 都道府県 | 賃料減額等の態様 | 修繕完了までの日数 | 賃料減額割合（月額）等 |
|---|---|---|---|
| 愛知県 | お詫び金の提供、ホテル等の宿泊代金の提供 | 1～2日 | ホテル代 |
| 愛知県 | 修繕が完了するまでの一時的な賃料の減額 | 7日 | 25% |
| 青森県 | 設備が使用できない期間のホテル等の宿泊代金の提供 | 3日 | 5% |
| 大分県 | 設備が使用できない期間のお詫び金の提供 | 60日 | 100% |
| 神奈川県 | 設備が使用できない期間のホテル等の宿泊代金の提供 | 7日 | 50% |
| 熊本県 | 修繕が完了するまでの一時的な賃料の減額 | 30日 | 10% |
| 群馬県 | 修繕が完了するまでの一時的な賃料の減額 | 7日 | 日割分程度 |
| 静岡県 | 修繕が完了するまでの一時的な賃料の減額 | 30日 | 100% |
| 愛知県・岐阜県・三重県 | お詫び金の提供、一時的な賃料の減額 | 15日 | 50% |
| 東京都 | 設備が使用できない期間のホテル等の宿泊代金の提供 | 7日 | 25% |
| 東京都 | 修繕が完了するまでの一時的な賃料の減額 | 4日 | 30% |
| 東京都 | 修繕が完了するまでの一時的な賃料の減額 | 30日 | 2% |
| 東京都 | 設備が使用できない期間のホテル等の宿泊代金の提供 | 5日 | 10% |
| 東京都 | 修繕が完了するまでの一時的な賃料の減額 | 7日 | 10～20% |
| 東京都 | ホテル等の宿泊代金の提供、一時的な賃料の減額 | 1～30日 | 日割分程度 |
| 東京都 | 修繕が完了するまでの一時的な賃料の減額 | 7日 | 日割分程度 |
| 東京都 | 設備が使用できない期間のホテル等の宿泊代金の提供 | 2日 | ホテル代 |
| 東京都 | 設備が使用できない期間のホテル等の宿泊代金の提供 | 2日 | ホテル代 |
| 東京都・神奈川県 | 修繕が完了するまでの一時的な賃料の減額 | 1日 | 日割分程度 |
| 兵庫県 | 修繕が完了するまでの一時的な賃料の減額 | 10～30日 | 50～100% |
| 北海道 | 設備が使用できない期間のホテル等の宿泊代金の提供 | 3～6日 | 50～100% |

⑪　雨漏りの事例

| 都道府県 | 賃料減額等の態様 | 修繕完了までの日数 | 賃料減額割合（月額）等 |
|---|---|---|---|
| 愛知県 | お詫び金の提供、ホテル等の宿泊代金の提供 | 1～2日 | ホテル代 |
| 大阪府 | 修繕が完了するまでの一時的な賃料の減額 | 60日 | 20% |
| 大阪府 | 修繕が完了するまでの一時的な賃料の減額 | 90日 | 13% |
| 沖縄県 | 修繕が完了するまでの一時的な賃料の減額 | 30日 | 10% |
| 京都府 | 設備が使用できない期間のホテル等の宿泊代金の提供 | 1～7日 | ホテル代 |
| 群馬県 | 修繕が完了するまでの一時的な賃料の減額 | 7日 | 日割分程度 |
| 埼玉県 | 修繕が完了するまでの一時的な賃料の減額 | 14日 | 日割分程度 |
| 埼玉県 | 設備が使用できない期間のお詫び金の提供 | 10日 | 50% |
| 東京都 | 修繕が完了するまでの一時的な賃料の減額 | 30日 | 2% |
| 東京都 | お詫び金の提供、ホテル等の宿泊代金の提供、一時的な賃料の減額 | 30日 | 20% |
| 東京都 | 設備が使用できない期間のホテル等の宿泊代金の提供 | 5日 | 10% |
| 東京都 | 修繕が完了するまでの一時的な賃料の減額 | 90日 | 25% |
| 東京都 | ホテル等の宿泊代金の提供、一時的な賃料の減額 | 1～30日 | 日割分程度 |
| 東京都 | 修繕が完了するまでの一時的な賃料の減額 | 7日 | 日割分程度 |
| 山口県 | 修繕が完了するまでの一時的な賃料の減額 | 7日 | 30% |

⑫　結露・カビ等の発生の事例

| 都道府県 | 賃料減額等の態様 | 修繕完了までの日数 | 賃料減額割合（月額）等 |
|---|---|---|---|
| 東京都 | 修繕が完了するまでの一時的な賃料の減額 | 30日 | 2% |
| 東京都 | 修繕が完了するまでの一時的な賃料の減額 | 20日 | 10% |

⑬　その他の事例

　窓ガラスの破損、扉、サッシ、網戸の故障、給湯器が使えない等の一部使用不能の事例が挙げられたが（346頁下表）、賃料減額等の割合が明らかな事例は見られなかった。

## ■著者略歴

### 佐藤　貴美（さとうたかよし）

佐藤貴美法律事務所　弁護士
総理府（現在の内閣府）入省、建設省、総務庁、公害等調整委員会等に出向
を経て内閣府を退官。2002年弁護士登録。
マンション管理士試験委員、賃貸住宅標準契約書改定委員会副座長を歴任。

<br>

## わかりやすい
## 賃貸住宅標準契約書（再改訂版）の解説
—家賃債務保証業者型・連帯保証人型—

2018年8月7日　第2版第1刷発行

編　著……佐　藤　貴　美

発行者……箕　浦　文　夫

発行所……株式会社大成出版社

〒156-0042　東京都世田谷区羽根木1—7—11
TEL 03—3321—4131（代）
http://www.taisei-shuppan.co.jp/

印　刷……信教印刷株式会社

ⓒ佐藤貴美　2018
落丁・乱丁はおとりかえいたします。
ISBN978—4—8028—3337—0